潮汕文库·文献系列

补纂叠石山房志

（清）陈　蕃　等纂
周修东　补纂

暨南大学出版社
JINAN UNIVERSITY PRESS
中国·广州

图书在版编目（CIP）数据

补纂叠石山房志/（清）陈蕃等纂；周修东补纂．—广州：暨南大学出版社，2018.5
（潮汕文库．文献系列）
ISBN 978－7－5668－2288－8

Ⅰ.①补…　Ⅱ.①陈…②周…　Ⅲ.①山—地方志—潮阳县　Ⅳ.①K928.3

中国版本图书馆CIP数据核字（2017）第319471号

补纂叠石山房志
BUZUAN DIESHISHANFANG ZHI
纂者：（清）陈蕃　等　补纂者：周修东

出 版 人：徐义雄
项目统筹：黄圣英
责任编辑：黄佳娜
责任校对：邓丽藤
责任印制：汤慧君　周一丹

出版发行：暨南大学出版社（510630）
电　　话：总编室（8620）85221601
营销部（8620）85225284　85228291　85228292（邮购）
传　　真：（8620）85221583（办公室）　85223774（营销部）
网　　址：http：//www.jnupress.com
排　　版：广州市天河星辰文化发展部照排中心
印　　刷：广东广州日报传媒股份有限公司印务分公司
开　　本：787mm×1092mm　1/16
印　　张：24.25
字　　数：593千
版　　次：2018年5月第1版
印　　次：2018年5月第1次
定　　价：80.00元

总　序

潮汕文化历千年久远，底蕴渊深，泱泱广袤，又伴随着潮人的迁播而兼收并蓄，独树一帜，是中华文明中的重要一脉。

秦汉之前，潮汕囿于海角一隅，与中原殆少来往；自韩愈治潮，兴学重教，风气日开，人文渐著。宋朝文教兴盛，前七贤垂范乡邦；明朝人才辈出，后八贤称显于时。明清以来，粤东地区借毗邻大海的地理优势，与域外商贸频仍，以陶朱端木之业，成中西交汇之势，造就多元开放的文化格局。饶宗颐等学界巨匠引领风骚，李嘉诚等商海翘楚造福民生，俊采星驰，郁郁称盛。

而今国家稳步发展，蓬勃兴盛，潮汕地区凭借深厚的历史积淀，务实进取，努力发展传统文化及其产业，如潮剧、潮乐、潮菜、工夫茶、陶瓷、木雕、刺绣等，保持并革新精巧特色，在世界各地广泛传播，备受青睐。更有海外潮人遍布全球，为经济文化交流引桥导路，探索共赢模式，拓宽发展空间。

为促进潮汕文化的传承与创新，进一步推动潮汕文化“走出去”，在广东省委宣传部的大力支持下，海内外学者编写《潮汕文库》大型丛书。本丛书包括文献系列和研究系列，涉及历史、文学、方言、民俗、曲艺、建筑、工艺美术等多方面，囊括影印、笺注、点校、碑铭、图文集、口述史等多种形式，始终秉承整理、抢救传统文化的原则，尊重潮汕地区的家学渊源和治学传统。以一腔丹心，在历史沿袭中为文化存证，修旧如旧，求新而不媚俗于新；以一笔质朴，在字斟句酌中为品质立言，就事论事，求全而不迷失于全；以一纸恳切，在纷扰喧嚣中为细节加冕，群策群力，求深而不盲目于深。惟愿以此丛书，提升潮汕文化品位，凝聚海内外潮人，齐心发展，助力腾飞。

在成书过程中，广东省委宣传部高度重视，协调汕头、潮州、揭阳、汕尾市委宣传部，委托潮汕历史文化研究中心、韩山师范学院、暨南大学出版社组织编写与出版。海内外潮学研究专家倾注笔墨，潮汕历史文献收藏机构及热心人士鼎力襄助，在此一并致谢！

《潮汕文库》大型丛书编委会

2016 年 7 月

总　序 …………………………………………………………………… (001)

名士经营与叠石山人文景观的兴起（代序） ………………… 周修东 (001)

上　编　叠石山房志（手抄残稿） ………………………… 陈蕃等纂 (001)

下　编　补纂叠石山房志 ……………………… 陈蕃等纂　周修东补纂 (179)

补纂凡例 ……………………………………………………… 周修东 (180)
凡例（残） …………………………………………………… 陈　蕃 (182)
一　形胜（增补） …………………………………………………… (183)
（一）形势（地理） …………………………………………………… (183)
（二）胜景 ……………………………………………………………… (184)
图绘（已佚） …………………………………………………… (184)
叠石山房小八景（增补） ………………………………………… (184)
岩洞（增补） …………………………………………………… (185)
二　建置（增补） …………………………………………………… (186)
附　墓葬 ……………………………………………………………… (187)
三　封植（增补） …………………………………………………… (193)
（一）木属 ……………………………………………………………… (193)
（二）花属 ……………………………………………………………… (194)
（三）竹属 ……………………………………………………………… (194)
四　石刻（增补） …………………………………………………… (195)
五　纪事（增补） …………………………………………………… (216)
六　人物（增补） …………………………………………………… (221)
（一）栖止 ……………………………………………………………… (221)
（二）从学 ……………………………………………………………… (225)
（三）游览 ……………………………………………………………… (226)
七　艺苑 ……………………………………………………………… (227)
（一）记 ………………………………………………………………… (227)
建叠石山咸虚斋记 ………………………………………… 陈泰年 (227)
建叠石山志道堂记 ………………………………………… 陈泰年 (228)
石泉记 ……………………………………………………… 陈泰年 (228)
游叠石书斋记 ……………………………………………… 谢如式 (229)
得游叠石山房记 …………………………………………… 郑昌时 (230)
悔游记 ……………………………………………………… 陈应昴 (230)

（二）序跋 …… （231）
《演周易》序 …… 谢如式（231）
《演周易》自序 …… 陈英猷（232）
刻《演周易》识言 …… 陈泰年（233）
《孙子》后跋 …… 陈英猷（233）
《吴子》后跋 …… 陈英猷（234）
《〈司马法〉删本会意解》后跋 …… 陈英猷（234）
《孙子》十三篇次序说 …… 陈英猷（234）
《哭听涛轩》序（残） …… 陈应昴（235）
《经史析疑》序（增补） …… 龚骖文（235）
《经史析疑》自序（增补） …… 陈　蕃（236）
《经史析疑》序（增补） …… 五　泰（237）
《经史析疑》后跋（增补） …… 陈洪书（237）
《经史析疑》凡例（增补） …… 陈　蕃（238）
《潜州信谳录》按语（增补） …… 饶　锷（239）
《经史析疑》按语（增补） …… 饶　锷（239）
《演周易》按语（增补） …… 饶宗颐（239）
附
《演周易》抄本附记（增补） …… 陈鼎新（240）
手抄《演周易》后记（增补） …… 陈鼎新（240）
（三）启 …… （241）
与陈石泉先生书 …… 黄　藻（241）
答黄品堂先生书 …… 陈英猷（241）
吊陈石泉先生书 …… 周华锦（241）
与陈东溪老年先生书 …… 谢如式（242）
与陈石泉先生书 …… 谢如式（242）
又与陈东溪老年先生书 …… 谢如式（242）
复陈梅林先生书 …… 全　播（243）
复陈梅林先生书 …… 朱　绂（243）
与寄尘禅师书 …… 陈　蕃（243）
（四）赞 …… （244）
河图赞 …… 陈英猷（244）
陈石泉先生赞 …… 曹　达（244）
（五）祭文 …… （244）
祭叠石山房土地神文 …… 陈英猷（244）
祭叠石山门神文 …… 陈英猷（245）
祭叠石山甘泉神文 …… 陈英猷（245）
建志道堂落成祭土地神文 …… 陈泰年（245）

祭志道堂门神文…………………………………………… 陈泰年（245）
祭陈石泉先生文…………………………………………… 周华锦（246）
祭於潜县知县东溪陈夫子文……………………………… 王玉树（247）
祭南村弟文………………………………………………… 陈　蕃（247）
祭业师南村先生文………………………………………… 陈　彝（248）
祭陈梅林先生文…………………………………………… 赵天球（248）
祭族兄梅林先生文………………………………………… 陈光峡（249）
祭梅林夫子文……………………………………………… 陈　彝（250）
（六）呈文 ………………………………………………………… （250）
呈请陈石泉先生入府志文………………………………… 黄正位（250）
呈请叠石山入府志文……………………………………… 陈　蕃（251）
呈请入《潮阳县志》文 …………………………………… 陈　彝（252）
（七）传记 ………………………………………………………… （252）
先兄行状…………………………………………………… 陈泰年（252）
特授文林郎、知县东溪陈先生传………………………… 萧重光（254）
特授文林郎、知县陈东溪先生墓志铭…………………… 冯成修（255）
四会县学教谕梅林陈公墓志铭…………………………… 陈昌齐（256）
陈石泉先生本传…………………………………………… 周硕勋（258）
石泉先生本传（增补） …………………………………… 唐文藻（258）
陈石泉先生本传（增补） ………………………………… 周恒重（259）
陈东溪先生本传…………………………………………… 唐文藻（259）
陈东溪先生本传（增补） ………………………………… 周恒重（260）
陈梅林先生本传…………………………………………… 唐文藻（260）
陈梅林先生本传（增补） ………………………………… 周恒重（261）
陈梅林先生本传（增补） ………………………………… 吴大猷（261）
陈南村先生本传…………………………………………… 唐文藻（262）
陈南村先生本传（增补） ………………………………… 周恒重（262）
陈笠渔先生本传（增补） ………………………………… 周恒重（262）
陈作舟小传（增补） ……………………………………… 陈　昙（263）
（八）诗（增补） ………………………………………………… （264）
午睡梦中绝句……………………………………………… 陈英猷（264）
又梦中绝句………………………………………………… 陈英猷（264）
潜州咏怀（十首） ………………………………………… 陈泰年（264）
都门唱和…………………………………………………… 陈泰年（265）
游叠石书斋诗（数首） …………………………………… 谢如式（265）
留别同学诸子……………………………………………… 陈　蕃（265）
附
甲子初秋预送陈梅林学博荣旋…………………………… 陈洪书（266）

送别陈梅林学博……………… 谢家裕、李能茂、李翰学、陆际时（266）
和陈广文梅林蕃同年得请归里留别寅友诗二首并次原韵…………………
……………………………………………………………… 冯敏昌（267）
百怀人·陈学博梅林前辈（蕃，潮阳人） …………………… 郑昌时（267）
家梅林招游叠石山房复以诗…………………………………… 陈聚英（267）
咏叠石山房诸景………………………………………………… 陈翠岚（268）
游叠石山房诗…………………………………………………… 朱　绂（268）
叠石山房歌……………………………………………………… 陈崇文（268）
萧烈妇行………………………………………………………… 陈作舟（268）
濠浦陈烈妇诗…………………………………………………… 黄　钊（269）
萧烈妇…………………………………………………………… 陈青瀛（269）
（九）别录（增补） ………………………………………………………（270）
文编
立辈序小引…………………………………………………… 陈泰年等（270）
重刻《於潜县志》跋 ……………………………………… 陈泰年（270）
建水吼桥碑记………………………………………………… 陈泰年（271）
纂修旧谱补订序……………………………………………… 陈泰年（271）
陈子艾儿墓表………………………………………………… 陈　蕃（272）
重建四世祖思源堂记………………………………………… 陈　蕃（272）
祀张、李二公碑记…………………………………………… 陈　蕃（273）
《绥江伟饯集》序（乙丑） ………………………………… 冯敏昌（274）
《绥江伟饯集》序 …………………………………………… 高超伦（275）
重建忠义祠记………………………………………………… 陈　蕃（276）
重修始祖致庵公墓暨太安人吴氏墓碑记…………………… 陈　蕃（276）
《重修始祖致庵公墓暨太安人吴氏墓碑记》后跋 ………… 陈　蕃（277）
《豪山续修族谱》序 ………………………………………… 陈　蕃（277）
《（洋汾）陈氏族谱》赞 …………………………………… 陈　蕃（278）
《豪山续修族谱》序 ………………………………………… 陈光峡（278）
《读白华草堂诗二集》序 …………………………………… 陈作舟（279）
宁戚饭牛赋　以“崇朝饭牛薄夜半”为韵 ………………… 陈作舟（280）
《韩江闻见录》评语二则 …………………………………… 陈作舟（280）
自题墓碣……………………………………………………… 陈作舟（281）
诗编
潮州竹枝词…………………………………………………… 陈敏捷（281）
雨中过篷辣滩………………………………………………… 陈敏捷（281）
舟过石龙……………………………………………………… 陈作舟（282）
癸巳秋海珠记游六首………………………………………… 陈作舟（282）
读苏诗戏作…………………………………………………… 陈作舟（283）

问罗浮……………………………………………………………… 陈作舟（283）
游白云山蒲涧寺有作…………………………………………………… 陈作舟（283）
对月……………………………………………………………………… 陈作舟（284）
应蓉石先生属题《明贤诗社图卷》 ……………………………… 陈作舟（284）
题《中外群英会录》 ……………………………………………… 陈作舟（284）
饮卓锡泉忆大颠………………………………………………………… 陈作舟（284）
潮阳竹枝词……………………………………………………………… 陈作舟（285）
游罗浮（其二） ……………………………………………………… 陈作舟（285）
和吕小伊羊城相见之作………………………………………………… 陈作舟（286）
题小伊刻烛吟馆诗抄…………………………………………………… 陈作舟（286）
以竹烟筒赠三水令附之以诗…………………………………………… 陈作舟（286）
自题罗浮看云图………………………………………………………… 陈作舟（286）
自题彩云洞墓（二首） ……………………………………………… 陈作舟（286）
游翠峰岩………………………………………………………………… 陈作舟（287）
和平开渠之役，陈笠渔学博作舟以诗来颂，赋此奉答……… 黄　钊（287）
笠渔需次羊城已匝月矣相见之下不能无诗…………………………… 吕玉璜（287）
晚泊三水有怀笠渔……………………………………………………… 吕玉璜（288）
酬陈笠渔广文作舟……………………………………………………… 张维屏（288）
潮阳荔枝词百首（选一） …………………………………………… 谢锡勋（288）
八、**著述**（增补） ……………………………………………………………………（289）

附　录

陈英猷暨弟泰年、侄陈蕃年谱 ………………………………………… 周修东（292）

参考文献 ………………………………………………………………………………（359）

后　记 …………………………………………………………………………………（361）

名士经营与叠石山人文景观的兴起

（代序）

周修东

叠石山为清代潮州府潮阳县招收都河浦乡北三里[①]之小山丘。河浦古代又称豪浦、豪山，现属汕头市濠江区。河浦乡境内有掠鸟山，群峰攒聚，连绵起伏。掠鸟山东北山系有崎山埔、叠石山、刺禾山、跌马山、宝峰、棉花山、草屿、香炉山而入汕头海；西南山系有大脚虾、前径伯公岭、岗头，蜿蜒至海门莲花峰处入海。叠石山只是其中一座小山丘，高仅一百五十多米。叠石山“以巅上两石叠置，故名。山之南可三里，则为河浦乡，盖蕃族居也。山之阴巍峨，巅上四合如环，独东稍缺”[②]。在乾隆四年（1739）陈英猷营建书斋之前，该山为陈氏家族山林，偶有墓葬，为农夫樵猎之所，而士人游踪罕至。这种情形应该与陈氏入潮所居地理环境及所处时代背景有关。陈氏宋末入潮，繁衍至明代隆庆年间，自入潮一世至十世，人口达五百四十馀人[③]，出现一些科举人才。嘉靖、隆庆年间，倭寇劫掠，祸及潮州沿海地方，豪山（河浦）屡遭骚扰，乡人不得不筑堡固守。“陈尚昭以宦以行谊为乡所推，闻于郡县，以从事于筑堡之役。堡成，其后寇至，不敢窥兵，乡人赖之。”[④] 然至隆庆二年（1568）四月二十日[⑤]，豪山寨寡不敌众，仍被海寇林道乾攻破烧毁。“陈族荡析别徙者垂将十载。万历改元，幸际圣上登极，海氛潜消，陈氏乃复旧居。”[⑥] 明末清初，又逢鼎革，迁界清野，乡民流离失所。至康熙八年（1669），经广东巡抚王来任、两广总督周有德先后恳奏，始准复界，族中得旋归者不过数十人[⑦]。至雍正、乾隆年间，河浦陈氏复经六七十年的休养生息，人口得以繁衍，生产、经济得到发展，科举人才也逐步茁壮成长。相对稳定的社会环境，得到一定发展的社会经济，较完善的科举教育和人才培养机制，为叠石山人文兴起打下了坚实的基础。

乾隆二年（1737）陈英猷、陈泰年及门生登叠石山游玩，羡为胜土，遂于乾隆四年（1739）兴建书斋讲学。叠石山人文景观的创建，即始自陈英猷兴筑书斋、挖掘井泉和种植花木，初步形成书斋格局；其后陈泰年及其子陈蕃等加以扩建，书斋规模得以扩大，档次和名气得到进一步提升。本文所谓“名士”，指陈英猷、陈泰年、陈蕃和陈翠岚等以学

---

① 陈泰年《建叠石山咸虚斋记》，《叠石山房志》（手抄残稿）。

② 陈蕃《呈请叠石山入府志文》，《叠石山房志》（手抄残稿）。

③ 陈泰年《纂修旧谱补订序》，民国重刊《豪山陈氏族谱》。

④ 林大春《豪山筑堡序》，《井丹林先生文集》卷十二。

⑤ 《豪山陈氏族谱》十世二房：“（陈）琬，字继续，号敬夫。生正德戊辰十二月初九，为扞寨卒隆庆戊辰四月二十。”“一诚，字继实，号朴夫。生嘉靖癸巳九月十二，为扞寨卒隆庆戊辰四月二十。”

⑥ 姚东阳《豪山陈氏重修宗谱序》，民国重刊《豪山陈氏族谱》卷首。

⑦ 陈蕃《〈重修始祖致庵公墓暨太安人吴氏墓碑记〉后跋》，民国重刊《豪山陈氏族谱》。

术、诗文等著称的知名士人。

一、叠石山人文景观的创建

（一）陈英猷初创山房

陈英猷兴建叠石山书房起意于乾隆二年（1737）。其时适逢陈泰年会试落第返，与长兄陈英猷等人结伴，登山游玩，探觅小洞（即旋螺洞），“有幽涧泉涌石出，兄即羡为胜土”[①]。攀至山巅之阿，后壁半倚石，“其前四山环拱，近案数层，如笋排列，远望南澳诸峰，缥缈峙海中，形作三台，中峰特秀，高出云表”[②]。遂兴筑斋之念，作为研学课徒之所。其时陈英猷已六十二岁，科举功名之心渐淡，而此时追随从游者已有门侄陈振肃等人，需要一个讲学之所，叠石山书斋兴建恰是机缘巧合。

乾隆三年（1738），陈英猷命工兴建叠石山书斋（即叠石书房，又称“叠石山房”）。不久，陈英猷与门人陈振肃等人赴省城参加秋试，工程暂时耽搁。九月，陈英猷落第归，途经罗浮山，再次游历寺观山水，拜访寺僧道人。不料途中中暑，抵家后“病卧三月，死而复苏”[③]。到了十二月，陈泰年见到其兄病体渐复，便起程赴京会试。因此，书斋工程又受到影响。至乾隆四年（1739）三月，南向书斋八间才告建成，陈英猷命名为“咸虚斋”，“取山上有泽，以虚受人也”。[④]

陈英猷还在书斋旁石窟处挖掘井泉，“尽决其泥，彻底俱石，泉从石罅流出，甚清冽。周三四尺，深五六尺。饮于斯，浴于斯，浇花灌园，皆取于斯”[⑤]。

为了表示对土地、山门神灵的敬重，陈英猷于乾隆四年（1739）五月六日，专门撰写祭文祭祀叠石山房土地神和山门神、甘泉神，祈祷山神庇护。从此，陈英猷聚生徒讲学其上，演《易》其中。“徘徊林竹泉石间，胸襟潇洒，弄月吟风，凡所得之虑，笔之书，无非天真自然机缄。积是一十四载，《易》辞、《易》数解算始就。”[⑥]

基于陈英猷的塾师身份和经济能力，虽然祖上遗下一些产业[⑦]，但毕竟经济实力有限，无法进行大规模建设，故在草创初期，只是建造咸虚斋八间作为讲学住宿之所，并开挖石泉，铺设花圃，种植草木而已。

陈英猷创建叠石山房目的有两个，一是讲学课徒，一是演绎《周易》。陈英猷虽然在山阿南向构书斋八间，但他所居书室却是在后枕二巨石下的石室。乾隆十六年（1751）谢如式来访时，石室尚未修建，他所见书斋半倚巨石，“下窍一窦，土实其半，陈子将空之

---

① 陈泰年《建叠石山咸虚斋记》，《叠石山房志》（手抄残稿）。

② 谢如式《游叠石书斋记》，《叠石山房志》（手抄残稿）。

③ 陈泰年《先兄行状》，《叠石山房志》（手抄残稿）。

④ 陈泰年《建叠石山咸虚斋记》，《叠石山房志》（手抄残稿）。

⑤ 陈泰年《石泉记》，《叠石山房志》（手抄残稿）。

⑥ 陈泰年《先兄行状》，《叠石山房志》（手抄残稿）。

⑦ 陈泰年《建叠石山咸虚斋记》：“初临第三兄田上，即俗所谓鸟嘴石是也。”可知陈英猷兄弟得到祖上田产之馀荫。

以为洞”。过后，陈英猷挖去岩洞里的积土，改造为石室，“依□[①]下岫，仅容一榻，终日危坐，或匝月不出。著《演周易》四卷，分为《说数》《说辞》，多夺邵氏之席，而翻朱程之臼”[②]。

陈英猷痴迷于演《易》解数，乾隆三年（1738）九月乡试回程中暑，“病卧三月，死而复苏。病中昏昧呻吟，辄以算数不直为言，叩之曰：‘数直即愈矣。’如是者十馀夜日”[③]。陈英猷在十多天的卧病昏睡中，犹念念不忘于解算《易》数，自称只要《易》数解算清楚则其病自愈。“未殁之前月，犹夜三四起，间或潜心默会，危坐构思，优游涵泳，疑义顿释。盖数十年间如一日。恒云其学，老而日进，深契白沙子‘以我观书，随处得益；以书博我，释卷茫然’之语，于是而知胸有定握，欲罢不能矣。关闽濂洛会其源，《太玄》《皇极》造其蕴，于三传、两国、《史记》、《周礼》、秦汉等书，皆有删本评选，而尤浸淫于《易》，以为疑义殊多，且谓既观其象，玩其辞，当极其数，盖四十馀年于兹矣。”[④]

乾隆十七年（1752）七月，陈英猷病剧，积一十四载之潜研，其《演周易》之《易》辞、《易》数解算始就。至此，陈英猷释然曰：“此书已成，是即兄之事业。”[⑤] 八月十八日，陈英猷以疾病二十八日而卒。弥留之际，犹执其弟陈泰年之手，叠画“演易”二字。既殁，门人为镌板藏所居之石室，号曰“叠石先生”。[⑥]

陈英猷于叠石山人文有开创之功，始有书房课徒演《易》，而《演周易》一书“语精而醇，多有夺邵氏之席，而翻程朱之臼者”[⑦]，为当时学者所推崇，郑昌时称“近今潮阳叠石山房陈氏之以《易》世其家也。有《易》数”，并称“陈刻已成”[⑧]。现广东省立中山图书馆尚藏有乾隆十八年（1753）陈氏叠石山房刊本。乾隆《潮州府志》，嘉庆、光绪《潮阳县志》都载有陈英猷传记。

（二）陈泰年扩充规模

乾隆十七年（1752）陈英猷卒后，陈泰年由于数次参加会试落第，故仍于叠石山聚徒讲学。

在叠石书斋巨石上，如今还能看到陈泰年于乾隆十八年（1753）题于摩崖的“叠石井，癸酉年建”几字，当是陈泰年重新疏浚书斋井泉而勒石所记。到了乾隆二十一年（1756），叠石井泉水忽竭，或以为栽种松树之故，或以为周围筑以蜃灰之故，陈泰年则认为是天旱之故。此后，泉水数竭，“数岁以来，必由东北下六七百步取水，上若登梯，居者苦之”[⑨]。至乾隆二十六年（1761）三月十五日，陈泰年“乃于旧泉之南丈许凿井，深

---

① 嘉庆《潮阳县志》此字缺，据乾隆《潮州府志》亦作“厂”，音 hǎn，意即山石之厓岩。
② 周硕勋《陈石泉先生本传》，《叠石山房志》（手抄残稿）。
③ 陈泰年《先兄行状》，《叠石山房志》（手抄残稿）。
④ 陈泰年《先兄行状》，《叠石山房志》（手抄残稿）。
⑤ 陈泰年《先兄行状》，《叠石山房志》（手抄残稿）。
⑥ 周硕勋《陈石泉先生本传》，《叠石山房志》（手抄残稿）。
⑦ 谢如式《〈演周易〉序》，《叠石山房志》（手抄残稿）。
⑧ 郑昌时《韩江闻见录》卷十《韩江〈易〉学》。
⑨ 陈泰年《石泉记》，《叠石山房志》（手抄残稿）。

五尺辄石，工人束手，但石性不甚坚确。念七日另工，以厚锄凿下复六尺，即有二泉从石罅涌出，越宿积水数尺，生徒住者惧怍无已。乃叹旧泉出自石，兹新泉又出自石，周环彻底皆石，无相接之痕，无片泥之杂，石泉之号不虚，品斋之义仍有取也”①。书斋师徒的用水问题终于得到解决。

由于数次会试铩羽，陈泰年不得不退而求其次，于乾隆二十八年（1763）赴京谒选，得授浙江於潜县知县。② 他在任三年多，公正廉介，实心实政，乞归时远近绅士攀辕涕泪，赋诗赠行。乾隆三十二年（1767）春抵家。

陈泰年宦游期间，叠石书房当由其子陈蕃主持，当时陈蕃年已三十多岁，为县学廪膳生员。乾隆三十年（1765），广东学政翁方纲奉命开拔萃科，按潮时，试经古，取陈蕃以冠一郡，称其经学有心得。可见陈蕃已具有一定学识声望。乾隆二十八年（1763）番禺举人曹达尝撰《陈石泉先生赞》并刻于叠石山上的摩崖，则可见其时书房继续举办学，亦佐证陈蕃其时交游颇广。

乾隆三十二年（1767）春，陈泰年致仕回家后，仍设教于叠石山房，四方之徒踵至。③ 陈泰年徜徉于山水之间，以读书课子为乐，足迹不至公庭。潮阳知县李文藻以不获见为憾，知县杨任旌其闾曰“太邱遗范”，潮人高之。④

乾隆三十三年（1768），陈泰年扩建书房，新建叠石山朝东讲堂一厅二房一拜亭，为课学之所，题曰“志道堂”，并重修陈英猷先前所建朝南咸虚斋八间，以处学者。⑤ 是年十二月朔，陈泰年撰《建志道堂落成祭土地神文》《祭志道堂门神文》以祭告神灵。

陈泰年还于乾隆三十六年（1771）为达濠埠河东书院监院、招收场大使张致仁延请为该书院山长⑥。陈泰年教授生徒，以孝悌忠信为本，先品行而后文艺，凡事务躬行实践，不肆口谈。⑦ 其官宦经历和河东书院山长身份，使叠石山房名气得到提升，并促使叠石山人文景观的无形兴起。

乾隆四十二年（1777）十二月初六日，陈泰年卒，年七十有七。“著有《文集》四卷、《潜州信谳录》二卷，藏于家。末年倡行族规，以约束乡人。无病，终于家，年七十七。”⑧

（三）陈蕃总其大成

乾隆四十二年（1777）陈泰年去世后，叠石山房主持重任落到陈蕃肩上，其时陈蕃已

---

① 陈泰年《石泉记》，《叠石山房志》（手抄残稿）。

② 冯成修《特授文林郎、知县陈东溪先生墓志铭》，《叠石山房志》（手抄残稿）。

③ 陈泰年《建叠石山志道堂记》，《叠石山房志》（手抄残稿）。

④ 萧重光《特授文林郎、知县东溪陈先生传》，《叠石山房志》（手抄残稿）。

⑤ 陈泰年《建叠石山志道堂记》，《叠石山房志》（手抄残稿）。

⑥ 萧重光《特授文林郎、知县东溪陈先生传》，《叠石山房志》（手抄残稿）。张致仁，山东人，监生。乾隆三十五年（1770）任潮阳招收场大使。时为河东书院监院（书院主持者）。（光绪《潮阳县志》卷十四《职官》）河东书院在达濠埠。乾隆二十八年（1763）里人陈耀振倡建，并置租银一百二十两为士人膏火。（光绪《潮阳县志》卷六《学校》）

⑦ 萧重光《特授文林郎、知县东溪陈先生传》，《叠石山房志》（手抄残稿）。

⑧ 嘉庆《潮阳县志》卷十六《人物·循吏》陈泰年本传。

四十七岁。其同年、翰林院编修陈昌齐这样评价他："生有至性，内行纯笃，渊然而静。凡动作周旋，造次必于儒者。家贫，舌耕以养，不规规于进取。所居有叠石山房，具林泉之胜，集生徒其中，日肆力于经传史鉴及诸子百家，靡不悉心宣究。兼长于诗，兴则登高峰，望海舶，乘潮出入，听时鸟变声，弄月吟风，陶然自得。山居垂二十年，几不知人世间穷通得丧之境为何如也。"① 此处称其"山居垂二十年"，当是从陈泰年去世之时起算，至陈蕃嘉庆元年（1796）选授四会教谕，前后正好二十年。但是从乾隆二十八年（1763）陈泰年出仕起算，则其居于叠石山房课徒就有三十多年。

嘉庆元年（1796），陈蕃选授四会县教谕，时年已是六十六岁。至嘉庆十年（1805）三月，陈蕃才以年老告归。这段时间主持书房当是陈蕃三弟陈翠岚（号南村），嘉庆《潮阳县志》称其"游庠后，舌耕自给，继设教叠石山房，训迪尤以敦实为务，从游者成名卓立"②。其门人陈彝《祭业师南村先生文》称其"志道堂上，境虽逆而倍切勤修；叠石山中，教有方而必严义利"③。陈蕃在《祭南村弟文》中对其也是评价甚高："其教生徒也，必先器识。行可为表，言可为则。经师人师，刚克柔克。得其指授者，凤翙鸾翔，均堪羽仪于王国。所以闾里称其象贤，士林奉为矜式者也。"④ 可见陈翠岚也是潮阳境内一代名师，为叠石书房讲学课徒起到承先启后的作用。嘉庆二十一年（1816），陈翠岚先于陈蕃去世，时年七十七岁。

陈蕃担任四会县教谕十年，"节俸薪，修葺两庑，倡建绥江书院。谈经之馀，著《经史析疑》二十四卷行世。诲诸生先伦行而后文艺，贫乏者力为赒助"⑤，其"践履笃实，足以信今而传后"⑥。陈蕃告归后，与其弟翠岚偕游罗浮诸名山，并为潮阳知县唐文藻聘修《潮阳县志》，复率其宗人纂修族谱，立族规，修祖墓，年八十八犹能楷书小字。⑦

嘉庆二十三年（1818）九月十五日陈蕃去世。邑举人赵天球有《祭陈梅林先生文》，盛赞其"秉铎绥江，士钦模范；荣归梓里，人祝升恒。鉴人伦，董修邑志；睦宗族，爰纂家乘。擅儒林之誉望，为邑里之典型"⑧。

综上所述，陈蕃在主持叠石山房期间，主要建树并不在建置方面，而是在邀请当时名流进山游赏题刻、呈请将叠石山名胜及传记入录府县志和编纂《叠石山房志》方面（详后）；而陈蕃在学术方面随着《经史析疑》二十四卷于嘉庆七年（1802）刊行，"嘉惠后学，经师、人师，当之良不愧矣"⑨。可以这样说，叠石山及书房的知名度在陈蕃时期已达到顶峰，陈蕃可谓总其大成者。

在陈蕃讲学叠石山房的同时，陈英猷之孙陈浑等也在叠石山隐居耕读，叠石山冠尖岩等处岩石和洞壁有陈浑题刻多处，但陈浑等人科举未就，学识所限，仅是耕读自修，无法

---

① 陈昌齐《四会县学教谕梅林陈公墓志铭》，《叠石山房志》（手抄残稿）。
② 嘉庆《潮阳县志》卷十六《人物・文苑》陈翠岚本传。
③ 陈彝《祭业师南村先生文》，《叠石山房志》（手抄残稿）。
④ 陈蕃《祭南村弟文》，《叠石山房志》（手抄残稿）。
⑤ 嘉庆《潮阳县志》卷十七《人物・文苑》陈蕃本传。
⑥ 陈昌齐《四会县学教谕梅林陈公墓志铭》，《叠石山房志》（手抄残稿）。
⑦ 光绪《潮阳县志》卷十七《文苑列传》陈蕃本传。
⑧ 赵天球《祭陈梅林先生文》，《叠石山房志》（手抄残稿）。
⑨ 陈昌齐《四会县学教谕梅林陈公墓志铭》，《叠石山房志》（手抄残稿）。

胜任讲学及主持之责。其时书房产业或许归属于陈泰年一系裔孙，而叠石山东部山岩（即陈浑所谓“石城山”“冠尖岩”者）当是归属于陈英猷裔孙，故陈浑兴之所至，于冠尖岩岩石洞壁多所题刻。

二、文史层面的加持

在乾隆四年（1739）陈英猷创建叠石山房（书房）以前，叠石山基本上是樵夫出入之地，文人墨客行踪罕至，而吟咏题刻亦未尝得见。自陈英猷隐居讲学之后，文人墨客的交游与题赠，府县志山川及传记的入录和《叠石山房志》的编纂，对提高叠石山名气及影响力起到重要作用。

（一）文人墨客的交游与题赠

自乾隆四年（1739）陈英猷创建叠石山房讲学课徒之后，叠石山名气渐起，陈氏兄弟与地方下级官员也有所交往。陈泰年自小从其兄英猷攻读科举相关书目，乾隆元年（1736）考中举人第三名，可以说是对陈英猷教学水平的肯定。随着陈泰年交游圈子的扩大，乾隆十六年（1751）湖南桃源举人谢如式入潮造访，登山品题，开启了人文景观营造的新篇章。

与河浦乡附近的河西盐大使黄藻的交往是在叠石书房开办初期[①]，在乾隆十年（1745）夏之蓉任广东学政前后。河西盐大使即河西栅委员，该署在县东招收都马滘乡，雍正十二年（1734）委员鲍忠教详文报建。[②] 在《叠石山房志》（手抄残稿）中，可以看到黄藻与陈英猷来往信函，黄藻对陈英猷“日与高徒讲学论文，于高山佳谷中，领取清风明月”[③] 的生活甚是向往，并邀请陈英猷过署交谈，开豁胸次。

黄藻尝向陈英猷借阅《皇极经世书》，其后陈英猷嘱其子弟讨取，黄藻回书倩人抄完，正逐字检阅。[④] 陈英猷科试卷尝入录《科试录》，黄藻誉其“别有一种古貌古韵，非老先生不能做，非夏文宗不能取。文章遇知己，信哉！策问越见老手”[⑤]，故来函索取。

湖南桃源人谢如式为乾隆元年（1736）举人，与陈泰年为乡试大同年友，乾隆十六年，（1751）陈泰年赴京赶考时，与谢如式一见如故。不久，谢如式入潮访其河西盐场亲戚[⑥]，闻陈英猷为邃学之士，亟造其庐。适逢其母丧，斩然哀戚中，谢如式吊唁毕，询以著述，陈英猷乃出示其手注《演周易》四卷。“自言苦心精思二十馀年，其数取诸河图，而以时说多错，尝自序以冠其首，而倩余续貂。”[⑦] 在此次造访中，谢如式应邀登临叠石

---

① 据黄藻《与陈石泉先生书》，可知其时在乾隆四年陈英猷筑咸虚斋讲学之后，且其时陈英猷之母尚在世（其母乾隆十六年卒）。

② 光绪《潮阳县志》卷三《城池·署廨》。

③ 黄藻《与陈石泉先生书》，《叠石山房志》（手抄残稿）。

④ 黄藻《与陈石泉先生书》，《叠石山房志》（手抄残稿）。

⑤ 黄藻《与陈石泉先生书》，《叠石山房志》（手抄残稿）。

⑥ 谢如式在河西盐场亲戚疑为黄藻，因黄藻与谢如式寄函陈英猷信中俱言及借阅《皇极经世书》一事，疑为事同而各自言及。详情待考。

⑦ 谢如式《〈演周易〉序》，《叠石山房志》（手抄残稿）。

山及书房。谢如式在《游叠石书斋记》中对该山奇石幽洞的描摹，栩栩如生，如临其境，而于山上巨石更为青眼有加，“后枕两石，突高二寻，面平如镜。予谓他日斋成，宜刻诗文于上，以与峄山碑同勒可乎”，“观道旁诸石面，片片光莹，若有神工磨就，拟镌鸟篆虫书而未及者，因思造化巧设，必借文人品题，始开生面，岂可使岣嵝文隐而泰山有没字之碑哉”,[①] 认为必须借助文人品题，才能别开生面，亦即借此巨石题刻诗文，以营造人文意蕴，为一方人文胜地。而叠石山摩崖题刻，也是以谢如式“旋螺”题刻为先。“旋螺”二字，径可及尺，落款“武陵桃源谢如式题”。谢如式归后还专门撰写《游叠石书斋记》及诗作数首，复就陈英猷《演周易》一书撰写序言，称“捧读《易》注数卷，直抉天根，觉程朱之解，尚有遗义，不揣谬妄，漫为续貂，岂曰能文，亦欲借此以附名不朽耳”[②]，“承示《演易》图象及所剖析后天卦位与节序分配之故，其理确不可易。展玩数日，愈究愈精”[③]。

其后，番禺举人曹达于乾隆二十八年（1763）将所撰《陈石泉先生赞》刻于书房西北上百步巨石右侧石上。乾隆四十八年（1783），浙江人全璠来任潮阳招宁司巡检，于当年夏秋间，造访陈蕃，并游叠石山胜景。其时，广东乡试副考官、南昌人朱绂与陈蕃有交游，尝入潮游叠石山，有诗，陈蕃属其门人赓和之。陈蕃将藏书赠予全璠、朱绂，此藏书疑即陈英猷《演周易》。

在乾隆五十二年（1787）秋，长沙诗僧寄尘入潮，陈蕃尝邀其来游，因寄尘行程已定，不果。[④] 至乾隆五十三年（1788）七月八日，寄尘复入潮，受邀来游叠石山，陈蕃并邀衍师、林师作伴，寄尘此行留有题刻一则：“虎穴。乾隆戊申秋，长沙寄尘书，梅林陈蕃勒石。”该题刻在龙潭后侧摩崖。“虎穴”二字，径二尺许。道光八年（1828）十月朔，陈蕃次子陈敏捷邀请友人郑昌时来游叠石山，陈敏捷属其季弟履道及次子廷槐偕同，郑昌时以得游为幸，因撰《得游叠石山房记》以赠。

陈蕃及其玄孙陈士标墓柱上也有名流题联，如陈蕃墓柱有翰林院编修冯敏昌、潮阳学训导廖承维题联，陈士标墓柱有吴川县训导姚廷林、庚子科副贡元刘家驹题联。

除了文人墨客的摩崖品题之外，陈氏族人也多有题刻传世。乾隆十八年（1753）陈泰年在书房石室上盖摩崖题刻“叠石井”三字，径可尺许。乾隆三十八年（1773），陈泰年应陈英猷遗命，镌其河图并赞于书房西北上百步巨石上，为陈蕃所书。同年，陈泰年于山巅叠石上题刻“海阔天空”四大字，复于日月洞上方右侧石壁题刻“九曲径”三大字。陈蕃除了摹刻河图及赞外，还在嘉庆五年（1800）于叠石山北侧山崖仙脚迹处题刻“仙踪”二字。

在叠石山摩崖石刻中，传世题刻以陈英猷之孙陈浑最多，主要有乾隆五十四年（1789）冠尖岩山洞（芭蕉洞）内题刻；嘉庆六年辛酉（1801）暮春石城山其自卜墓地处题刻；七年（1802）正月十五日有诗刻于石城山桐泽斋；十二年（1807）季夏于石城山洞内题刻一联，同年在日月洞（又称“圣贤洞”）有题刻。另有署款“山人”者，当属陈

① 谢如式《游叠石书斋记》,《叠石山房志》（手抄残稿）。

② 谢如式《与陈石泉先生书》,《叠石山房志》（手抄残稿）。

③ 谢如式《与陈石泉先生书》,《叠石山房志》（手抄残稿）。

④ 陈蕃《与寄尘禅师书》,《叠石山房志》（手抄残稿）。

浑所题。陈浑所题诗句较为一般，但仍为叠石山增添了历史印记。

民国四年（1915）陈士标（字上如）在龙凤石上方右侧题刻“幽涧泉”三大字，又在“幽涧泉”石正前方石上题刻“古松鹤舞”四大字，落款“乙卯”“上如”。民国五年（1916），陈士标复将嘉庆年间冯敏昌所赠陈蕃“寿”字寿幛绘刻于“幽涧泉”石左侧巨石背面。“寿”字行楷，径近二尺八。此已是叠石山人文经营之馀响。

（二）府县志山川及传记的入录

陈英猷传记入录乾隆《潮州府志》和嘉庆《潮阳县志》，其后陈泰年、陈蕃等陈氏名士也入录《潮阳县志》，使叠石山及书房的名气达到顶峰，流芳千古。

陈英猷去世八年，即乾隆二十五年（1760），潮州知府周硕勋“修辑志书（即乾隆《潮州府志》），光发潜德，示谕各属，得自陈情”[①]。陈英猷门人生员黄正位、增生周华锦、廪生陈光岐、新进童生王祚昌、生员陈蕃、生员陈凝道等于当年十二月十五日呈请陈石泉入府志，其文曰：“具呈潮阳县生员黄正位等，为遵示明[②]叩恩收[③]录事。位已故业师廪生陈英猷，乃潮邑河浦乡人。……位等不揣冒昧，敢摅业师实行，并其遗书，上献斧削，伏乞收录，庶显微阐幽，励节寒士，得附不朽。”[④] 翌年四月初十日，陈蕃为县学廪膳生员，也有《呈请叠石山入府志文》：“具呈廪膳生员陈蕃为遵宪呈报恳恩录送事。……恭奉上宪纂修府志，搜罗藏书，去年十二月十五日，蕃同受业生员黄正位等，遵将遗书进呈，但其本山胜概未尝详及。兹读宪颁条例内‘一拳奇秀，在所不遗；流寓诗文，皆勤采择’，是则宪台彰微显幽之雅，蕃何敢蹈匿璧沉光之嫌，爰敢绘图并记，及前赴府宪献书原词，一齐粘察，叩准录送。倘得藉以不朽，实叨明镜馀光。至其遗书，蕃又就本年正月初四日同试卷恭呈宪天斧削，合并声明。为此上呈宪天太老爷台前，恩准录送施行。计开：连粘献书原词、山图各一纸。”周硕勋批示“准录送，粘抄山图俱存”。[⑤] 其后乾隆《潮州府志》卷十六《山川》入录“叠石山”条目，卷二十八《人物·儒林》入录“陈英猷”条目。

至嘉庆二十年（1815）春，潮阳知县唐文藻集诸贤士修纂《潮阳县志》，陈蕃被聘为总编修，陈翠岚则被聘为采访。嘉庆二十一年（1816），陈翠岚卒。嘉庆二十三年（1818）九月十五日，陈蕃卒，其时县志已完稿而“校刻未完”，故陈蕃兄弟之门人陈彝等，于是年十一月二十三日有《呈请入〈潮阳县志〉文》，请知县唐文藻将陈蕃及弟翠岚传记补入《潮阳县志》。呈文称：“硕德耆儒如原四会学陈公蕃与弟廪贡生陈公翠岚者，品行久为邑里所推，而招、砂两都接壤比邻，尤加详悉，可不体宪台彰瘅之意，亟请补入传纪乎？陈公前膺总修之聘，厥弟亦任采访之司，老成典型，久入洞鉴。今俱仙逝，一似冥冥之中，迟以相待。故值此校刻未完之志，即属盖棺论定之时，彝等谨述其行谊之昭然于人耳目者，呈请补入传纪，庶不负宪台彰善瘅恶之盛心，亦邑人士观感兴起之资也。”

---

① 黄正位《呈请陈石泉先生入府志文》，《叠石山房志》（手抄残稿）。

② 示明：疑为“明示”之误。

③ 收：前衍一“收”字，径删。

④ 黄正位《呈请陈石泉先生入府志文》，《叠石山房志》（手抄残稿）。

⑤ 陈蕃《呈请叠石山入府志文》，《叠石山房志》（手抄残稿）。

知县唐文藻批示"陈蕃等品行端正，本县素所深知，堪入志乘，饬局补列可也。事实册附"。[①] 嘉庆二十四年（1819）四月，《潮阳县志》修成，志中入录叠石山及陈英猷、陈泰年及陈蕃、陈翠岚四人传记。

此外，部分笔记也有入录叠石山有关资料，如钟声和《岭海菁华记》卷一有"叠石山"条目，郑昌时《韩江闻见录》卷十《韩江〈易〉学》录及叠石山房陈氏以《易》世其家和"陈刻已成"。这些方志和笔记收录叠石山名胜及人物，对传播和提升叠石山房之名气起到重要的作用。

（三）《叠石山房志》的修纂

《叠石山房志》的修纂，也是陈蕃重视该山人文景观的结果，该志未见刊本，至今能见到的仅是手抄残本。此抄本不分卷，前缺封面、扉页、序言，后残，所佚篇目不知凡几。方格纸抄本，正楷，半叶七行，行十八字，版心有白鱼尾，上刻"叠石山房"，下刻"志道堂"，页右有全叶页数，疑为原稿所编，前已佚去四全叶，编码至九十二页；上眉有后人每半叶页数，从残稿首页起算，共一百七十六页。

此残稿为河浦人、原汕头市书法协会主席陈廷文复印并赠送汕头市图书馆者，题曰"东溪先生文集""叠石山房记"及"《演周易》序文集"，乃题签者未见原题，仅据残稿而自拟者也，盖误矣。

细阅残稿，前缺四页，页七有"梅林居士识"，审视残文，知该文乃陈蕃为《叠石山志》所设凡例。该志当即陈蕃所纂，以陈蕃出仕前后隐居叠石山，故版心刻有"叠石山房""志道堂"，后人复有增补，具体增补者何人，则暂不可考。

据《凡例》知书稿尝录陈泰年诗作《潜州咏怀》及《都门唱和》，据查，光绪《於潜县志》卷十六有陈泰年《潜州咏怀》（十首），而《都门唱和》题存而诗佚。文残存者有陈蕃《凡例》（残），陈泰年、谢如式、郑昌时、陈应昴诸记共六篇，谢如式、陈英猷、陈泰年序跋、识言共七篇，书启十三篇，祭文十二篇，赞二篇，呈文三篇，行状、墓铭及本传共八篇，仅此而已。

其中陈泰年所撰为多，有记三、识言一、祭文二、行状一，计七篇；其题关涉者有谢如式所撰之书二，王玉树所撰之祭文、萧重光所撰之传、冯成修所撰之墓志铭、唐文藻本传各一。陈泰年号东溪，为於潜令，故后人误以该残本为《东溪先生文集》。复以残本中有关陈英猷《演周易》序跋、识言及陈英猷所撰孙吴兵法诸评跋及祭文计九篇，其题关涉者有谢如式所撰之书二，黄藻所撰之书三，谢如式所撰之序一，周华锦所撰之书、祭文各一，陈泰年所撰之《先兄行状》一，周硕勋所撰之《陈石泉先生本传》一，计十篇，是以后人臆为题签《〈演周易〉序文集》。

该志之撰，可以媲美名山，对保存文献和提升名气具有不可替代的作用，这也是陈蕃等名士对该山人文景观兴起的另一项贡献。笔者研读叠石山文献，大都出自此残志，其文献价值可见一斑。今考其名而审其实，藉使兹山因该志而益彰。笔者摭拾兹山之遗迹、史事而有所增补，衍为《补纂叠石山房志》，庶几继美芳躅，使山灵增辉。

---

① 陈彝《呈请入〈潮阳县志〉文》，《叠石山房志》（手抄残稿）。

三、叠石山房的衰落

据地方府县志和《叠石山房志》残本，可考察山房创建及兴衰过程，考察陈氏兄弟、叔侄及后裔等名士的苦心经营和时代变迁。山房在陈蕃经营期间达到鼎盛，至清末逐渐衰落。寻其原委，大略可见其科举人才逐步凋零，后继乏力；而光绪末年科举制度被废除，新式学堂全面兴起，书院或书斋、私塾日趋没落，这也是叠石山房最终走向衰落的原因之一。

叠石山房为陈英猷首创，陈英猷去世后，由陈泰年接手。据存世史料可知，从陈泰年起，该书房基本上由陈泰年裔孙一脉传承。从科举人才方面来说，陈泰年裔孙人才踵接，多有出仕者，虽然大都为教职，但在一乡之中已属不易，而陈英猷裔孙甚少有在科举方面显露头角者。因此，叠石山房管理权落到陈泰年一系也就理所当然。

陈泰年一脉科举出仕者有：

陈泰年，乾隆元年（1736）举人第三名，任於潜知县；
陈泰年长子陈蕃，乾隆三十年乙酉（1765）拔贡，任四会教谕；
陈蕃次子陈敏捷，道光四年（1824）岁贡，署乐昌训导；
陈敏捷长子陈作舟，廪贡生，补罗定州训导；
陈蕃玄孙陈士标，光绪二十六年（1900）庚子科举人，就职训导。

陈泰年一脉亦多有著述，如

陈泰年著有《潜州信谳录》二卷，《文集》四卷；

陈蕃著有《经史析疑》二十四卷，《诗集古文辞》六卷，《经史馀闻》四卷，《叠石山房志》稿本；

陈敏捷、陈作舟父子以诗名世，陈作舟著有《叠石山房诗草》[①]《罗浮篇》《羊城杂咏》《同声集》。

陈蕃、陈敏捷、陈作舟[②]及陈士标，从履历来说俱属教职，陈翠岚"继设教叠石山房，尤以敦实为务，从游者率成名"[③]。这些人俱为经师人师，于叠石山房讲学授徒自是行家里手，而陈泰年、陈蕃、陈翠岚、陈作舟名声最盛，传记入录县志，当为公论所推，叠石山房的名气也是在他们的主持下达到顶峰。在此之后，陈氏科举人才逐渐后继乏力，名士效应逐渐消退，而叠石山名气也逐渐淡化。

---

① 陈昙《师友集》卷十四《陈作舟小传》作《叠石山房诗草》，《潮州志·艺文志四·集部·别集类二》作《叠石山房试草》，"试草"当为"诗草"之误。

② 据有关文献，未见陈作舟讲学叠石山房史料，然其有集《叠石山房诗草》，且身为教职，则其与山房讲学当有关系，故亦录其名于山房主持者之列。

③ 嘉庆《潮阳县志》卷十六《人物·文苑》陈翠岚本传。

至道光年间，继陈敏捷主持叠石山房者或为其弟陈履道，其后陈履道次子陈应昴（陈蕃嫡孙）尝隐居叠石山，以听涛轩为读书处。《叠石山房志》（手抄残稿）最后录有其《悔游记》、《〈哭听涛轩〉序》（残），据此或疑其为该志续编者，至少也当是该志传抄者。以史料所限，暂不可考。

其后叠石山房复趋沉寂。至光绪末年，陈蕃玄孙、陈应昴孙陈士标考中举人，民国四年（1915）、五年（1916），在叠石山龙凤石附近石上摹勒“幽涧泉”“古松鹤舞”，并将嘉庆年间冯敏昌所赠陈蕃“寿”字寿幛绘刻于“幽涧泉”石左侧巨石背面。其自营墓穴，也在“寿”字巨石后方不远处的山坡。此时叠石山房或许由其主持。

随着光绪三十一年（1905）颁布废除科举制度，府厅州县于乡城各处蒙小学堂、书院、书斋之类讲学之所已不可复振矣。叠石山房当是在科举制度被废除后日趋荒废，以至沦为荒野，付之樵夫野老，而人文景观没于茂林杂草之中，徒增感慨而已。

四、小结

综上所述，叠石山人文景观的兴起，始于陈英猷等陈氏名士的创建，这与潮汕境内名山的兴起截然不同：一是兴起时代不同，其他名山或兴于唐宋，或兴于明清，而叠石山则兴于清乾隆而式微于民国初年。二是兴起原因不同，其他名山大都依靠寺庙的创建而兴起，而叠石山则兴于书房讲学而已，因叠石山只是河浦乡掠鸟山山系的一座小山丘，该乡寺庙有别处更为雄壮之山峰可选，故叠石山未尝有寺庙之建。三是主持群体不同，其他名山大都由寺僧道人经营，而叠石山房则由陈氏名士主持，当然玉峡山在明朝万历年间重新兴起也是由于周孚先、周光镐父子这类科举名士的主持而闻名于世。四是发展规模不同，大多数名山建筑类型繁多，规模宏大，而叠石山仅为书房建筑而已。

正是叠石山的地理位置及陈英猷等陈氏名士所处的时代背景，为叠石山人文景观的兴起创造了必要条件。而考察叠石山房的衰落因由，也可从侧面印证名士经营对叠石山人文景观兴起的主导地位。

希望本书能够对今后重兴叠石山人文景观起到一定的促进作用。

上　编

叠石山房志（手抄残稿）

陈蕃等纂

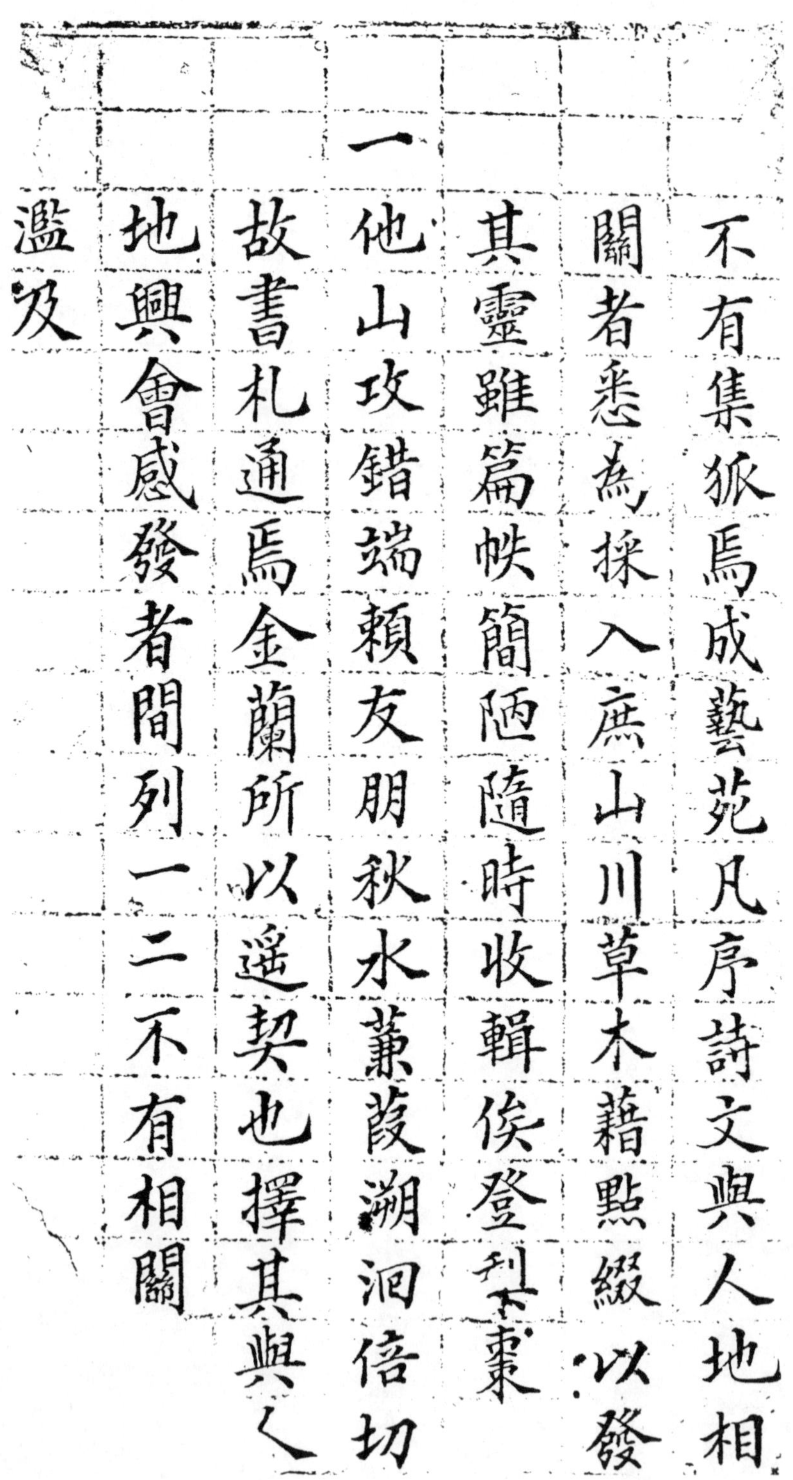

不有集狐焉成藝苑凡序詩文與人地相關者悉為採入庶山川草木藉點綴以發其靈雖篇帙簡陋隨時收輯俟登剞劂

一他山攻錯端賴友朋秋水蒹葭遡洄倍切故書札通焉金蘭所以遥契也擇其與人地興會感發者間列一二不有相關濫及

一山房開闢地以人傳先伯築咸虛齋經先嚴建志道堂以課學後先濟美今昔同揆志中編輯獨詳緣目見耳聞也故本傳行狀祭文例得悉載令當日一副精神往來山中呼之欲出

一演周易已刻有成書茲復將易序識言列入以此山為演易之所讀易序可當舉隅

也河圖贊係先伯遺囑連河圖鐫於茲山石上者先嚴已於癸巳夏命工勒就故連贊編入至河圖說易數說易先後天圖說既有成書自不必贅

一先伯於孫吳兵法俱有評跋司馬法有删本會意解議論闡發微與時解不同茲將後跋并孫子十三篇次序說列入令人

觀者即一滴水可知大海味云

一先嚴宰潛三載拂袖歸來詠懷十首每流連於咸虛宅畔舊坐春風知繫思者不僅蓴羹鱸膾已也故詠懷雖發於潛州而山志例得載入至都門唱和至性纏綿交情敦篤且係昔日登覽茲山之人均不忍割愛也故並録之

一名勝以繪圖而彌彰山房雖彈丸片壤然一邱一壑處處留人今擇佳景數區各繪一圖令舊日山川煥然生色

一種樹栽花亦點綴園林雅趣今奇花異草環生巖谷黄紅碧緑觸目莫名縱僻遠荒山不得邀騷人韻士品題賞識又焉知不樂此塵坌不及之地得超然世外以潔

乎茲閱山中草木花菓之知名者畧為記載其不知名者缺焉即知名而非茲山所植者概不濫及以非邑乘物產志也不過令後之讀書是山者曰某花某木某先生之所種也因而封植無忘云爾

梅林居士識

建叠石山咸虚齋記

陳泰年

叠石山距河浦鄉北三里聳拔巍峩巔上環合成阿予少恒遊焉四望杲然徘徊其中恍乎羲皇以上人也乾隆二年丁巳會試京旋隨兄曠玩山水初臨第三兄田上即俗所謂鳥嘴石是也繼望西南行越渠登山至俗所謂小洞者有幽澗泉湧石出兄即羨為勝土儀而攀草陟巔

遂抵是阿兄見其門户獨闢與世俗絶不相聞隱有挑源避世景象曰是更美矣遂興築齋之念兄蓋有閔時病俗之癖也後数日復操壺與二三同好登臨兹土具肴將飲矣若日中炎暑兄乃行尋阿下石陰處因得石洞矌朗清潔石蓋其上平布其下四面俱石若墻若柱户達牖開清風四至設席其中可坐十許人泉流潺然

有聲盛夏並茂暑氣遂大説相邀以至移盤中間坐醉薄暮曰古人命名不虚也所謂小洞其在是乎而建齋之謀始定時兄壻蕭君若臨偶同遊歡欣醉卧門姪振肅政謀輩亦樂出自意外戊午命工卜築兄與振肅若而人為鄉試所羈未遑竟業九月兄旋路灣羅浮山經歷炎道染病將斃受業門人欷歔涕泣以為哲人其萎

矣何有於茲土越数月病愈予復就公車己未六月旋見南向之偏齋已建謂自三月告竣矣仍其名曰疊石山以巔上兩石疊置也齋曰咸虛取山上有澤以虛受人也噫天之未喪斯人也天之有造斯土也天之不殁承先也天之有意啓後也但若家貧朝東正堂未能卜建面南数椽不過容膝然可避囂講學砥厲造士則素

位自娱棲遲適志耳芳草奇葩錯生巖谷年年
開花不相似予聊有俟於將來

建疊石山志道堂記　　陳泰年

余宰潛三載告病回籍乾隆丁亥旋家四方之
學徒踵至戊子建疊石山朝東課講堂一廳二
房一拜亭爲課學之所題之曰志道堂復重修
先兄己未所建朝南咸虚齋八間以處學者學

徒問名堂之義余曰先兄齋名咸盧取山上有澤以盧受人也兹堂名志道欲學者端所趨向而無他歧之惑也人生天地間秉陰陽之和抱五行之秀其為貴孰得而加焉使能因其本然全具固有則道者天下萬世之公理而斯人之所共由者也君有君道臣有臣道父有父道子有子道惟聖人為能盡道故君臣父子無所處

而不宜常人雖不能盡道而亦不可離道可離非道也是以修道之教興焉民之於道係於上之教士之體道由於己之學然無志則不能學不學則不知道故所以知道者在乎學所以爲學者始乎志夫子曰吾十有五而志於學又曰士志於道而恥惡食者未足與議也孟子曰士尚志又曰夫道若大路然豈難知哉皆端其趨

向也彼下愚不肖之人所以自絶於仁人君子之域者亦心有他歧耳誠能志於正道不以富貴貧賤動其心不以異端邪説搖其慮則是非善惡甚明而好惡趨舍將有不待强而自決者矣推是心也由是路也可以居天下之廣居立天下之正位行天下之大道得志與民由之不得志獨行其道富貴不能淫貧賤不能移威武

不能屈孟子豈欺我哉余故名其堂以所學人
使無他歧之惑而先兄以虛受人之義可以忝
難觀不而得之矣

石泉記　　陳泰年

疊石山巔上如環四合成阿其東稍缺淫雨時
水從東出否則僅有泥泉一泓當阿之中上抵
石方廣不滿三尺水可寸許乾隆四年己未兄

搆偏齋於斯泉之北南向聚生徒講學其中於是盡決其泥徹底俱石泉從石罅流出甚清冽周三四尺深五六尺飲於斯浴於斯澆花灌園皆取於斯十數年來滿而不溢未有見其乾者故自屋成兄品曰咸虚齋義取山上有澤壬申兄卒予以石泉易兄名盖珍之也歲丙子斯泉忽竭或曰山向無木今多栽松松長根深汲之

故竭或曰向周圍砌以小石乙亥冬易以蜃灰築之故竭予曰非也天久不雨耳向之不雨不過一越月二三越月甚至四五越月已耳自乙亥以來七一旱經歲或連七八越月不雨或連五六越月不雨即雨又不過二三日或四五日而止求如往時之越旬經月無有也夫泉出於地而實由於天天既限之地又焉能滋乎所以山

坑谷塹間水泉之小者竭所在多有豈獨疊石山泉然哉數歲以來必由東北下六七百步取水上若登梯居者苦苦之是年三月十五日乃於舊泉之南丈許鑿井深五尺輙石工人束手但石性不甚堅確念七日另工以厚鋤鑿下復六尺即有二泉從石罅湧出越宿積水數尺生徒住者懼忭無已乃嘆舊泉出自石菸新泉又

出自石周環徹底皆石無相接之痕無片泥之雜石泉之號不虛品齋之義仍有取也天久不雨泉以深得豈栽松易灰之咎哉遂爲文以誌時蓋乾隆二十六年辛巳也

遊疊石書齋記

光化令謝如式桃源人

東粤之地多瀕海瀕海之地多多山山之巍然屹然秀層怪疊者多奇以石予來粤之潮訪孝

廉陳子於河浦遥望其居之左山勢寵嵸怪石峩列陳子曰此予讀書山房也遂往遊焉步沙徑越清溪逶迤至山麓已有石焉虎豹蹲坐熊羆怒立若為山靈守險當關者緣而上則駭如奇鬼将搏搏危樓欲墜森森逼壓人或竪如旗鎗或偃卧如牛馬為累碁為列笏為女墻為覆甕赤如霞陰如鐵砥而平圭而削者皆石之為

狀可舉似也由麓至齋可里許從石罅曲折行如羊腸鳥道叢草襯履石角牽衣齋居山之阿後壁半倚石書案几席外僅可容數人陳子謂此特齋之旁舍先就者也正宇未構方有待惟示其基後枕兩石突高二尋面平如鏡予謂他日齋成宜刻詩文於上以與嶧山碑同勒可乎石下竅一竇土實其半陳子將空之以為洞其

前四山環拱近案數層如笋排列遠望南灣諸峰縹緲峙海中形作三台中峯特秀高出雲表齋外周以小園植名花佳果時冬初殘菊猶在黃柑金橘結實離離堦前破一石似臼而缺其唇實土植玉茗花於中開放團團如玉綴枝頭旁襯海仙紅數朶艷服治容若於玉茗有爭妍意予戲評曰白者何郎粉而紅則西子之粧也

共博一槃王茗之右徑側突一石泉從石出濬為井井蓄寸小魚以手弄水投以食魚輒出狎人〻無畏於是瀹鬲烹泉剖柑橘數枚佐茗啜數醆陳子復要步山椒望遠海烟島出沒天水相涵目力極處灝氣混茫邈然動九垓汗漫之想徘徊徐下循小澗觀洞曲其身之半以入數折如旋螺猿臂相牽下得一平曠地可布方席坐

十人頂覆一大石如板屋四角石撑如柱天光斜透清泉一線淲淲作幽咽聲冷氣襲人陳子謂六月坐此可滌煩暑予曰奚獨滌暑即以此為避世桃源可也彼雞犬桑麻猶是俗物若此則人徑都絶風雲罕通矣顧石皆崩裂如欲墜怵客不敢久留遽梯石出到齋則已酒筵布列傾觴對飲飲罷復茶茶罷復靜坐空山寥寂百

響俱沉禪境禪心倏然獨遠語云天下名山僧占多然與使丹崖碧巘晦沒於黄冠緇河流若假文人嘯歌答響山水清音是山有緣當不減羅浮粤秀矣坐頃日下舂理歸路陳子步送下山觀道旁諸石面片片光瑩若有神工磨就擬鐫鳥篆虫書而未及者因思造化巧設必借文人品題始開生面豈可使岣嶁文隱而泰山有

没字之碑哉陳子曰此吾志也君亦不得漫無一言浪虛此遊矣遂相視笑揖而别

得也遊疊石山房記　鄭昌時

得也者言乎其難得也艱詞也又言乎其旣得也幸詞也艱而幸焉是不可不爲之記棉陽河浦矗雲間瞰海上有峰曰疊石傑乎一方聞於四境予自丁巳歲遊棉已知之而神遊者數每

牽於事未得登所謂疊石峰也者陳君遜齋予畏友也自厥祖伯石泉先生構咸虛齋其上以演易刻河圖石壁間係以讚君大父及尊人踵之多結廬焉西印仙蹤東穿虎穴圯沸泉眼南激松濤凡入是境者神奪於景景移其神一日遊作累日想矣戊子九月之杪遜齋招予來行往遊矣又遲予以三日約若將蓄予之興而後

鬱乎一發十月朔日遂厥遊命乃弟吉堂世兄并次男庭梘與予偕予得二君力羽翼輕予身翺翔泉石繁瑣山海崇深閬耳之目之足手之足之心焉饜之於是得快乎予遊得所已得不忘乎未得幸矣夫艱矣夫冠平生遊殆所謂得未嘗有者乎是爲記

演周易序

光化令謝如式桃沅人

註書難註書而至於經主經而至於易則雖如邵如程如朱猶不敢謂無遺義而況京郭之流止以神其卜筮占驗魏伯陽關朗子明之徒不過傳為脩煉之祕而已自世以經義取士士之以易為專經者則又不過勦襲陳言弋取科名語以易之蘊奥茫然如墜烟霧中亦何異眇者

之語曰捫籥扣槃而莫得其似也哉辛未試春官晤粵東陳子式瑞於京邸陳子蓋登丙辰賢書與予大同年友也及来粵聞伯氏式靄先生邃學士也亟造其廬時昆季居太孺人喪斬然哀戚中弔唁畢詢以著述伯氏乃出手註演周易四卷中列圖圓五層其內一層先列十二支次列二十四氣次以八卦內三爻各變三卦共

二十四卦以應二十四氣之節次列文王後天八卦之位其外一層乃變伏羲乾一兌二之序而為出震齊巽之次伏羲合乾兌離震巽坎艮坤每宮各得其八共為六十四卦而此則除震巽離坤兌乾坎艮另列一層每宮各得其七共為五十六卦當朞之數與閏數而已此皆與先天異而與後天相出入者也於八卦配以五行

之数既統河洛為一源而又以乾之策二百一十有六坤之策百四十有四九六迭乘得六十四卦與三百八十四爻之數備列各卦爻之下以為占驗之準次於上下經各為註釋一卷隨文演義語精而醇多有奪卲氏之席而翻程朱之臼者自言苦心精思二十餘年其數取諸河圖而以時說多錯嘗自序以冠其首而倩余續

貂嗟夫余於諸家之易莫不備覽而求其端然
世無碩師嘗每苦於扣槃捫籥之所云今得是
編而詳繹焉乃知吾儒於易實有躡天根而探
月窟者特其藏之名山不克傳諸其人世遂無
從而知之耳昔楊子雲草太元謂百世之下有
子雲者當復知之余於式靄先生之易亦云

演周易自序

陳英猷

伏羲氏始作易以前民用有圖象无文字今所傳先天圖是也嗣是歷代有作如連山歸藏皆有繇辭傳於載籍可考及周文王被拘羑里亦復演易其圖象則以乾坤為父母震坎艮為三男巽離兑為三女畫為横圖其流行之序則始震次巽次離次坤次兑次乾次坎次艮以配春

夏秋冬四時之候畫圖圖以象之又繫之辭以明六十四卦之義分為上下二篇上篇始乾坤終坎離下篇始咸恒終既濟未濟其子周公旦又作六爻之象辭共三百八十四爻於是卦爻之義燦然備矣謂之周易自是凡有卜筮皆與連山歸藏之易並占謂之三易及孔子出獨契周易曰假我數年五十以學易可以元大過矣

又曰文王既歿文不在茲乎於是贊以十翼之傳周易之義遂以大明其說卦說及圖象亦參羲皇先天圖象說之明先聖後聖其道一揆也其替易有曰河出圖洛出書聖人則之禹則書以作範羲則圖以畫卦各因所觸以明道雖其道可相發而其因各有物易因於圖者也文王之易卦名則因羲皇之舊而圖象又一變矣亦

各有取義也繫之辭以發其旨趣周公仍之然則孔子賛之賛周易也雖或廣其義類而要不背其旨趣觀孔子之傳辭而文王之辭周公之辭的然明白矣然周易有辭亦有象亦有數其象則河圖之象也其數則河圖之數也象在即数在坎水離火震木兌澤象也坎一離二震三兌四數也河圖内一層為坎離震兌外一層為

乾艮巽坤卜筮周易當如是以占之疏釋周易當如是以說之文周父子同時的无異義孔子韋篇三絕會心特契三聖同條共貫者也其名卦自伏羲則遡河源於星宿羲易源也周易委也源遠委大委演其源者也周公孔子委復演委至盡矣矣然辭明象明而數未說也有六十四卦之数无变也有三百八十四卦之數一爻

變也有四千九十六卦之數卜筮之變〻必至此〻可无以演之乎且三聖之辭〻无異理說之者多亦或有岐之者余自穉齒竊嘗疑之恨孤陋寡聞无有能解然博徵舊說偶有省領即附記之要以孔子之辭解文王周公之辭期於不至相背而止時用觀玩而默會焉今老矣倘一旦先朝露則平日辛勤而僅之者將復塵埋

故並刋而存之顏之曰演周易分為説辭數説辭二篇共四卷

刻演周易識言　陳泰年

羲皇肇興依奇耦以畫卦文周繼起觀爻象而繫辭瑞呈尼山三聖攸集流覩滄海十翼斯演由簡約以致詳歷世代而增闡文章大備義藴滋流先兄學積年深潛心篤嗜山居日久絶跡

罽塵攬故典以咀華緣若思而生悟先天後天之旨溯委窮源河圖洛書之文推同勘異雖至痾沉語亂不離推數之呼所以樂玩居安頗有挈瓶之得憤而發感則通爰著演周易之書以為習卜筮之用中列圖象解訓申詳說分數辭占驗參互憑管闚蠡測之見補往籍所未詳絶幻怪弔詭之奇遵先聖以立旨因本加厲踵事

增華融貫羲文周孔之區出入周卲程朱之域
草稿頗定體躬不寧筆墨未乾神魂已逝兄自
揣固陋不敢竊附著述之林但但備極辛勤聊
亦彙充家塾之筐黍年回憶總角受業以來身
立几側朝夕不離誨諄諄茅塞蹊間始終何異
聽藐藐自顧不類散木難裁實赧於顔半生莫
遂男蕃函丈追隨箕裘初學兄當大漸遺囑尤

殷顧殘牘之帙篇命整修而彙輯及旣彌彌留言難脫口猶復伸兄指而作筆執弟掌以為發畫其字以明心假之手而傳語遺稿是念寸晷再三刻板頻書一日數四㭰年涕泗交頤代牘末自死生決别於俄頃挽留難假以須臾氣寂音況號呼莫應山頽木壞仰放安從骨肉慘傷幽明異地悲有終極痛有窮期耶兹兄歿已經

歲荒徑三秋中山之草木猶是頹墉四望内室之杖屨已非想像已杳之音容揮洒無及之涕淚哀緣情感事因物興集先兄之門人殺棗梨以鐫刻非敢問之於世儆螢火之飛空但以藏之其山俟兄靈於不殁云爾

孫子後䟦 陳英猷

佳兵者不祥尚矣然天生五行並爲世用則兵

亦烏可得廢不得已而用兵亦不得也已聖人不立兵即論語罕言之意意非謂全不省了也以不教民戰是謂棄之若平日鈌講究臨事將何措手迂儒所為誤大事也讀孫子十三篇可謂盡發千古之秘非有戾于古也伊呂兼見之事已引而不發孫子專埀之言止是併與人巧耳引而不發者非上士不知與人巧者下士可

學然則此篇之在真經濟之典也且講其事而知其事知其事而慎重其事正安國全軍之道所謂百年不言兵者未有不由於此故兵家者言至孫子而極而知兵之士尤篤好之云康熙壬辰十月二日跋

吴子後跋　陳英猷

吴起天資刻薄，其品行無足道者，然所著兵書較為近正，何哉？豈其嘗受學曾子，得其緒論以立言乎？嘗較論兵書，無出孫吴者。孫奇而通，吴正而法，雖作用非孫匹，然易能易能，古今最稱吴術。但間有粗淺者，非如孫子之神明變化，用各不同，故畧為删取，以存簡約，至勵士一篇，莽

率已甚故概不採入非敢意為去取也文愈簡則習愈易惟以適吾便耳因書其意於此康熙壬辰三月五日

司馬法刪本會意解後跋

陳英猷

太史公曰司馬兵法閎廓深遠雖三代征伐未能竟其義又曰穰苴為區區小國行師何暇及司馬法之揖讓誠哉穰苴豈能有此殆太公兵法也然司馬法推本仁義正用兵之原不以仁義興師自生民以來未有能濟者也若定爵以下三篇其自治料人之術可謂大包無外小入

微芒簡而該奇而法一切兵家者流皆其範圍也竊謂古今名將總不出此但其中字句費解者多難澁至不堪讀想日久訛錯亦所云字經三寫烏焉成馬者誦習之餘因删之以從簡易而并其不切於用者亦爲刊去其文義可曉者則會意而註令每讀時可會意而解也因書其概於後康熙壬辰正月十二日跋

孫子十三篇次序說

陳英猷

兵事尚謀傳曰見可而進知難而退武之善經也故先之以始計〻利矣然後振作士氣用之以戰故次之以作戰然兵凶器也戰危事也爭地爭城必萬全而後動故謀攻次之欲其全勝也但勝敗自有定形已豫見于平時故軍形次之至勝形見矣而制勝亦必有勢故次之以兵

勢兵之勢實則勝虛則敗故虛實次也能灼知
虛實可以戰矣而兩軍戰鬬必有所爭故次之
以軍爭爭爭利也爭利有法法亦可不拘故次
之九變由是行軍者進止之法也地形者營疊
之法也九地者因地用兵之法也故行軍次之
地形次之九地次之而法制盡矣士氣強矣而
火攻者以助我之兵力者也故又次之以火攻

然兵事尚謀戰陣之法已無遺策又必有以破壞敵國敵國弱則我愈强矣間者探敵之情而因以亂之者也而用間故以終焉

與陳石泉先生書　河西鹽大使　黄藻

墨汁本少重鹽攪混竟成鹹腹遥企老先生日與高徒講學論文於高山佳谷中領取清風明月樂何如也時思玄度幸勿遐棄不日抵署言

談開豁胸次佇望佇望走役佈聞并候近社不

一

又

不擾塵務每静坐時儼然道範在心目中非弟

多情實由老先生籠盖人上人之水鏡有使人

不能不思者也皇極經世書阿哥討取未便不

歸倩人手抄箇中必有訛錯抄完奉来逐字檢

閲方免謬誤穎先達知際此楊柳影踈梧桐葉落易悶心腸緬想府中自有一種融融洩洩當不復知秋之可悲也肅此佈聞并候近祉老伯母祈呼名請安令弟先生均此致候

又

捧讀佳章别有一種古貌古韵非老先生不能做非夏文宗不能取文章遇知己信哉策問越

見老手何吝而不教我也倘未付刻祈手錄賜
下專此佈瀆並候新禧餘言不既

答黄品堂先生書　陳英猷

霽光耀彩惠風噓和知老先生之與物以春也
蒙賜多珍以射蔽水何寵如之科試幸厠旅錄
實屬偶邀俚作猥朽殊甚不堪呈正臺命數及
望指教開迷不勝欣幸

弔陳石泉先生書　　　　周華錦

太君辭養先生以七十餘爲孝子素敦孺慕之誠當此大故之至其哀痛不知何似錦以素沭呴濡不得稍效奔走更不得一弔先生之哀罷歉自歉自立秋後次兒忽嬰重疾瀕於死者數矣祇爲舐犢故不能離步者兩月餘已經先生卒哭後撫衷自責莫逃負心竊有獻老以先生

年臨齋喪不及之境顧少殺其哀毁等禮以安泉原之願或以當祈祝之私云爾

與陳東溪老先生書　　謝如式

側聞老年先生抱棘人之戚不早策嵇驢攜酒唁慰抱媿多矣且弔喪而弗能賻於禮殊闕而猥蒙答拜且辱嘉貺銘佩何既敬此登謝自遊貴齋後無時不有一副佳山水遥挂胸頭固不

止閱輞川而神遊也勉索枯腸搆成一記並俚詩數首呈教深慚筆拙遠遜柳州小品得無使山靈笑我着糞佛頭乎外附舊作一卷兼求郢政為感臨池依〻不宣

與陳石泉先生書　謝如式

在鹽場中每日只聞掂斛播兩與銅臭氣塵悶真不能堪及登君子之堂得接清談使人俗襟

頊谿捧讀易註數卷直抉天根覺程朱之解尚
有遺義不揣謬妄漫為續貂豈曰能文亦欲借
此以附名不朽耳前蒙令弟先生枉顧未盡欵
洽天末良友緬懷如何敝親不日田署即當北
上臨行請再登龍拜别兹將易序及承借皇極
經世書八本敬璧還趙乞為查収臨池瞻切耑
候近禧並祈令姪將易本圓圖抄付来人為感

又

承示演易圖象及所剖析後天卦位與節序分配之故其理確不可易展玩數日愈究愈精殊愧前所作序未能窺其萬一也兹特刪補數語仰質高明尚祈郢斲使皇甫徵名得附三都以垂不朽也餘俟地上時登龍拜辭再容面質不

一

又與陳東溪老年先生書　謝如式

楚粵雖分芝蘭遥契知己之雅固非雲山所能隔也自遊貴齋後無時不有一副佳山水往来寤寐中繼蒙光顧未盡欵洽遽爾分袂望江上歸舟可勝惆悵哉舍親不日回署弟即整裝北上後會有期敢預訂為北道主人何如昨閱邸報去冬選單已届壬子科我輩定當截取年先

生服闋後即當謁選天苟有緣得官一方可謂三生有幸矣茲遇鴻便肅此拜候聊以誌別統祈炳照臨池睠切不宣

復陳梅林先生書

招寧巡政廳　全璠

日前晋謁鱣堂飫聆教益探奇抉勝心賞目遊竟日之歡如坐春風十載別後塵氛滿面寤寐縈懷翹首名山不啻雲泥迥隔也屆茲天中佳

節遥企老先文襟聿暢正切馳頌忽奉華翰並
領藏書兼荷惠錫琛品拜登之下倍深感愧謹
對使申謝尃泐布復順候道履維照不宣

復陳梅林先生書　　朱紱

名山勝水得盡遊覽殊暢生平之樂歸後勉諧
聲韻正如小兒學語竊呈大匠之前所謂班門
弄斧不自知其魯拙也乃蒙奬譽過情并邀高

弟諸先生賜和佳章頻錫讀之不盡拋磚引玉何幸如之承惠藏書已對使敬領容當面請訓迪肅泐申謝并候文祉不宣

與寄塵禪師書　陳蕃

兩載知音未經半面日前造謁又適當道延邀旋以小兒抱恙告面何伊人之難即也嗣蒙揮翰錫之扁額真令祖宇生輝今已雕刻告竣但

不知米老丰神工人可能傳出否也敝齋泉石竹木扶踈際此夏天席地巖陰濯足澗側别具幽趣去秋嘗請大駕賁臨因行旌已建不果兹擇於七月初八日祈踐前約弟并邀行師林師作伴共挹世外風光宿宿信信為山房增一段佳話樂何如也專此佈聞言不盡意

又

昨辱寵顧兼惠品題真令山川生色乃遽爾還駕不獲暢叙幽懷至今猶悵悵也承賜扁額法書工妙絶倫與前所書三山等字均非近今所有命工人刻而寶之將高人手跡其為敝地光也多矣特過費神力令弟殊深不安耳至委問易卦已於十五十六致誠處卜今據鄙見依理推占未知果有一得否也錄稿呈覽餘容面叙

不盡欲宣

河圖贊

天地之數五十有五天地之象奇耦分部龍馬出河象數以覩聖人則之道昭三古大哉斯文

陳英猷

聖聖攸祖

陳石泉先生贊

孝康曹　達番禺人

於戲先生學貫天人深心河洛獨得其真龍馬

之初實本於數後之聖賢以此為據直至有宋數義並傳古今易理程朱則宣於戲先生説辭最精羽義翼文窔奥闡明即今其書實堪啟後自維檮眛行將研究

祭疊石山房土地神文

陳英猷

維大清乾隆四年歲次己未五月朔丙午越六日辛亥沐恩信士陳英猷等敢昭告於本山土

地之神曰維神作鎮一方高峰疊石蜿蟺扶輿
磅礴鬱積靈秀之鍾譬彼菀特哲匠司斧達材
成德慙在拙工有志無力卜築中阿傍神啟迪
小子有造實賴冥掖藝成文章尤先器識斆學
惟正簡在幽默福善禍淫明明赫赫衹貢馨香
清酒一滴叩首號祝来歆來格尚饗

祭疊石山門神文　陳英猷

維大清乾隆四年歲次己未五月朔丙午越六日辛亥沐恩信士陳英猷等敢昭告於本齋司門之神曰是為荒山遠自開闢有阿在巔伊誰云識茲維卜築設教誘掖堂無方丈室惟容膝神之（司啟）力閑以禦暴客亦曰保護呵禁邪慝晝夜無虞惟神之力謹以酒饌祇伸奏假尚饗

祭疊石山甘泉神文　陳英猷

維大清乾隆四年歲次己未五月朔丙午越六日辛亥沐恩信士陳英猷等敢昭告於本阿甘泉之神曰維神顯迹特異不為人知儲澤山巔取象天池滿而不溢渟而不淤用而不竭蓄而不滋遠取諸物為學之師築館山阿實賴養頤教誨飲食維神之庇謹奉清酌禱祝以祈尚饗

建志道堂落成祭土地神文　陳泰年

維乾隆三十三年歲次戊子十二月乙卯朔越十五日己巳沐恩信士陳泰年等敢昭告於本山本土地之神曰惟神雄峙邑東山名疊石先兄創建朝南作宅齋曰咸虛義取山澤承先啟後名著方册宰浙倦飛爰還逸翻卜築朝東正凝地脉堂名志道室顏三益養正聖功端基誘掖夙夜孳孳敬共朝夕石峯聳秀甘泉澄液惟神

有靈磅礴鬱積草木幽香風雲啟闢小大有成
金錫圭璧棟梁王家增輝講席卷舒隨時與道
大適特晋清酌来格歆来格尚饗

祭志道堂門神文　陳泰年

維
乾隆三十三年歲次戊子十二月乙卯朔越
十五日己巳沭恩信士陳泰年等敢昭告於本
齋司門之神曰惟神闔闢是職監察宣力迎禧

納祥呵禁邪慝日司分陰夜司漏刻順逆往来莫逃扅識晝夜無虞以助令德尚饗

祭陳石泉先生文　　周華錦

維某年月日門人周華錦等謹以香帛酒饌之儀致祭於石泉陳先生之靈曰蓋自儒術分裂漂流無泊或距專門以矜炫或誇羽獵於芳潤至摭撦時藝之唾餘以自豪古人精意埋沒於

故紙堆上士不明經自昔然矣先生應山川之鍾孕樹海凝之孤標抗志傳薪希心著述蹂躪經史子集獨闢頭巾之瞽説不拾牙後之腐談祇求本来之面目歷自秦漢馬班孫吳司馬自註解説刪駁不作紙上談間及元凱之解左知兵旁證申韓之識變制治皆簡明的確直以吸子之奥抉經之心未嘗以粃糠而眯其目也至

論道學不睥睨於良知又於新會增城之師承獨印證自然之旨與體認天理之真凡道書淵玄禪理空妙無不窺其根柢端倪窮三教之原極五子之要未爲博而寡當也尤以河經爲經子統會既探世之包羅上參延壽京生之傳解積分數以準陰陽變方位以合象數勒有成書經緯造化消息萬物諭令殺青以俟後人嘗謂

後有作者卲氏當之蓋其意念深遠矣揆先生之才出其經術以經世本足以轄轢寓内乃僅戚年首采冠軍之泮藻白首食餼於窮廬別搆山居以翺翔講學反出讕讕拘拘博取人間富若貴者下人謂數不足而道有餘乃先生手不釋卷年彌高而道彌進歷數十寒暑而志不衰如一日也夫竊殘膏以詡風流剝儒墨以覆隐

行抗颜倏籍数見不鲜先生睹指知歸不昏神鑒標仁義之質留古處之風故孝友撑於家庭學行達於邦國雖空案煮字虚牝擲金騁其堅白無有不破之籓籬入其室而操戈而鉤玄抽秘砥桂柱廻瀾歸然魯靈光發名於季翁之高才弁魁悦豸豫於壽母之百歲順志為不薄矣凡在承學自邇庭近居發篋請業外或世仰德

以追門風或依山結廬而領親炙即先兄請業後錦猶多膺面命而發蒙雖遠不能窺其門徑竊私淑其風規其門今哲人其逝將皇皇其安歸嗚呼不有先覺孰見猶興古人不死俎豆維馨維疊石之漂忽不散緊楷檜之風霜常青謹效鷄絮以招靈

先兄行狀

陳泰年

先兄諱英猷，字式靄，姓陳氏，幼名福，七歲就塾，名瑞紫，世居粤東潮邑之河浦鄉。生而聰慧，能記。凡所讀書，深人數層，不須屢習，聞之先母。三四歲時，攜避亂於邑城朱家，其堂中所粘字文頗多，抱而指教，悉認記不忘，時有識者目之。迨就塾講學，釐然試以文，輒無背者，其舉止端莊正氣洋溢截然有以自立凜然可不犯塾師器焉甫弱冠倜儻有大志不覊尺度廉於殖財蓄德重義矜志氣凜節概學通經傳鑑史及釋道諸子百家多所備覽雅能治平韜畧諸葛集中制器調兵深為留意孫子兵法及司馬法諸篇悉為評註其談陣論機皆有方視區區科舉制藝特其餘也年二十九喪父時泰年生甫四歲

呱呱在抱二兒二妷寸低尺高琨、尾甚祖父母俱皤白兄撫事之厚不數月間祖母續喪越二年祖父又喪齊斬疊至續連六載雖哀戚之慟而率弟敦喪葬事罔懈衾棺窀穸鮮貽悔者兄之孝友性出天成俯仰道生厰中莫假南山橋梓當幼挺淳尚方汝郁祖母膺亂離之秋致多饑疾兄可數歲時見其不食輒興俱笑泣孺慕

之態時露膝下所以祖父母愛之篤迄今祖父
母亡後已歷數十寒暑而當歲時薦食每見兄
恒墜淚則於當日復何如也服闋應童子試以
楊姓進澄海邑庠采芹奏最迨雍正八年間復
姓歸邑乾隆十年授邑廩膳生兄登庠時年三
十有五而泰年方滿十歲恒以不能就學為恨
後三年偶於暇會摘從遊舞雩之下章為講說

見其講復井然輒以手撫厥首曰是可教自是日夜勤督不少休暇佳辰勝會不容借假踮厤情迫勉勸而舒徐以引諄諄訓誨之下又以年屬季子體老母愛季之心不忍令其離膝以故長得嬉戲笑弄牽裾裾攜手於萱堂之側者皆兄以師嚴而寓慈愛之仁也雍正元年正月兄始攜以出試即幸進庠時年二十有三兄猶愛

若嬰兒然見狀不忍離毋往往為之嗚咽憶當
几旁隨讀之際見凡博覽羣書務盡陳農河間
之篋焚膏繼晷至老彌堅未殁之前月猶夜三
四起間或潛心默會危坐搆思優游涵泳疑義
頡釋蓋數十年間如一日恒云其學老而日進
深契白沙子以我觀書隨處得益以書博我釋
卷茫然之語於是而知胷有定握欲罷不能矣

闢閩濂洛會其源太玄皇極造其藴於三傳兩
國史記周禮秦漢等書皆有删本評選而尤浸
淫於易以爲疑義殊多且謂既觀其象玩其辭
當極其數蓋四十餘年於兹矣乾隆三年九月
鄉試言旋道遶羅浮山重歷寺觀山水再訪僧
釋道人蓋雍正十三年秦年隨兄遊至是兄復
尋其踪云㡳家以袪暑故病卧三月死而復甦

病中昏昧呻吟輙以算數不直為言叩之曰數直即愈矣如是者十餘夜日此於冥冥中有誘之耶思久而通耶天壤間必然呈露之道於斯而發其幾耶十二月年以兄病漸愈兆就公車會試禮部明年兄乃築齋於鄉兆之疊石山迨旋已告竣矣依石搆宇拓險作架容膝僅數椽巍托巔岫棲霞集霧却四岡環合獨缺其東隱

然中藏堦臨清泉一泓背列尖石雙秀門高户
懸似非外人可得而津問面東以望潮汐經前
漁舟梭織宫中時作對伯而向若宅幽勢阻匝
木植花頗彷彿應璩仲長廬也于馬習生徒其
上演易其中徘徊林竹泉石間胸襟瀟洒弄月
吟風凡所得之處筆之書無非天真自然機緘
積是一十四載易辭易数解算始就一旦病劇

曰爾兄命盡於此年淚以應曰兄向死復生想必有未了事業兄顧曰此書已成是即兄之事業既又以此書恐未全寬解其必未死曰全矣又曰世間豈有全書乎疾病二十八日而卒時乾隆十七年壬申八月十八日也初余未弱冠時讀書家塾適兄午睡夢詩四句醒僅記其末曰蜘蛛雖有經綸巧結網終非濟世才隨呼余

取筆記之又於雍正十一年四月念二日又夢詩四句亦僅記其末曰勿使後栽稼山花教苗疎及今繹之以兄之覽博探幽亮然有得曾不得見用於世以試才猷特紹先聖以補所未備而傳之其後前夢固已若告矣後夢隱讖未知所解姑以俟之識者兄賦性剛直見人非面斥不辭怨府倏不復記憶其教人盡以孝弟為本

親朋族黨閭一以至公處之不可以私語親戚
貧困為之流連者久與所有至傾橐乃已治家
嚴肅不樂華遊男不入女不出嫂叔令不通問
僧釋不至其閾所以嫂氏等輩及母至老年而
未嘗納足寺觀者皆兄之化也事母情摯外出
離側時恒廑於懷去歲送終以七十六年之孤
子丁九十五年之母喪擗踊哀戚克盡所以此

氣體之猶康強冀其可久乃今竟不起悲夫據
康熙一十五年丙辰十二月初六日戌時生享
年七十有七慮無所請以易其名者偕生徒輩
號之曰石泉亦别稱曰疊石先生嫂郭氏先三
年卒女四人男三人父號亨者字兆嘉母羅氏
祖號曼陽字其純祖母黄氏曾祖號巘典字子
顯其先祖號開峯盖閩之莆田人於宋季由翰

林院侍講來剌於潮因擇河浦家焉其所謂宋解元官循州府判號致庵者則其父也是為始祖至是蓋十五世云涕淚之餘謹述梗概以俟直道君子為闡幽焉

呈請陳石泉先生入府志文　黄正位

具呈潮陽縣生員黄正位等為遵示明叩恩汲汲錄事位已故業師廩生陳英猷乃潮邑河浦

鄉人，幼而聰慧，孝友性成。三四歲時指教文字，輙認記不忘。見祖母疒儀疾不食，輙與俱廢。年二十九喪父。祖父母皤白在堂，尋亦繼亡。三弟兩妹寸低尺高，猷能哀戚，塟祭盡禮。孝事其母，終九十五歲，安樂忘老。鞠育弟妹，教誨成立。和順無間，每遇歲時，薦食竭誠，致孝潸焉下淚。教人必以孝弟為先，重德義，矜名節，凛然以清操自持此皆舉潮老少共見共聞所指以為勸者也且不以淡薄介懷孳〻嗜學通經傳鑑史及釋道諸子百家言必勘　本根不襲勦說於三傳兩國史記周禮秦漢等書及孫子兵法司馬法諸篇皆有評選註釋而尤浸淫於易暮年築室于邑東疊石山為演周易之所依石搆宇拓險作架容膝僅數椽巍托巔岫棲霞集霧却四

岡環合獨缺其東隱然中藏堦臨清泉一泓背列尖石雙秀于焉觀其象玩其辭復極其數以補四聖所未詳增畫大圓圖以發後天所從從畧山居一十四年無間寒暑易辭易數解算頗就稿成身逝年七十有七遺囑鐫河圖并賛於兹山石上位等體其若心集及門將所遺演周易四卷登之棗梨原屬蠡測蛙鳴不敢公於世

好惟是束板藏山聊以妥其幽魂兹恭逢文宗

憲天具鐵石梅花之氣概兼山川香草之風流

脩輯志書光發潛德示諭各屬得自陳情位等

不揣冒昧敢攄業師實行并其遺書上獻斧削

伏乞汲錄庶顯徽闡幽勵節寒士得附不朽點

鐵成金增光泉壤不勝惶恐感激為此連書上

呈

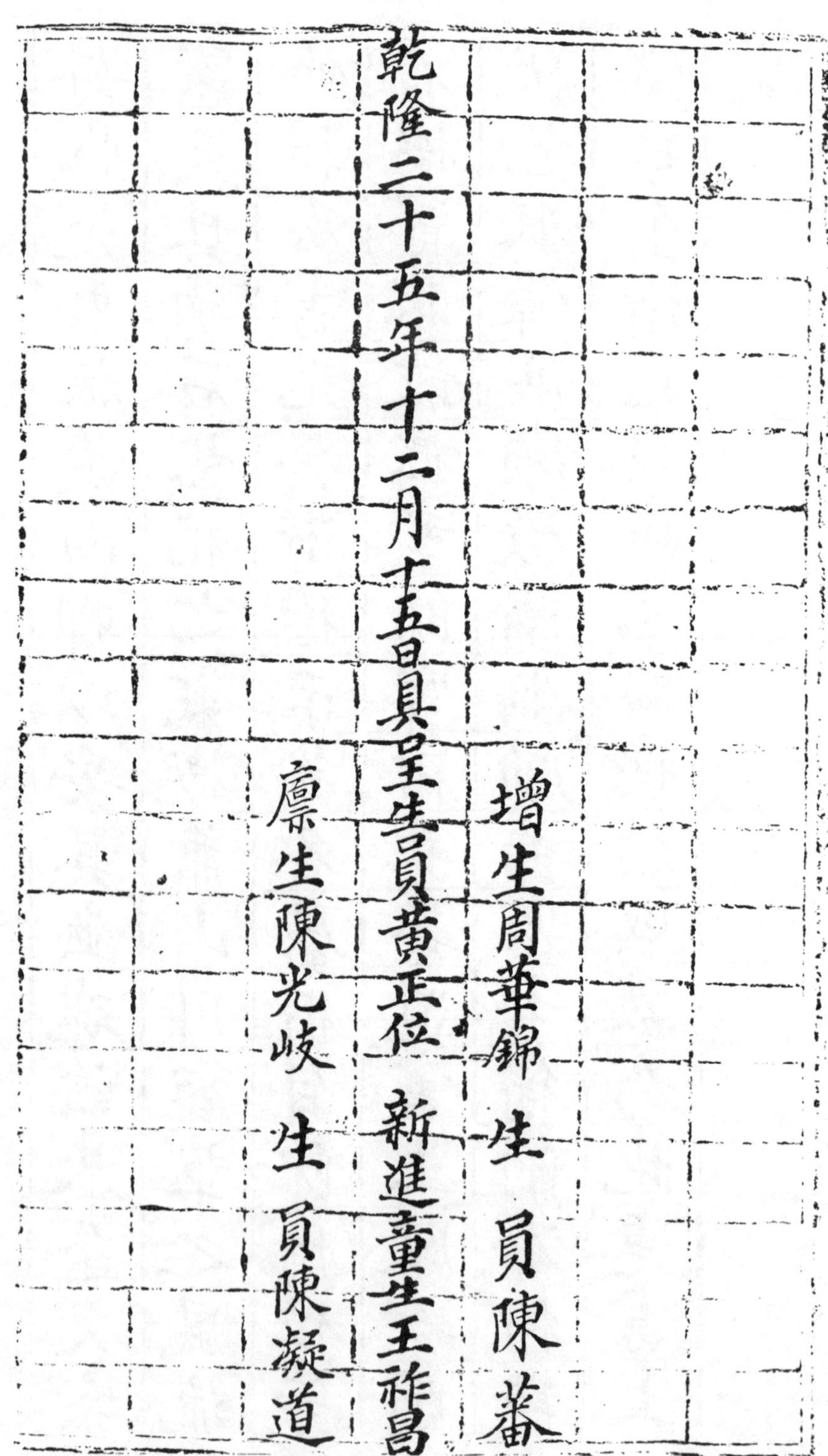

增生周華錦 生員陳蕃
乾隆二十五年十二月十五日具呈生員黄正位 新進童生王祚昌
廩生陳光岐 生員陳凝道

呈請疊石山入府志文

陳蕃

具呈稟膳生員陳蕃爲遵憲呈報懇恩錄送事
伏以造物天工成一方之奇秀文人筆力表萬
代之幽潛潮之東山行十餘里有俗呼為疊石
山者以巔上兩石疊置故名山之南可三里則
為河浦鄉蓋蕃族居也山之陰巍峩巔上四合
如環獨東稍鈌胞伯稟膳生員陳英猷孝友篤

學乾隆四年於此中拓險依石搆屋数椽以為演周易之所背列尖石如鴈行狀聳峻特奇尖石下作石洞幽静如屋近案内山數重遠案南灣諸峰階臨清泉四圍俱石泉從石出絶無片泥西北上百步有大石石面平方廣丈餘如帳英猷命鐫河圖并賛斯石東下四百餘步又一洞上葢下底四面俱石光瑩清曠水聲潺潺此

則疊石山之巨槩也英猷演周易兹山一十四載書成適湖南桃源縣孝廉謝如式乃蕃父舉人陳泰年同為丙辰鄉薦學行之交流寓此山與英猷契合心理同源故序其書又作疊石山記并詩數首於其上時伯年七十七卒其書并記乃付之梓恭逢上憲纂修府志搜羅藏書去年十二月十五日蕃同受業生員黄正位等遵

將遺書進呈但其本山勝槩未嘗詳及茲讀憲
頒條例内一拳奇秀在所不遺流寓詩文皆勤
採擇是則憲臺有彰微顯幽之雅蕃何敢蹈匿
璧沉光之嫌爰敢繪圖并記及前赴府憲獻書
原詞一齊粘察叩准錄送倘得藉以不朽實叨
明鏡餘光至其遺書蕃又就本年正月初四日
同試卷恭呈憲天斧削合併聲明為此上呈

憲天太老爺臺前恩准錄送施行

計開

連粘獻書原詞山圖各一帋

乾隆二十六年四月初十日具呈廩膳生員陳蕃

批

准錄送粘抄山圖俱存

陳石泉先生本傳　潮州知　周碩勳長沙人

陳英猷字式靄潮陽河浦鄉人天性至孝甫四齡母羅氏偶疾輒欷歔下食弱冠倜儻有大志廉於殖財重道義矜氣節讀書直探閫奧不屑屑循章句淹貫經史旁及釋道諸子百家嗜孫吳兵書及武侯陣法然深自韜晦不與人言人亦不之知也深契陳白沙以我觀書隨處得益

以書博我釋卷茫然之語潛心默會逈出尋常蹊徑之外尤精於易疑義殊多旣觀其象玩其辭當極其數晚年築室鄉北之疊石山室依厂下岫僅容一榻終日危坐或匝月不出著演周易四卷分為説數説辭多奪邵氏之席而翻朱程之臼以諸生卒於家彌留之際猶執母弟泰年手疊畫演易二字旣歿門人為鐫板藏所居

之石室號曰疊石先生

祭於潛縣知縣東溪陳夫子文　　王玉樹

嗚乎曼卿長逝，桑戸反真，一朝風燭，萬古埃塵。絳幃已故，血淚方殷，人生至此，天道寧論。然與萬物而俱湮者，知藏猷之未著；歷千秋而不没者，實懿行之常新。緬維師範，威德靡涯，生長名邑，望隆巨家，鍾靈秀於疊峰，才充八斗，窮搜羅

於石室學富五車孝養爲心戲萊公之斑服友
恭成性茂田氏之荆花西席擅名久作士儒瞻
仰東山設教大開桃李英華登賢書而有耀作
明府而非誇異政著於潛之邑閭閻來郘杜之
嘉仰清風之潚袖欽霽月之無瑕奉義方者遊
辟雍而稱玉筍承教澤者膺貢舉而長蘭芽出
則宣猷布化入則崇儉黜奢既降祥之有具應

祚善而無差意鼻比之常安毋秋風之頡掃柰何芙蓉城裹青騾之驟去如飛箕尾星頭素月之當空弗皓青囊春熯國手雖多丹竈煙浮藥神不保忽聞甲馬之聲竟上蓬瀛之島悲夜臺之將閉月照寒楓悵萬里之不歸霜封宿草雖然啓其先者既為鸞翔鳳翥昌厥後者莫非桂馥蘭香傳詩書於四代萃珠玉於一堂鶚薦三

秋捧　丹書以何遠鵬飛萬里膺　紫誥以為
常錦衣營即茲晨而媲美鳴珂里雖異代而爭
光綿英賢於世胄慰靈爽於仙鄉樹等仰止維
殷嗟典型之凋謝追隨有素悲模範之淪亡奠
耆勲於泉壤獻微欵於豆觴庶來歆而來格儼
在上而在旁嗚乎哀哉伏惟尚享

特授文林郎知縣東溪陳先生傳

陳明府諱泰年字式瑞號東溪潮陽河浦鄉人系出閩之莆田其始祖致菴公以宋解元爲循州府判二世祖開峰公以翰林侍講知潮州府事因擇河浦家焉瓜瓞緜緜代有達人傳十三世曰旻陽公敬賢好學際

國朝定鼎之初鄉多蛇虎公爲延師除虎患施蛇藥鄉人德之子

亨者公仁孝醇樸多隱德男四人公即亨者公之季子也四歲失怙賴母羅孺人與長兄廩生石泉公撫養教誨性穎悟胸襟瀟洒聞兄講春風沂水輙興起曰此即吾輩今日事也弱冠博覽羣書受知於督學惠半農先生補邑庠屢試拔前茅乾隆丙辰舉鄉薦第三人八上公車薦而不售時論惜之而公處之泰然不介於懷也

癸未謁選得浙江之於潛令於潛為杭州僻邑
地瘠民貧至則察民疾苦勸農桑嚴保甲勤撫
字民賴以安新懇起徵詳准列為額外年歲荒
歉即為展限緩徵尤禮賢好士治事之暇與諸
生講學論文鼓舞而振興之文風丕變乙酉春
聖駕南巡公辦差於西湖荷蒙　聖恩賜加
一級綴一端秋入浙闈分司公慎宰潛三載依

然寒素悃愊無華平心率物案無留牘囹圄一空丙戌秋以病乞歸潛民遮道攀轅紳士賦詩贈別非實心實政德化入人之深何以得此觀察劉公諱純煒府憲鄒公諱應元各贈白金十両蓋廉知兩袖清風恐其不給也丁亥春㡳家仍設教於叠石山房築志道堂以處學者辛卯監院張公諱致仁延主河東書院年蓋七十有

一矣公之教授生徒也以孝弟忠信為本先品行而後文藝凡事務躬行實踐不肆口談與伯兄石泉公俱宗仰白沙先生本静養以私淑手不釋卷而淡於理財故數十年食貧守約爨火屢虚晏如也事母至孝左右就養務得歡心孺慕之態時露膝下及送終哀殷盡禮附身附棺鮮有貽悔事兄如事父兄則盡其友弟則致其

恭人以為兄弟二難晚年家居倡行族規以約束鄉人留心族譜追溯本原考訂詳核以族繁未能續輯流連不置祖有薄産維持調護務使春秋祭享必致豐潔近代遺存古屋墻垣剥蝕筮仕得禄遂劃清俸湊建永思堂以妥先靈治家儉樸不樂紛華夙興夜寐課督子姪則曰必盡人力至遇之得失則曰順其自然元配蕭孺

人繼配鄭孺人俱能荊布操勤尤賢内主丁酉十二月初六日終于正寢年七十有七子六人長實聲馨太學生次蕃乙酉科拔貢即選儒學教諭三子嵐邑庠生四周京五光府六政卯卯先公卒孫敏提邑庠生公自解組歸林下一十一載足跡不至公門邑侯李公諱文藻以不獲見為憾楊公諱任旌其閭曰太邱遺範潮人高

之論曰昔程純公有言一命之士苟存心於愛物於人必有所濟若東溪公者豈所謂其人乎公與予同舉於鄉知之最悉每公車北上艱於資斧性狷介不肯向人告窮行李蕭然嘗獨行八千里備歷艱辛有人所不能堪者而公進退從容非所謂見其大則心泰心泰則無不足耶故孝友著於家庭惠澤及於黎庶雖不得大用

於世而踐履誠實服官廉潔身殁而名益彰足
以信今而傳後真海濱之篤行君子也
乾隆六十年歲次乙卯年愚弟蕭重光頓首拜撰

特授文林郎知縣陳東溪先生墓誌銘
馮成修
公姓陳氏諱泰年字式瑞號東溪世為潮州潮

陽河浦鄉人陳於潮陽爲著姓自其始祖致奄公以宋解元爲循州府判二世祖開峰公以翰林侍講官於潮占籍於此族以蕃衍詩書科第代不乏人傳十餘世而生亨者先生仁孝醇樸多隱德公即亨者先生之季子也少聰敏負意氣稍長博極羣書爲人踈曠自喜不樂營進其視人世窮通得失可欣可愕之境若浮雲之過

太虚故胸中恒有洒然独得之趣其天性然也弱冠后补邑诸生屡试辄拔前茅一时声称藉甚所居有叠石山房与昆仲互相砥砺其伯兄禀生石泉翁常以清操爱民为他日服官勖勉故公少即毅然以当世之务为己任论者方於范文正公之做秀才时云乾隆丙辰举乡荐第三人予亦叨附谱末座主为山阳周蓼圃先生

歸安章容谷先生榜發後謁見兩先生深以得人爲快乃連赴春官未獲一展驥足而公益鋭志爲文博觀史籍尤長於詩往来南北輒有題詠風雅所播蓋久爲海内知名士矣謁選得浙江之於潛令於潛爲杭之僻邑地瘠而貧素稱難治公下車伊始適荒田灘漲有新議起徵之例公慮爲編民日後之累因力持不可申詳凡

数上始准列爲嶺外潛民至今广祝之歲乙酉

值大荒歉貧民多採蕨餬口公爲之緩徵展限

至丙戌秋尚懸舊條未楚雖大吏催督弗顧也

尤禮賢好士治事之暇即爲諸生講學論文務

鼓舞而振興之邑中之風翕然丕變其先後賦

采芹歌鹿鳴而捷南宫者接踵而起皆公造就

之力太史黄君瀛元其尤著者也明於折獄故

案無留牘雖刁黠者無所逞古之所謂神君者殆不過是未幾以病乞歸士女遮道攀轅不可勝數賦詩贈行裒然成帙非公之實心實政淪浹於小民之膚髓其何以得此耶歸而徜徉於山水之間以讀書課子爲樂故後起者亦皆策對大廷蜚聲庠序方期精神矍鑠得躋上壽以爲鄉之典型且使予得者老友氣類亦覺其不孤

乃曾幾何時而公已遽歸道山矣公卒於乾隆四十二年丁酉十二月初六日辰時距生於康熙四十年辛巳八月十四日申時享壽七十有七德配蕭孺人生子二人繼配鄭孺人生子四人長子馨次蕃三翠嵐四周京五光府六政部先公卒女三人孫男十六人孫女八人曾孫男二人曾孫女二人卒之後七年甲辰三月念

一日寅時其子卜葬於砂浦都鶴頭山之原坐辛向乙兼戌辰三分辛卯分金而屬予為之誌夫予於公為同年契好交且垂數十年矣惟公知予最深亦惟予知公最悉則其誌公也固莫予宜而宿草興悲松楸致慨一旦搦管而誌公之墓其能勿泫然出涕也乎爰為之銘銘曰鶴頭之山蜿蜒若龍萬年窀閟此幽宮詒厥孫謀

藴隆其崇既新其壠將大其封

潮陽縣志循吏傳　　唐文藻

陳泰年字式瑞號東溪四齡失怙賴胞兄英猷撫養教誨淹通載籍工詩文既壯登乾隆丙辰經魁八上公車卒不遇家貧屢不舉火晏如也年六十餘授浙江於潛令地瘠民貧至則興利

除害備極憂勞適邑中新壅起徵處為地方累力請上憲乞准列為額外於潛民至今尸祝之治事之暇留心勸學文風丕變時境内脱逃要犯值童試撥意士子旋即拿獲列憲會審得其故謂考試衡文緣此獲犯其得士心可知尤善勸化有兄弟爭產集訊剖析倫常以開導之各感激垂淚釋爭而去有村民欲棄妻而妻不服

時來控告訊無可出之條嚇之以威喻之以情後察出煽惑之人懲治之夫婦遂和好如初每日汲詞隨審隨結諄諄勸誡如家人父子縣無寃獄囹圄一空宰潛三載以病乞歸覲察劉純煒府憲鄒應元各贈白金十兩盖深知其廉介恐不給也遠近紳士攀轅涕淚賦詩贈行同官榮之抵家仍設教叠石山房建志道堂以處學

者杜門卻軌足跡不至公庭著有文集四卷潛
州信讞録二卷藏於家末年倡行族規以約束
鄉人無病終於家年七十七

祭南村弟文　　　　　　　陳　蕃

嗚乎茫茫大塊悠悠高旻大鈞播物坱圠無垠
惟弟南村不愧為人秉元精之耀安時命之貧

誘掖獎勸者修道之教和宗睦族者孝弟之仁想生平之清風亮節能不拭淚而沾巾少巖棲而谷汲長行歌而負薪為儒門之宦嗣作廩餼之席珍商古榷今疲精勞神翳翳柴門老我宵晨千佛名經其困之者非一時抱屈而不伸嗟嗟離合靡常死生難測奪我同懷彼蒼亦刻功名富貴既屬子虛孝弟力田克供子職事父母

左右無違愉愉容色友兄弟和樂且䏪怡怡謹飭其與人交也公平正直凡排難解紛一諾千金不少差忒故内外親踈有鼠牙雀角之釁得片言而遂息其教生徒也必先器識行可為表言可為則經師人師剛克柔克得其指授者鳳翽鸞翔均堪羽儀于
王國所以閭里稱其象賢士林奉為矜式者也有為有守不怨不尤敦

詩說禮經明行修久棲遲於疊石思寄興於羅
浮歲在戊辰序屬仲秋余將探勝弟也同游登
峯首看合掌彷黃龍坐石樓盼萬丈之瀑布歷
實積延祥而上白鶴之峰頭探朱明葛仙之靈
跡望飛雲鐵橋而神留賦詩寫景跌宕夷猶僉
謂胸襟瀟洒可以忘老可以添籌雖艱難備歷
樂天知命復何憂豈意川有逝水壑無藏舟靡

漬疵泆厥疾不瘳夜臺水隔冥路長幽招魂何處聚首末由余辭有盡余悲曷休嗚乎哀哉

祭葉師南村先生文　　陳燊

嗚乎吾師竟舍燊等而逝耶天胡不惠而之卒耶世胡不聰而聽典型之失耶豈天道之無知何人事之難必耶雖人生如寄塵世誰可長存

而道範乍違門人又將何述耶泰山其頹耶梁木其壞耶七十六年之歲月此生齒德俱優三十餘載之追隨今日音容曷在耶化雨雖流春風已息吁嗟悲哉曷其有極耶吾師之生名門宦嗣清風遺兩袖忍楞腹以窮經德星聚一門能整躬以繼志天性孝友聞風景慕於遐方素履節廉鄙吝克消夫儕類待及門也情逾於猶

子比皃處鄰里也道準諸正心誠意釋爭解忿羣服至公之德言負笈擔簦共沐無窮之教思志道堂上境雖逆而倍切勤修叠石山中教有方而必嚴義利文多為富常蔴史而桄經口不言貧每輕財而重義政僅施於家庭風堪師夫叔季悵江河之日下回瀾望砥夫中流意模範之猶存名教長依於樂地胡乃乘鸞竟歸去思

寄傲於蓬壺竟令招魂不来縱遥情於仙轡吁
嗟兮宮墻猶是惆悵兮謦欬已非風凄凄兮日
黯黯雲渺渺兮煙霏霏夜臺長寂朝露已晞道
不伸兮遇拙時不利兮心違問品評兮月旦如
吾師兮孰庶幾痛杖履兮莫承徒流涕兮沾衣
不可復生兮死者嗟哉去此兮又誰與歸恍惚
兮如見冥香兮無聲應修文兮白玉樓兮遐征

不則騎箕尾兮上縣雲霓兮王清隱文章兮星市煥奎壁兮文明惟年高而德劭毫無忝於生平即人世之浮華濫貴又孰克嬈吾師不朽之芳名德足壽身名堪壽世人誰不死惟吾師雖死其猶生況正兇直兮神明吾師固含笑以去無所歉仄於九京但彝等悵親炙依歸之無主難禁感傷於中情偕同門而痛哭如躑躅於兩

極世日非兮老成復逝獨立蒼茫兮涕淚交横
跪陳辭而奠酒神歆格兮鑒此不盡之哀誠嗚
乎哀哉尚饗

祭陳梅林先生文　　趙天球

嗚乎星飛兮雨散水渴兮山崩霜封兮宿草霧
暗兮江城伊椿林之正茂兮忽遭秋而飄零嘆

儀型之遠逝兮，合邑里而同聲。夫萬物無不銷之質，人生無不敝之形，苟其德無可紀，業無可稱，雖年如李耳，壽若老彭，何異無知之蔓草，雜荊榛而敷榮。惟公德行彪炳，著述輝熒，蓋淵源於庭訓者深，而率由於疊石先生之教者閎，所以生則可羨，殁亦留馨。憶公之生，謹厚聰明，少而好學，長而知名，守家風之孝友，吸經史之粹精品行冠於當代選拔登於明廷其持己也端方静肅其接人也温厚和平其事祖先也敬恭有禮其亿族黨也輯睦無争其訓子姪也其待後學也必信必誠惟公之品岳峙淵渟惟公之志玉潔氷清是以秉鐸綏江士欽模範榮歸梓里人祝升恒鑒人倫董修邑志睦宗族爰纂家乘擅儒林之譽望爲邑里之典型念兹吉人天

錫遐齡年登耄耋世仰歲星胡為長逝竟爾杳
冥痛斯一別夢在兩楹西河已渺北海失憑問
天搔首灑淚垂膺宜夫市釀為罷鄰杵不鳴嗚
乎梁木其壞遺彼法程泰山其頹失我景行然
而諸子諸孫俱見嶸世其家學守其遺經子樹
幟赤孫曳矜青笑言繞膝蘭桂盈庭公既仰承
先哲俯裕昆仍怡然無憾飄然長征况年高而

德劭自存順而歿寧素車整駕白鶴來迎高騎
箕尾上列帝京莊周夢覺葛洪睡醒想其矩矱
雖死猶生炯炯不昧魂其有靈來歆來格鑒此
幽情尚饗

祭族兄梅林先生文　陳光峽

嗚乎蒼天奪我善人霜蒿露薤野馬埃壓嘆曼卿之長逝嗟桑戶之反真帳老成之凋謝將兹法之無因追平生之率履欽芳範之足陳緬維我公庭訓是遵束髮受書師儒林之伯父成人有德資廉吏之嚴君左圖右史五典三墳莫不講習討論而見人所未見聞人所未聞以故少

應童試輙冠其軍壯逢拔科輙超其羣公才卓
犖公行嶙峋膝下蔫濡慕之誠其孝也純雁行
叶壎箎之雅其友也敦捺守克全乎約樂禮貌
必接夫賤貧和睦鄉黨矜式里鄰立族規請禁
示合親疎内外而教誨諄諄務期俗之美而風
之淳爰本家而教國信師嚴而道尊綏州振鐸
大雅扶輪經師人師得者欣欣著書課士同夂

共晨公之待士若孫若子士之視公若萱若椿一部析疑作津梁於後學十年教澤榮桃李之繽紛及解組而歸靡不愛敬思慕賦詩餞别樂道盛德而津津優游林下十有三春經傳肖子飴含曾孫敬祖宗維風教老而彌殷尋始祖之墓封塋復舊承先人之志譜牒增新膺邑候修志之聘矢公矢慎司冰鑒於人倫此皆暮年事

業而闕於世道人心者也峽等與公朝夕相親綜公生平不盡所云欲典型之密邇具矍鑠之精神謂耄耋之已屆當期頤之可臻胡乃天不慭遺壽終戊寅九月之望陰陽永分在公者立德立言固垂不朽而無憾思公者無小無大同嗟遺範之長泯豈蒼天之已醉何碩果之不珍想音容之幽杳瞻素旐而酸辛向靈幃而一哭

申奠祭於三旬跪陳辭而薦酒咸拭淚而沾巾
嗚乎哀哉尚享

祭梅林夫子文　　　　陳𤇾

嗚乎昊天不弔哲人云亡邑里减色几席無光箕尾歸兮天上壽星復兮帝旁泰山頽矣景仰何方砥柱無人川流孰障慨典型之盡失復師範其莫望紛涕淚之交橫兮曷禁及門之感傷嗚乎吾師竟飄然而長逝耶愴然百感彌增忉怛於肝腸惟師之生閥閲名支叠石先生猶子

於潛邑宰佳兒承清風而甘淡泊敦至誼而叶壎篪弱冠而文雄庠序壮年而策對丹墀講道談經擁皋此而廿年不倦澡身浴德隱石室而九邑同師望重儒林起膺廣文之職教敷綏邑咸欽木鐸之司本身心以作矩扶經史而析疑十載鱣堂桃李栽盈學舍一門燕喜花萼念切連枝解組綬以歸田敦慰留於當道集士紳而

唱别表思慕於臨歧兄弟怡怡重叙天倫真樂

兒孫濟濟更欣俊秀呈奇林下優游化鄉人以

安分守法胸懷舒泰萃天上之壽域福基幸道

貌之康強百齡可待詎德星之隕落九十長辭

歸列班兮玉清長解脱兮塵綱曳杖去兮杳茫

遺琴寂兮惆悵痛音容之不再兮徒倚雪庭憶

謦欬於猶存兮依稀繐帳長眠不起兮無復師

承夜臺長扃兮何處瞻仰問天無對莫尋杖屐
之逍遥招魂不来空撫步趨而想像彼人生之
若夢原生寄而死歸百年雖遥等存亡於電光
泡影寸心克葆任出入於兎走烏飛古誰無死
德可長輝吾師道義律身超羣拔萃孝友盡性
古比今希親炙者薰陶夫教澤聞風者私淑於
芳徽況振鐸而多士歸陶鑄設教而遠朋樂瞻

依鄉族賴以安寧鄰里慰夫渴飢長君樹幟文壇克承家學季子談經虎觀焜耀庭闈孫曾玉立繞膝牽衣德堪不朽願亦無違吾師固可含笑以登修文之館慰心而掩奎閣之扉惟彝等悵芳型之既遠痛世道之多非偕同人而奠祭薦薄酒於靈幃嘆息於維挽指示之無從兮益難禁痛哭而歔欷嗚乎哀哉

呈請入潮陽縣志文

陳暠

為碩德耆儒請賜傳紀以勵清修以彰公道事竊士以端品為先學以實行為貴至於旌別彰癉轉移風化此則權操自上欣逢憲臺於民寧事息之公餘修獻鈌文殘之邑志分門別類具已成書而於人物一冊獨兢焉其難其慎不敢亟登梨棗者誠以隱德庸行義夫烈婦一事之

表章務求其當一節可流傳須核其真蓋發幽
闡微義例綦嚴也而科目仕宦詳略各殊必備
書里居姓氏無非欲後之覽者得以指數梗槩
知某也賢無忝於科名官爵某也不肖有愧於
名教綱常是即激勵人心之要術為全志之所
最重而憲臺所以其難其慎為信今傳後計者
周故人物一冊尚未竣工也夫前此者尚旁捜

博採以發其幽光則現在耳聞目見其人其行足以趍今足以啟後碩德耆儒如原四會學陳公蕃與弟禀貢生陳公翠嵐者品行久為邑里所推而揩砂两都接壤比鄰尤加詳悉可不體憲臺彰癉之意亟請補入傳紀乎陳公前膺總修之聘厥弟亦任採訪之司老成典型久入洞鑒今俱仙逝一似冥冥之中遲以相待故值此

校刻未完之志即屬蓋棺論定之時燊等謹述
其行誼之略然於人耳目者呈請補入傳紀庶
不負憲臺彰善癉惡之盛心亦邑人士觀感興
起之資也為此上呈
憲臺察核恩准施行
嘉慶二十三年十一月二十三日呈
批陳蕃等品行端正本縣素所深知堪入志乘

飭局補列可也事實册附

潮陽縣志文苑傳　　　　　　　唐文藻

陳蕃字梅林於潛令泰年次子五歲失情哀毀如成人事繼母以孝聞少從伯父英猷遊克行所傳工古文辭尤邃經學父宦淅歸行篋篋蕭然蕃與弟翠嵐攻苦山齋自相師友雖屢不再

食怡然也弱冠冠童試進邑庠食餼旋膺乾隆乙酉拔貢學使翁覃溪稱其經學湛深能於先儒註疏外發抒心得以著作手期之及丁父與繼母艱喪葬盡禮孝友之風感動鄉邑帷性恬澹不規進取隱叠石山房即英猷演易處也經學懿行信從日衆以身立教寒暑不輟者垂二十年士林慶得師焉嘉慶丙辰授四會教諭節

俸薪修葺两廡倡建綏江書院談經之餘著經史析疑二十四卷行世誨諸生先倫行而後文藝貧乏之者力為賙助在任十年念老年兄弟不克晨夕歡聚遂决意告歸閭邑紳士若有所失賦詩餞别裒然成集抵家後兄姊年八十餘弟妹亦屆古稀一常白髮坐立必偕歡笑如孩童雖孝友家傳亦天性然也處鄉族立規約以抑

強扶弱鄰里賴之生平言動一依於禮不可以
私干又未嘗不和平樂易藹然可親年八十八
纂修族譜猶能楷書小字工甫竣無疾而卒遺
詩集古文辭六卷經史餘聞四卷卒之日士林
悲悼咸嘆典型云亡蓋學行久爲邑人所推重
云

潮陽縣志文苑傳　　唐文藻

陳翠嵐字南村於潛令泰年三子也性孝友遭父母喪哀毀骨立常恨不得遂孺慕之私敬事諸兄怡怡愉愉老而彌篤是能以事親之誠移於事長者初苦家貧勵學不輟於毛詩更徵心得凡所詮釋其經解人推重之游庠後舌耕自給繼設教疊石山房訓廸尤以敦實為務從遊

耆成名卓立子姪輩亦聯翩鵲起錚錚然至今未艾也晚年膺廪貢屢踈財尚義排難解紛得一言而輙釋其起人敬畏類如此卒年七十七世以儒學傳家

四會縣學教諭梅林陳公墓誌銘　陳昌齊

乾隆乙酉吾粵膺拔萃科者八十有八人而吾宗陳姓得其七總覆後序齒惟柳君恒森王君夢瑞年最長次則推吾梅林君諸同年皆以凡事之顧膺是選者類多辭章之學而梅林君獨專治經學使者翁覃溪先生按潮時試經古取冠一郡穪稱其經學有心得諸同年又以通經

致用期之乃
廷試榜發同年生多獲雋去君
則以本班歸里候選從此南北睽違不得合并
盖五十餘年於兹矣歲己卯余修志省垣其家
孫作舟来省鄉試具述君已仙逝卜葬有期乞
余誌墓嗚乎余與君同年契好也且同宗兄弟
也銘幽之文誼何敢辭謹按其狀而銘之曰君
諱蕃號梅林其始祖致菴公閩之莆田人以宋

解元官循州二世祖開峯公以翰林侍講刺潮郡因家於潮陽之河浦鄉至君一十六世曾祖覓陽公祖亨者公俱有隱德詳邑志義行父東溪翁乾隆丙辰經魁授浙江於潛令以廉介稱君其次子也生有至性内行純篤淵然而静凡動作周旋造次必於儒者家貧舌耕以養不規規於進取所居有疊石山房具林泉之勝集生

徒其中日肆力於經傳史鑑及諸子百家靡不悉心宣究兼長於詩興則登高峰望海舶乘潮出入聽時鳥變聲弄月吟風陶然自得山居垂二十年幾不知人世間窮通得喪之境為何如也嘉慶丙辰選授四會教諭抵任見東廡坍塌先賢露居遂鳩工完葺邑之義學舊在兩廡君以宮墻不肅非尊崇聖賢之道且學舍無多何

以宏其樂育乃謀之紳士建綏江書院於明倫堂東偏捐俸薪為紳士倡戊午落成多士欣欣然樂肄業之得所者君之力也教諸生務崇實學月課而旬會之循循善誘藹然可親一時嗜學之士質疑問難戶外屨滿為之條分縷析俾各得其意以去復著經史析疑二十四卷嘉惠後學經師人師當之良不愧矣已未

覃恩請

貤本身封封其兄實聲馨如其官在任十年以
年老告歸紳士賦詩餞别留戀不置然則君之
踐履篤實足以信今而傳後豈惟吾黨之光吾
同宗與有榮焉抵家後邑侯唐公文落蔭聘修
縣志復率其宗人纂修族譜戊辰偕其弟翠嵐
遊羅浮日步行四五十里遍歷名山竊喜精神
矍鑠視聽不衰或者數十年舊雨再行得一面

事未可知乃今竟逝矣嗚乎乙酉同年零落殆盡余雖少君十有二歲今亦年將八十古人云既痛逝者行自念也一旦銘君之墓其能勿悲從中来筆未揮而淚先下哉君卒於嘉慶二十三年戊寅九月十五日申時距生於雍正九年辛亥十月十六日未時壽八十有八孺人周氏為邑增生涯西公女賢能有德現年八十有

三子三人長艾早卒次敏提甲申歲貢分發訓
導三屐道貢生女三人一適姚早卒一適鄭君
紹聯外孫鄭鎮邑庠生一適王君之謙甲子科
副榜貢外孫王榮桐邑庠生孫男六人作舟廩
貢分發訓導呈材邑庠生孫女六人曾孫男五
人曾孫女八人以乙酉年五月二十八日卯時
塟於疊石山房志道堂之右坐丁向癸兼未丑

庚午庚子分金盖己巳年君所自營生壙也擇
塋地者潮陽學司訓廖君承維電白縣人側得

附書

銘曰學戒欺僞士戒迂拘忠信篤實是爲真儒
惟凡梅林其學粹如著書訓士吸與飫腴綏江
成敎叠石遂初堂名志道齋曰咸虛乃營生壙
室西南隅生肆其業殁藏其軀遺彼精舍作此

墓廬孫繩祖武子讀父書世澤長流宰樹不枯
視吾銘碣過者必趨

悔遊記

陳應昂

天有四時猶人之有四體天之生物人爲萬物之靈故感於時而觸於物生機活潑絶無滯碍是殆得天地之正氣而勃然不能自已者時當暮春人競遊玩未免有情聊復從俗樹緑花紅風和日暖蝶穿花而不禁鳥雙飛而嬌啼士女戲遊亦孰肯負此佳節也乃探虎穴陟九曲迴

首一望已絶塵寰既而過幽澗入古洞讀河圖
躡仙蹤徘徊於咸虚堂畔憑眺於叠石山頭振
衣千仞罔吾何修而得此於是舉目四顧情興
愈生道路山阿不絶人迹或老或少或往或來
或肩輿而行或襁抱而至或相徵逐或互歌吟
斯時也顧盼多姿盖幾樂而忘倦矣已而夕陽
在山人影散亂風颯颯而徐来白吹帋錢之墓

雨絲絲而欲下冷入心骨之寒嗟乎天地之氣無往不復富貴何榮貧賤何辱荒烟蔓草間紅顏命薄白骨成灰向所戲遊之士女者是耶非耶而今安在耶俯而思若有所失亦廢然返嘻且甚矣憊

下　编

补纂叠石山房志

陈蕃等纂　周修东补纂

补纂凡例

周修东

一、原《叠石山房志》（手抄残稿），不分卷，前缺封面、扉页、序言，后残，书名已佚。审视残稿，其首残文有“梅林居士识”，知为《叠石山房志》所设凡例也。梅林居士即河浦人、四会教谕陈蕃，即该稿编纂者也。然该稿于梅林卒后尚有补纂者，如郑昌时《得游叠石山房记》、陈应昴《悔游记》，赵天球、陈光峡及陈彝祭梅林文，陈彝《呈请入〈潮阳县志〉文》等文，其补纂者未审何人。梅林《凡例》已阙其首，仅就残文，略考其编次，大略分为《图绘》《封植》《艺苑》诸门。《艺苑》为大端，胪目为《书启》《传记》（本传、行状）、《祭文》《序跋》《歌咏》诸类。《图绘》《封植》二门已佚，而《艺苑》之《歌咏》一类亦阙。兹谨就其残存体例，参照饶锷先生《潮州西湖山志》诸志体例，予以钩沉补纂，胪目为《形胜》《建置》《封植》《石刻》《纪事》《人物》《艺苑》《著述》，都为八门，并以拙作《陈英猷暨弟泰年、侄陈蕃年谱》为附。

本志称补纂，而非补辑，盖梅林所纂《叠石山房志》手抄本多有残缺，仅存《艺苑》一门，且诗卷亡佚，欲事辑佚，既未知其详目，他书征引佚文亦甚少，实无从措手。故谨就叠石山房人事相关者勉事钩稽，以为补纂。兹补纂稿成，原残稿不足三万字，其增补者四万许，若计入前言及所附年谱则复得六七万，全稿合计十四万馀字。则补纂之责，未敢妄自菲薄。

一、残稿篇章俱就补纂体例予以点校入录，次序略有调整。原稿文章，不作标注；增补章节，则于章节之首注以“增补”二字，而于原稿《艺苑》所属诸类有所增补，则于其题加注“增补”二字，以示区别。

一、本志曰“叠石山房志”而非“叠石山志”，以梅林《凡例》称及“山房开辟，地以人传”“山房虽弹丸片壤，然一丘一壑，处处留人”，则所志者“山房”而及于叠石山所关风物者。

一、《形胜》一门，分《形势》《胜景》二类。其《形势》近于总志，历引郡邑诸志及笔记诸文，以其各有考据，不可混乱，故备载之以俾览者考究。《胜景》则分为《图绘》《叠石山房小八景》及《岩洞》三类，《图绘》为梅林《凡例》所载而亡佚者，存其目而待后之善于绘事者踵事增华；《叠石山房小八景》所列乃濠浦民间所传，兹略事剪裁，以备风雅；《岩洞》之属，则志叠石山岩洞之胜而小八景所未及者。

一、《建置》一门，志该山房之人文设施，其所能考见者，无论存佚，俱以著录；并附《墓葬》，以俾观瞻。

一、《封植》下为《木属》《花属》《竹属》三类，以其时移物易，仅就残稿诗文所涉花木及潮中常见者著录，并注出处，便于查览。

一、《石刻》按该山导游路径渐次著录，起于明代陈钦墓刻，而止于民国题刻，其尺寸仅以目测而约略记之。

一、《纪事》者，志其有关山房人事之大略始末，以俾知概要。

一、《人物》分《栖止》《从学》《游览》三类，事迹在山中者则详，在他处者则略，仅属游观而无记述、其人又不堪录者，宁缺毋滥。

一、《艺苑》一门，梅林《凡例》所言“凡序、诗文与人地相关者，悉为采入”，谨按原稿文章及体例分为《记》《序跋》《启》《赞》《祭文》《呈文》《传记》《诗》八类，另增《别录》一类，汇以山房栖止者诗文及友朋唱和，以增艺苑之雅。陈鼎新《〈演周易〉抄本附记》《手抄〈演周易〉后记》二文作于二十世纪九十年代，以其有关《演周易》版刻去向、抄本信息，故入附录备考。原稿诗卷全佚，兹为补辑，凡涉该山题咏者俱为入录，下限为民国。陈东溪《都门唱和》、谢如式《咏叠石书斋诗》诸诗题可考而诗已佚者，录其目或残句，以俾他日补缺，略见当日风雅。

一、《著述》一门，则为著录山房栖止者之述作者，其可考见者并录其版本、存佚，以见人文之盛。

一、以拙作《陈英猷暨弟泰年、侄陈蕃年谱》为附，或有助于知人论世。

一、原稿文章之点校，径用简体字，古字、个别异体字视情况予以保留；于稀见或易生歧义者予以出校；于通假字初见、重出，酌情出校；抄稿之误、缺、衍字，除明显易误之形近字径改外，据他本改正者，出校；依文义改正者，出校。校勘、注释俱附于脚注，不别出校记、校注。

一、考证出于一得之见者及诗文作者小传，以“按”字附于各条之后。

一、志中事迹皆辑自各书，间有增删，然皆不失事实，故于文前或条目后，择其要者注明辑自某书，以明非一己之杜撰。

一、本志各门虽研讨稽考，未敢疏忽，然不免有缺漏讹舛，幸博学广见君子有以匡正之。

凡例（残）

陈　蕃

（前缺）不有集狐，焉成艺苑。凡序、诗文与人地相关者，悉为采入，庶山川草木藉点缀以发其灵，虽篇帙简陋，随时收辑，俟登梨枣。

一、他山攻错，端赖友朋。秋水蒹葭，溯洄倍切。故书札通焉，金兰所以遥契也。择其与人地兴会感发者，间列一二，不有相关，□□滥及。

一、山房开辟，地以人传。先伯筑咸虚斋□□，经先严建志道堂以课学。后先济美，今昔同揆。志中编辑独详，缘目见耳闻也，故本传、行状、祭文例得悉载，令当日一副精神往来山中，呼之欲出。

一、《演周易》已刻有成书，兹复将《〈易〉序》《识言》列入，以此山为演《易》之所，读《〈易〉序》可当举隅也。《河图赞》系先伯遗嘱，连河图镌于兹山石上者，先严已于癸巳夏命工勒就，故连《赞》编入。至《河图说》《易数说》《易先后天图说》既有成书，自不必赘。

一、先伯于孙吴兵法俱有评跋，司马法有《删本会意解》，议论阐发，微与时解不同，兹将后跋并《〈孙子〉十三篇次序说》列入，令□人观者，即一滴水可知大海味云。

一、先严宰潜三载，拂袖归来，《咏怀》十首，每流连于咸虚宅畔，旧坐春风，知系思者不仅莼羹鲈脍已也。故《咏怀》虽发于潜州，而《山志》例得载入。至《都门唱和》，至性缠绵，交情敦笃，且系昔日登览兹山之人，均不忍割爱也，故并录之。

一、名胜以绘图而弥彰，山房虽弹丸片壤，然一丘一壑，处处留人。今择佳景数区，各绘一图，令旧日山川焕然生色。

一、种树栽花，亦点缀园林雅趣。今奇花异草，环生岩谷，黄红碧绿，触目莫名。纵僻远荒山，不得邀骚人韵士品题赏识，又焉知不乐此尘坌不及之地，得超然世外，以□洁乎？兹阅山中草木花果之知名者，略为记载，其不知名者缺焉；即知名而非兹山所植者，概不滥及，以非邑乘、物产志也。不过令后之读书是山者，曰某花、某木，某先生之所种也。因而《封植》无忘云尔。

梅林居士识。

按：原题残缺，兹题为补纂者所拟。

一　形胜（增补）

（一）形势（地理）

叠石山距河浦乡北三里，耸拔巍峨，巅上环合成阿。（陈泰年《建叠石山咸虚斋记》）

潮之东山行十馀里，有俗呼为叠石山者，以巅上两石叠置，故名。山之南可三里，则为河浦乡，盖蕃族居也。山之阴巍峨，巅上四合如环，独东稍缺。胞伯廪膳生员陈英猷，孝友笃学，乾隆四年于此中拓险，依石构屋数椽，以为演《周易》之所。背列尖石，如雁行状，耸峻特奇。尖石下作石洞，幽静如屋。近案内山数重，远案南澳诸峰。阶临清泉，四围俱石，泉从石出，绝无片泥。西北上百步有大石，石面平，方广丈馀，如帐。英猷命镌河图并赞斯石。东下四百馀步，又一洞，上盖下底，四面俱石，光莹清旷，水声潺潺。此则叠石山之巨概也。（陈蕃《呈请叠石山入府志文》）

叠石山，在河浦乡。山后两石如雁行，耸峻奇特。下有石洞，幽邃如室。近瞰内山如画，远望南澳诸峰，历历可数。阶临清泉，四围俱石，泉水从石罅流出，甚清冽。西北再上百步，有大石，石面平，广丈许，可趺坐数人。东下四百馀步，又一洞，上盖下底皆石，宛若天成，光莹清旷。水声潺潺，与松涛相应。邑人陈英猷结椽崖上，演《易》其中。（乾隆《潮州府志》卷十六《山川・潮阳县》）

叠石山，距县东北二十里，在河浦乡左。山后两石如雁行，耸峻奇特。下有石洞，幽邃如室。近瞰内山如画，远望南澳诸峰，历历可数。阶临清泉，四围俱石，泉水从石罅中流出，甚清冽。西北再上百步，有大石，石面平，广丈许，可趺坐数人。东下四百馀步，又一洞，上盖下底皆石，宛若天成，光莹清旷。水声潺潺，与松涛相应。邑人陈英猷结椽崖上，演《易》其中。（嘉庆《潮阳县志》卷二《山川》）

叠石山，（棉城）东北二十里，下有石洞，幽邃如室，石罅流泉，最为清冽。（同治《广东图说》卷三十三《潮阳四》）

叠石山，在潮阳濠江里许。二石互峙，有似层崖山前，属目秀岫逶迤，奇峰起伏，凭高指顾，翠拱碧环，觉南澳诸山缥缈目际。下有石洞，俯瞰清泉，枕漱相临，足抒灵抱。西北百步有巨石如砥，少坐吟哦，清响遥腾，倏然世外。旁又有一洞，上盖下底皆石，俨如天造，致为异观。陈英猷处士构山房，读《易》其中。棉阳布衣陈崇文赋七古云：“叠石之阿平如砥，中有书堂背山起。河图石室半山泉，留与后人继前美。后人前人本同概，举足之间乃燕越。岂果前人难追攀，毋乃后人不奋发。前人已矣不可留，后人对此生隐忧①。不如披衣独向岩前坐，天风拂拂倚松楸。倚松楸，望十洲。安得叠石之上再叠石②，昂头消尽万古愁。”（钟声和《岭海菁华记》卷一）

叠石山，距县东北二十里，在濠浦乡后，中有石洞，泉水从石罅流出，甚清冽。再上百步，有大石，平广丈许，可趺坐数人。迤东又一洞，上盖下底皆石，宛若天成，即邑人陈英猷演《易》处。（光绪《潮阳县志》卷五《山川》）

叠石山，在县城东北（偏东）五公里，高一三九·七公尺，与河浦山连（测图）。山后两石如雁行，下有石洞，幽邃如室，阶临清泉，四围俱石，泉水从石罅流出，甚清冽。西北再上百步，有大石，石面平，广丈许。东下四百馀步，又一洞，上盖下底皆石，宛若天成。邑人陈英猷结椽崖上，演《易》其中（《周府志》）。（民国《潮州志·山川志·潮阳县》）

（二）胜景

图绘（已佚）

按：陈梅林手抄残稿《凡例》云：“名胜以绘图而弥彰，山房虽弹丸片壤，然一丘一壑，处处留人。今择佳景数区，各绘一图，令旧日山川焕然生色。”知该志原有《图绘》，兹存其目而待后之善于绘事者踵事增华。

叠石山房小八景（增补）

陈翠岚尝赋山房诸景，传世仅剩《河图石》摘句，则当日叠石山房尝有胜景之品评，郑昌时亦称“西印仙踪，东穿虎穴，北沸泉眼，南激松涛”（郑昌时《得游叠石山房记》），当有所由来也。惜诸景品题俱无从考究。此“小八景”者，乃民间相传，兹据《合浦掌故》并参残《志》著录如下。

虎穴隐踪（虎穴）：在山南麓，巨石题刻“虎穴”二大字，乾隆戊申长沙寄尘和尚题。此洞腹敞，可坐数十人，为虎兽藏身之穴。

九曲通幽（九曲径）：在山南麓，曲径通幽，自下至巅，盘旋九折。“九曲径”三字为陈泰年所题。

日月涵浑（日月洞）：于叠石山东面半山间，腹中宽旷，可容二百人席地坐。该洞所处突峰，累石罗列，日月洞隐于石罅间。俗称“圣贤洞”，或以其洞中设有先师孔子位也。

山房洞天（山房石室）：山房位于半山坦平处，有巨石盘空为盖，石室天然，陈石泉

① 生隐忧：《潮州诗萃》乙编卷二十五作“增烦忧”。

② 叠石之上再叠石：《潮州诗萃》乙编卷二十五作“叠山之上再叠山”。

（英猷）读书处也。乾隆四年，石泉构朝南书斋八间（咸虚斋），后壁半倚石，以处学者。乾隆三十三年，陈东溪（泰年）增建朝东正堂（志道堂）一厅二房一拜亭，以为讲学之所。“其前四山环拱，近案数层，如笋排列，远望南澳诸峰，缥缈峙海中，形作三台，中峰特秀，高出云表。”（谢如式《游叠石书斋记》）

石井甘泉（叠石井）：叠石井位于书房前四五尺处，泉从石罅流出，甚清冽。周三四尺，深五六尺。井蓄寸小鱼，狎人无畏。

河图摩崖（河图石）：石室西北上百步有大石，石面平，方广丈馀，如帐。陈石泉命镌河图并赞斯石。（陈蕃《呈请叠石山入府志文》）陈翠岚有《河图石》一诗，其结句云：“古今无限阴阳理，都寓深山大石头。”

古松鹤舞：在山之北端，有石作鹤舞状，独立山巅，石上题“古松鹤舞”四字，周遭苍松葱郁，泉声清悦。

海阔天空：峰巅两巨石相叠，陈泰年题刻其上。陟巅而上，伫立而眺，海天辽阔，景旷神怡。

岩洞（增补）

石城山：在叠石山东面突峰，累石罗列，日月洞隐于石罅间，为陈石泉孙陈浑隐居处，并以“石城”名焉。前临石壁，下临深坑，名曰“壶池”，放畜小鱼，金鲤和游。左右中塘，有粮园焉，栽植花果，禽兽呈声。四时物色，赏心悦目。（详见《石刻》）

冠尖岩：石城山之突峰，上刻“冠尖”二大字，“背列尖石，如雁行状，耸峻特奇。尖石下作石洞，幽静如屋”。（陈蕃《呈请叠石山入府志文》）岩下之洞即日月洞也。

儒林岩：在旋螺洞内有摩崖，上刻“儒林岩”三大字，径可尺许，行楷横列。外加长方框，下作几案状。无勒刻年代及书者姓名。此旋螺洞附近山岩之别称也。

日月洞：在叠石山东面半山间，腹中宽旷，可容二百人席地坐。（详见“叠石山房小八景”之“日月涵浑”条）

小洞：即旋螺洞，石室“东下四百馀步，又一洞，上盖下底，四面俱石，光莹清旷，水声潺潺”。（陈蕃《呈请叠石山入府志文》）陈石泉尝“行寻阿下石阴处，因得石洞，旷朗清洁，石盖其上，平布其下，四面俱石，若墙若柱，户达牖开，清风四至，设席其中，可坐十许人，泉流潺然有声，盛夏并蔑暑气。遂大说相邀，以至移盘中间，坐醉薄暮。曰：‘古人命名不虚也。所谓小洞，其在是乎’”。（陈泰年《建叠石山咸虚斋记》）谢如式应邀游叠石山，由书房“徘徊徐下，循小涧观洞，曲其身之半以入，数折如旋螺，猿臂相牵，下得一平旷地，可布方席，坐十人，顶覆一大石如板屋，四角石撑如柱，天光斜透，清泉一线，瀌瀌作幽咽声，冷气袭人”。（谢如式《游叠石书斋记》）并于小洞口题刻“旋螺”二大字。

虎穴：详见“叠石山房小八景”之“虎穴隐踪”条。

石室：即陈石泉读书处，详见“叠石山房小八景”之“山房洞天”条。

二　建置（增补）

叠石山房：叠石山半山坦平处，有巨石盘空为盖，石室天然，陈石泉读书处也。其前南向为咸虚斋，朝东为志道堂。陈蕃《呈请叠石山入府志文》曰："山之阴巍峨，巅上四合如环，独东稍缺。胞伯廪膳生员陈英猷，孝友笃学，乾隆四年于此中拓险，依石构屋数椽，以为演《周易》之所。"

咸虚斋：在石泉北，书斋半倚巨石，南向八间，乾隆四年三月陈英猷建，聚生徒讲学其中。（陈泰年《石泉记》）斋曰咸虚，取山上有泽，以虚受人也。乾隆三十三年，陈东溪重修，以处学者。（陈泰年《建叠石山咸虚斋记》）

志道堂：叠石山朝东处，乾隆三十三年陈东溪建，讲堂一厅二房一拜亭，为课学之所，题之曰"志道堂"。（陈泰年《建叠石山志道堂记》）

叠石井：又称"石泉"，有新、旧二泉。旧泉在叠石书房咸虚斋右径侧突一石处，乾隆四年，陈石泉率生徒"尽决其泥，彻底俱石，泉从石罅流出，甚清冽。周三四尺，深五六尺。饮于斯，浴于斯，浇花灌园，皆取于斯。"（陈泰年《石泉记》）"井蓄寸小鱼，以手弄水，投以食，鱼辄出，狎人无畏。"（谢如式《游叠石书斋记》）乾隆十八年，书斋后石壁题刻"叠石井，癸酉年建。"二十一年，斯泉忽竭。至二十六年"三月十五日，（陈东溪）乃于旧泉之南丈许凿井，深五尺辄石，工人束手，但石性不甚坚确。念七日另工，以厚锄凿下复六尺，即有二泉从石罅涌出，越宿积水数尺，生徒住者惧忭无已"。（陈泰年《石泉记》）是为新泉。

桐泽斋：在石城山冠尖岩，陈浑书斋，乾隆己酉年有其题刻。（详见《石刻》陈浑题刻）

宗海亭：近石城山冠尖岩，陈浑尝于嘉庆庚申春正年七旬时勒石纪事。已佚。（详见《石刻》陈浑题刻）

听涛轩：叠石山讲堂北侧书斋，为陈应昴读书处。庭结一门，以别上下，匾曰"更上"，其中若别有天地焉。（陈应昴《〈哭听涛轩〉序》）

味月轩：叠石山讲堂北侧书斋，居于听涛轩之上间，为陈应昴族侄士懿读书处。（陈应昴《〈哭听涛轩〉序》）

附　墓葬

叠石山多有墓葬，今可见最古者为明正德陈钦墓。据《豪山陈氏族谱》，有葬于叠石山麓西坑和九曲径、小洞山坡等处者，然迭经兵燹，时移世易，墓穴多毁，残破、失名之穴，暂不能一一考证，兹仅就名声较著或与山房有关联者予以录入，并录碑文墓联，以备博雅君子征考。

陈刚塞（钦）墓

在叠石山麓西坑，立牌左右有两小洞，可用竹篾从左洞穿过右洞，墓穴三曲，出手而没。有墓埕，气势雄伟，如雄鹰展翅，有“飞鹰墓”之称。《豪山陈氏族谱》载：“（四房长）钦字廷爽，号刚塞。尊崇祀典，尝同族倡修始祖祠，又同九世孙暖砌开桥耳荒田，又同族兄彬积大宗祭银，会本房众积松隐祖祭银共增祭业，仍自创田园山塘数百亩，为己蒸尝。生正统癸亥八月廿七，卒正德甲戌十一月初十，年七十二。娶李氏，号柔德，孝顺舅姑，尝因正寝倾颓，甍桷毁失，氏戚然不安，自撤去卧榻，不敢就寝。乃尽出簪珥，修葺完成，方就寝席。年七十六。合葬西坑，左辛向乙。子鸿、凤、熊、鹏、象、尾、承。”

碑文：“考刚塞陈公，妣柔德李氏墓，正德十二年正月吉日立。”内柱联：“地脉气聚钟吉穴，山灵献瑞礼佳城。”（上下联误置）中柱联：“仰前徽世德相承，看后裔兴修祖茔。”落款为“公元一九八六年丙寅梅月重修。”外柱联：“百代孝慈山仰泰，万年支派水流长。”

按：此三柱联当是一九八六年重修所刻，暂录以备考。

陈石泉（英猷）墓

原葬豪浦乡浮洋，新中国丙戌年迁葬于河浦区叠石山石室与“海阔天空”石刻之间平旷处，坐午向子。墓碑为三夹石组成。碑文为：“清祖考邑庠生石泉陈公、妣太孺人良封郭氏墓。”两侧夹碑文：“十五世讳英猷，字式蔼，著《演周易》四卷，详载《府志》。丙戌年阳月初二日重修，坐午向子兼丁癸分金。”

上柱左右刻“地灵”“人杰”。内柱联正面：“一抔净土蕴名儒，四卷演易垂青史。”侧面：“腾龙结穴光祖德，舞凤朝堂蔚人文。”中柱联正面：“儒宗世代承先训，韬略千秋启后人。”侧面：“周象演竣留儒志，英名远播在神州。”外柱联：“瞻仰登曲径，探幽进螺旋。”

按：该墓为丙戌年（2006）迁葬新修之墓，以石泉先生为叠石山房创建者，故入录备考。

陈梅林（蕃）墓

位于河浦区叠石山，坐丁向癸。墓碑由三夹石组成，碑文：“祖考修职郎梅林陈公、妣太孺人淑庄周氏墓。”两侧夹碑文：“公名蕃，雍正九年十月十六日未时生，乾隆三十年乙酉科选拔进士。嘉庆元年授四会县儒学教谕，在任十年，著《经史析疑》二十四卷行世。”

墓区分三进阶，墓前内柱为正方体石柱。柱联为：“半隐遂初志，长眠听诵声。”外柱为长方体石柱，上有石雕狮，柱正面有潮阳学训导廖承维题联：“横龙团结蒸云气，飞凤回翔览德辉。潮阳学训导寅愚弟廖承维拜撰。”柱内侧面有翰林院编修冯敏昌题联：“光风霁月同千古，易圣经神各一时。翰林院编修年愚弟冯敏昌拜撰。”

陈浑墓

在叠石山东面突峰，累石罗列，即石城山。前临石壁，下临深坑，坑名曰“壶池”。左右中塘，有粮园焉，栽植花果，禽兽呈声。陈浑于墓侧有题刻并七绝一首。（详见《石刻》）据《豪山陈氏族谱》，陈浑（1731—1814），字绍敦，自号豪山人，斋名桐泽斋。石泉孙，明恭次子。隐居于叠石山，多有题刻存世。

墓碑中下段已佚，上段用朱笔补书“祖十七世”。柱联：“穴向初升，龙蟠影移。”

按：该墓据称为陈浑墓，其世次“十七世”亦相符，故入录以备考证。

瘗仙犬墓

位于叠石山，碑文为：“瘗仙犬墓。嘉庆庚午[①]年阳月立石。”

① 庚午：嘉庆十五年（1810）。

陈晋斋（广文）墓

该墓在叠石山龙潭右侧，虎穴右前方山麓。为豪浦陈氏十九世陈广之墓。据《豪山陈氏纂修旧谱补订·十九世》："讳广，名广文，号晋斋。生清道光乙未六月念一日，为梅林公曾孙、吉堂公亲孙、朴岩（轸）公长子。邑庠生。质聪明，年十三，文成篇，好置书册。与人交易，不用次钱，此亦守先人忠厚者也。卒光绪丁丑六月十三日，年四十三岁。□□年□□月葬于虎穴山，穴坐乾向巽。"

碑文为"祖考庠生晋斋陈公、妣孺人闺秀吴氏，附男国学士钊墓"。左侧夹碑文"十九世附二十世"；右侧夹碑文"癸酉①年仲春吉旦修"。柱联："穴配卦爻分乾坎，气符星宿叶壁堂。"

按：族谱虽载陈广葬于虎穴山，与今所见适同，然墓碑及柱联或为一九九三年重竖。暂为入录备考。

陈上如（士标）墓

该墓在叠石山"古松鹤舞"石左前下方，墓主陈士标，字上如，为豪浦陈氏二十世裔孙，陈梅林（蕃）玄孙。光绪二十六年岁贡，后就职训导。

墓碑文为："祖考修职郎上如陈公、妣太孺人德孝卢氏、妣太孺人德基郑氏墓。"左右夹碑为："二十世名士标，道光丙午②上巳生，庚子③岁荐，就职训导；光绪己亥④筑穴，宣统己酉⑤竖碑，坐丁向癸兼未丑分金。"

内柱联："地怜雪月风花室，穴近高曾祖考茔。"外柱内侧题："莫嫌老眼簪花格，且

---

① 癸酉：1993 年。
② 道光丙午：道光二十六年（1846）。
③ 庚子：光绪二十六年（1900）。
④ 己亥：光绪二十五年（1899）。
⑤ 宣统己酉：宣统元年（1909）。

认当头卓笔锋。庚子科副贡元世愚弟刘家驹拜赠。”外柱外侧题：“重山拱卫开文案，列岫回环障画屏。吴川县训导姚廷林拜赠。”

墓碑凡直列三行廿六字，径近二寸；左右夹碑各直列三行，各为廿一字，径可寸许。柱联各为七字，径可二寸半，外柱内外侧联落款各为十四字、十字，径近一寸。

三　封植（增补）

陈梅林《凡例》云："种树栽花，亦点缀园林雅趣。今奇花异草，环生岩谷，黄红碧绿，触目莫名。纵僻远荒山，不得邀骚人韵士品题赏识，又焉知不乐此尘坌不及之地，得超然世外，以□洁乎？兹阅山中草木花果之知名者，略为记载，其不知名者缺焉；即知名而非兹山所植者，概不滥及，以非邑乘、物产志也。不过令后之读书是山者，曰某花、某木，某先生之所种也。因而《封植》无忘云尔。"然该卷已佚，无从移录，引以为憾。

兹据谢令如式《游叠石书斋记》所载："斋外周以小园，植名花佳果。时冬初，残菊犹存，黄柑金橘，结实离离。阶前破一石，似臼而缺其唇，实土植玉茗花于中，开放团团，如玉缀枝头。旁衬海仙红数朵，艳服冶容，若于玉茗有争妍意。予戏评曰：'白者何郎，粉而红则西子之妆也。'共博一粲。"知园中所植有菊、柑、橘、山茶、桃花诸属，因就该记及有关诗文题刻言及而录，所得仅此数则，略补其阙云尔。

（一）木属

松：《庄子》曰："受命于天，惟松柏独也。冬夏青青，松柏其为百木之长乎！"潮阳惟山间有之。（光绪《潮阳县志》卷十二《物产》）

按：陈东溪（泰年）《石泉记》："山向无木，今多栽松，松长根深，汲之故竭。"

柑：橘柚之总名。小者为橘、为橙，大者为柚。今潮称柑者有数种，皆厥包珍品，实兼制饼，皮可入药。（光绪《潮阳县志》卷十二《物产》）

橘：有金橘，以糖渍之，可作茶品；有珠橘，潮人多用以为酱、为糖橘、为盐橘。（光绪《潮阳县志》卷十二《物产》）

按：上二则出处，见谢如式《游叠石书斋记》："黄柑金橘，结实离离。"

蕉：《南方草木状》："'甘蔗实随花结，每花一阖，有十馀子，先后相次，生不俱生，花不俱落，俗呼牙蕉。其味甘甜。'即昌黎、子瞻所谓'蕉黄'是也。"（光绪《潮阳县志》卷十二《物产》）

按：乾隆五十四年（1789）有题刻于冠尖岩洞，落款有画一"芭蕉叶"，俗称此洞为"芭蕉洞"。冠尖岩下有深坑壶池，其塘畔颇宜栽植，故为入录。

木棉：《岭南杂记》："树可合抱，高者数十丈。正二月开大红花。花时无叶，一望如

火光。”南粤王称为烽火树，又名珊瑚树。花后落絮如棉，故又名木棉。（光绪《潮阳县志》卷十二《物产》）

榕：叶密繁阴，不花而实，实烂生蚊。《南方草木状》：“榕树叶大如麻，实如冬青。树干拳曲，不可以为器也。其本棱理而深，不可以为材也。烧之无焰，不可以为薪也。以其不材，故能久而无伤。大者荫十馀亩，离奇偃蹇，备木之异。”（光绪《潮阳县志》卷十二《物产》）

按：上二则木棉、榕树，俱为潮阳山野平常种植之物，所在多有，故为入录。

（二）花属

桃李花：亦名海仙红。《会稽风俗赋》云：“桃李漫山，臧获视之，盖言其多而不足贵也。”潮邑之桃李亦然。（光绪《潮阳县志》卷十二《物产》）

按：《游叠石书斋记》：“旁衬海仙红数朵，艳服冶容。”

菊：岭南地暖，百卉造作无时，而菊独后开，盖菊性介烈，不与百卉并盛衰。霜降乃发花，有黄白紫红诸色。（光绪《潮阳县志》卷十二《物产》）

按：《游叠石书斋记》：“时冬初，残菊犹存。”

山茶：别名玉茗花。《本草·山茶》注：“其叶类茗，故名山茶。”有日丹、钱茶、堆霞三种，皆曰山茶。有六角、八角者，曰日本茶。（光绪《潮阳县志》卷十二《物产》）

按：《游叠石书斋记》：“植玉茗花于中，开放团团，如玉缀枝头。”

（三）竹属

绿竹：竹之概称曰绿竹，然潮另有一种绿竹，叶生繁茂，多笋，人尤重之。（光绪《潮阳县志》卷十二《物产》）另潮中多有斑竹、黄竹诸属，兹不一一列举。

按：叠石山上石刻有“径松参汉周官肃，坞竹藏烟商易深”。

四　石刻（增补）

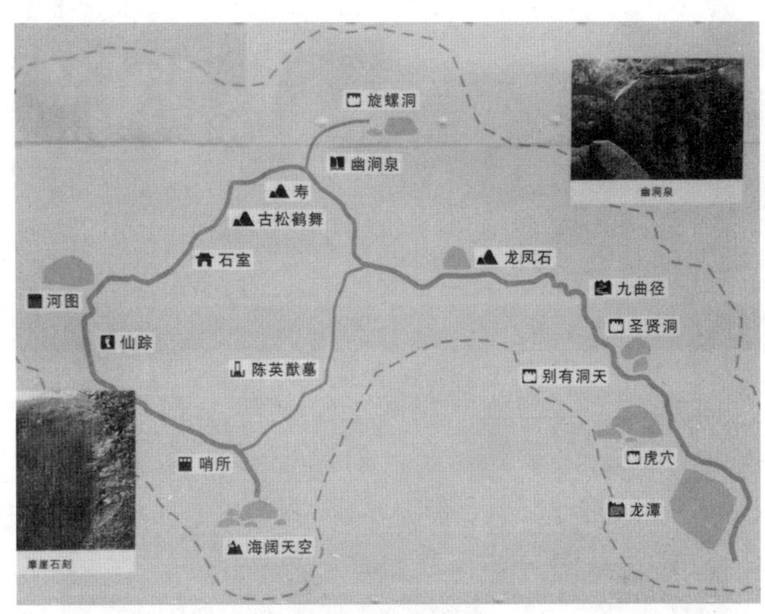

叠石山景区导游图

“虎穴”题刻一则

虎穴。乾隆戊申①秋，长沙寄尘书，梅林陈蕃勒石。

按：题刻在龙潭后侧摩崖。“虎穴”二字，径二尺许，正书横列。又侧书“乾隆戊申秋，长沙寄尘书，梅林陈蕃勒石”十六字，字大四寸，正书直列三行。

① 戊申：乾隆五十三年（1788）。

日月洞口题刻五则

其一：向山石鸡不入笼，石狮象对水流中。

按：题刻在日月洞（一称“圣贤洞”）口巨石摩崖。正书直列四行，字径五寸。

其二：菓。

按：题刻在日月洞外对开左侧摩崖。字径及尺。正书。

其三：崆峒列嶂。

按：题刻在日月洞巨石外左侧摩崖。正书横列，字径及尺。

其四：洞。

按：题刻在上刻下方摩崖。正书，字径尺半。

其五：复。

按：题刻在日月洞巨石外左侧摩崖。正书，字径及尺。

日月洞题刻五则

其一：窗前浦潮通豪港，门径崎岖达墓岩。豪山人浑题石城山之洞，十一月十八日书。

按：题刻在日月洞内正对洞口摩崖处。八行直书，行楷，字径二寸许。

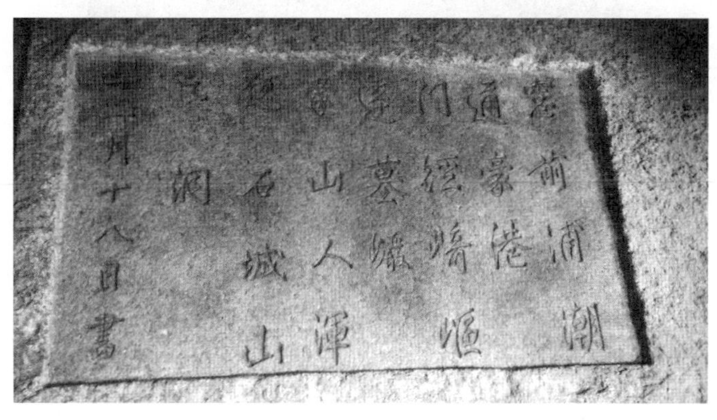

其二：丁卯赋季夏：畏日避暑岩石下，开卷吟咏仰古风。短夜宿卧鸡唤醒，气静细省心未通。

按：题刻在前刻左侧，字大寸许，直书三行，首行“丁卯赋季夏”为题，后两行各十四字。

其三：营窟尧咨时雍民，陶穴古公开周家。乾隆辛亥一之日。

按：题刻在日月洞右侧摩崖。六行直书，字径四寸许。

其四：先师孔子位。

按：题刻在上刻右侧，“先师”二字正书横列，大三寸许，“孔子位”正书直列，字大四寸。

其五：浑。

按：题刻在上刻右下侧。隶书，字径四寸许。

冠尖岩上题刻一则[①]

冠尖。

按：题刻在日月洞后背上方巨石摩崖。正书直行，字径近四寸。

① 此则及以下冠尖岩多则题刻为友人陈镇熙兄所拍摄，并由其提供有关石刻尺寸。

冠尖岩山洞（芭蕉洞）内题刻三则

其一：墓室辟雨所茇憩，衡经披史暂休暇。乾隆己酉①年陈浑题书于冠尖岩。桐泽斋。

按：题刻在冠尖岩山洞内壁摩崖。正书直列七行，字径五寸许；署款“桐泽斋”，行楷直书，字径四寸。款上刻有芭蕉叶，故该洞又称芭蕉洞。“桐泽斋”为陈浑书斋号，当为其所题刻。

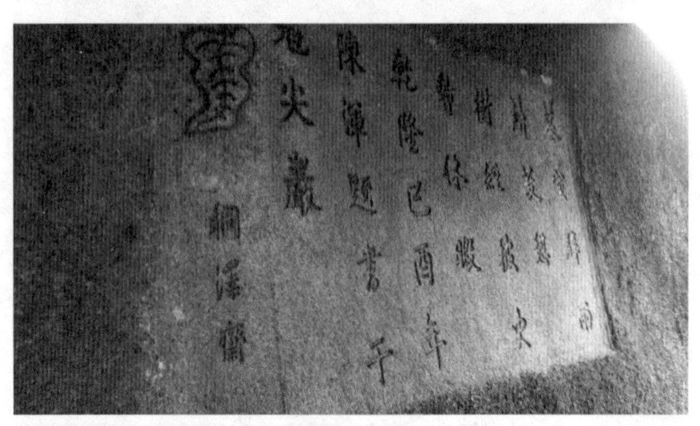

其二：身老山寒依饮酒，初戒失守醉梦乡。日月四时逾迈去，醒觉稽年八十间。知酒非耶。

按：题刻在冠尖岩山洞内壁摩崖。正书直列四行，字径寸许；署“知酒非耶”，正书直行，字径近寸。

① 乾隆己酉：乾隆五十四年（1789）。

其三：西山遗风。

按：题刻在冠尖岩山洞内壁摩崖。正书横行，字径五寸许，未有署款。

冠尖岩洞口题刻二则

其一：浑。

按：题刻在冠尖岩山洞口摩崖。篆书，字径九寸，未有署款。当为陈浑题刻。

其三：古居山者，迹安静也。因心纯一，则思以致道，故亚父居旗鼓，佐霸王；武侯居隆中，佐先主；王栩居鬼谷，教术法；许由居箕山，治一身。馀居有邪正，或辟世，或著述，老清静，释寂灭，多居岩穴以安。子曰：仁者乐山，静也。甲子年夏，桐泽斋刻山。

按：右刻在冠尖岩入口左侧，东向。正书直列十行，行九字，字径寸半，署款九字，正书直行，字略小。当亦为陈浑所题刻。

冠尖岩洞外题刻四则

其一：父明恭公，教浑耕读。予犹质钝，耕无积粟，读无试文，苟为人也。子衡好学，去世已久。予年七旬，游居石城山以守志，述泉祖家训以自序。嘉庆庚申①春正一旦勒石宗海亭。家训云：耕读惟愿子孙德。

按：题刻在冠尖岩山洞口外摩崖。行楷直列十行，字径近二寸许，未有署款。另，陈明恭为陈英猷长子，陈浑之父。明恭墓在河浦蜈蚣山巅有一名墓，曰“蜈蚣吐珠”。碑文为“大清十六世祖墓，考处士明恭陈公，妣孺人顺德姚氏”。

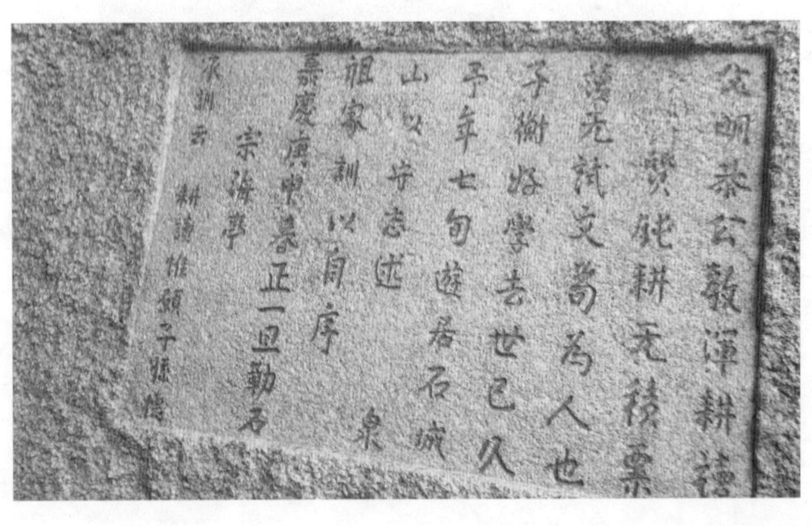

① 嘉庆庚申：嘉庆五年（1800）。

其二：岩。

按：题刻在冠尖岩洞外摩崖。正书，字径尺许，未有署款。“岩”或释为“山石”，字径七寸许。

其三：入。

按：题刻在冠尖岩洞外摩崖。正书，字径九寸，未有署款。

其四：径松参汉周官肃，坞竹藏烟商易深。

按：题刻原在冠尖岩洞外摩崖，据称二十世纪九十年代已毁。

冠尖岩陈浑墓附近题刻七则

其一：登。

按：题刻在冠尖岩陈浑墓附近摩崖。行书，字径尺三，未有署款。

其二：正辛亥[1]人，隆己酉[2]来，嘉乙丑[3]祀。衡去权有思继。[4]

按：右刻在冠尖岩陈浑墓土神右侧摩崖，南向。正书直列三行，行四字，字径寸许，署款六字正书直列，字径近寸。

石刻所题者或为陈浑，彼为雍正辛亥（1731）生人，乾隆五十四年己酉（1789），于叠石山冠尖岩桐泽斋题刻“墓室辟雨所茇憩，衡经披史暂休暇”一联。至于“嘉乙丑祀”，是指嘉庆十年乙丑（1805）行祭。“衡去权有思继”或断为“衡去，权有思继”，则可释为陈衡卒，陈权有继嗣之意。疑“权”为“衡”之从兄弟，陈衡卒后，陈浑无后，按风俗当于其侄辈中选一人为嗣，其时陈浑已有选陈权继嗣之意，故勒于石上，以志一时之慨。陈蕃所纂《豪山陈氏族谱》录至十七世陈浑一辈，于陈浑兄弟辈小传中未见有陈权者，或其时陈权尚幼，或其后陈权复殇，故未入《豪山陈氏族谱》。其详尚待再考。

其三：韩潮苏海出明际，夷山傅岩没夕阳。

按：题刻在冠尖岩陈浑墓后方摩崖，东向。上下联分书加长方形边框，行楷直列各二行，字径三寸，未有署款。

---

① 正辛亥：即雍正九年（1731）。

② 隆己酉：即乾隆五十四年（1789）。

③ 嘉乙丑：即嘉庆十年（1805）。

④ 此则为友人陈镇清君补正并提供陈衡资料。

其四：卯酉。

按：题刻在冠尖岩下陈浑墓后方，东向。正书直行，外加长方形边框，字径四寸许，未有署款。

其五：予忆春夜睡，梦觉罔两惊。反侧不得眠，鹍鸣催完更。朦胧芒蚤起，三顾山石城。诗非唐人律，音类是夫声。甲子[①]春正望旦山夫题。桐泽斋。[②]

按：题刻在冠尖岩下陈浑墓右侧，东向。正书直列四行，行十字，字径近二寸，署款十二字，正书直行，字略小。

---

① 甲子：嘉庆九年（1804）。

② 此则为网友豪山陈君拍照分享，友人陈镇清君补正有关文字。

其六：豪山乡北，有山一座，名曰叠石，祖读书处。东面突峰，累石罗列，即石城山。予攸归所，前临石壁，下势深坑，有壶池焉。放畜小鱼，沙鮀争斗，金鲤和游。莹耳岩洞，左右中塘，有粮园焉。栽植花果，禽兽呈声，四时物色，以爽目悦心，致神入胜，无职思远虑，瞿瞿近忧。（山记）续诗四句：登高一览海潮水，来往芒渺毋觉知。竹杖草履放下地，且寻野味烹充饥。嘉庆辛酉[①]暮春之初，山人题书。[②]

按：题刻在冠尖岩下陈浑墓左侧摩崖，东向。行楷直列共十二行，其前部九行，行十二字，字径近二寸；“山记”二字为横刻，字径近寸。后部二行，行十四字，字径寸许。署款一行十二字，字与前部同。

① 嘉庆辛酉：嘉庆六年（1801）。

② 此则为网友豪山陈君拍照分享，友人陈镇清君补正有关文字。

其七：观海岛出渔舟，吹薰风和鸟吟。

按：题刻在冠尖岩洞外摩崖。行楷直列二行，行六字，字径四寸，未有署款。

“九曲径”石刻一则

九曲径。乾隆癸巳①，陈泰年题。

按：题刻在日月洞上方右侧摩崖，坐东南面西北。“九曲径”三字，径大尺二，行楷横列。又右侧勒“乾隆癸巳”，左侧勒“陈泰年题”，正书直行，大五寸许。

① 乾隆癸巳：乾隆三十八年（1773）。

“幽涧泉”石刻一则

幽涧泉。乙卯①，上如。

按：题刻在龙凤石上方右侧摩崖，西向。“幽涧泉”三字径可尺许，正书横列。左右侧各有印章落款，右为“乙卯”，左为“上如”，篆书直行，字大二寸许。

“寿”石刻一则

寿。预祝梅林年大兄期颐。鱼山冯敏昌敬书，元孙士标绘，时岁次丙辰②，年七十加一。

按：题刻在“幽涧泉”石左侧巨石背面摩崖。“寿”字行楷，径二尺八，落款四行，字大寸半。有两印，模糊不详。

① 乙卯：民国四年（1915）。

② 丙辰：民国五年（1916）。

“古松鹤舞”石刻一则

古松鹤舞。乙卯，上如。

按：题刻在“幽涧泉”石正前方石上，西向。四字径可尺六，行书横列。落款右“乙卯”，左“上如”，行楷直书，字大近寸。

旋螺洞（小洞）口巨石题刻一则

旋螺。武陵桃源县谢如式题。

按：题刻在旋螺洞口上方巨石摩崖。“螺旋”二字，径可及尺，行楷横列。又右侧勒“武陵桃源县”，左侧勒“谢如式题”，“武陵”二字行楷横列，大三寸许，馀七字正书直行，大二寸许。

旋螺洞内题刻三则

其一：泉祖。

按：题刻在旋螺洞内右侧摩崖。字径五寸，正书横列。外加长方框。无勒刻年代及书者姓名。

其二：乾隆己未[①]年祖建斋避暑处。嘉庆己未[②]年曾孙音、畅、田、丕仝修。

按：题刻在旋螺洞内壁摩崖。凡五行廿四字，径二寸许，正书直行；“音、畅、田、丕”四字横列，字稍小。

---

① 乾隆己未：乾隆四年（1739）。

② 嘉庆己未：嘉庆四年（1799）。

其三：儒林岩。

按：题刻在旋螺洞内摩崖。三字径可尺许，行楷横列。外加长方框，下作几案状。无勒刻年代及书者姓名。

叠石山房石室题刻二则

其一：叠石井。癸酉[1]年建。

按：题刻在石室上盖巨石摩崖。“叠石井”三字，径可尺许，正书横列。“癸酉年建”四字正书直列，字径三寸许。未见署款。

① 癸酉：乾隆十八年（1753）。

其二：石室。

按：题刻在上刻右侧摩崖。正书直列，字径七寸。未见署款。

河图石刻二则

其一：《河图（并赞）》：先生姓陈，讳英猷，字式霭，号石泉。康熙十五年丙辰十二月初六日戌时生，充潮阳学廪生，孝友积学。乾隆四年己未筑斋兹土，为演《周易》之所。乾隆十七年壬申书成，八月十八日未时卒。命勒河图并赞于斯石。先生赞曰：天地之数，五十有五；天地之象，奇耦分部。龙马出河，象数以睹。圣人则之，道昭三古。大哉斯文，圣圣攸祖。乾隆三十八年癸巳仲夏，丙辰科经魁授浙江於潜县知县，胞弟泰年东溪镌。乙酉科拔贡、胞侄梅林书。

按：摩崖中上方为“河图”二大字，行楷横列，字径近四寸；其下为河图，用方块、圆形组图，方块、圆形径寸许。左右为赞，行楷直列十二行，行十六字，字径寸半。题刻在叠石山书房（石室）西北上百步巨石上，“石面平，方广丈馀，如帐。英猷命镌河图并赞斯石”。（陈蕃《呈请叠石山入府志文》）

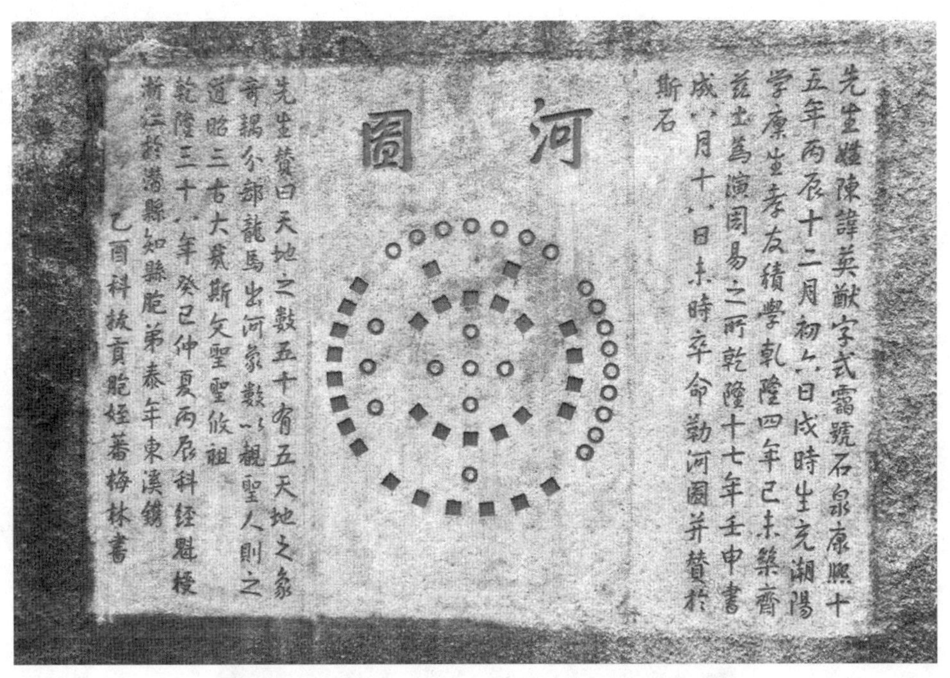

其二：于戏先生，学贯天人。深心河洛，独得其真。龙马之图，实本于数。后之圣贤，以此为据。直至有宋，数义并传。古今易理，程朱则宣。于戏先生，说辞最精。羽羲翼文，窔奥阐明。即今其书，实堪启后。自维梼昧，行将研究。乾隆二十八年番禺孝廉曹达赞。

按：题刻在石室左上方摩崖，河图右下侧。行楷直列七行，行十五字，字径近二寸。

“仙踪”石刻一则

仙踪。庚申[1]岁，梅林。

按：题刻在“河图”石左前方，“仙踪”二大字行楷横列，径近二尺。署款左右各一行，字径约五寸。

山巅叠石“海阔天空”石刻一则

海阔天空。乾隆癸巳[2]陈泰年题。

按：题刻在叠石山峰巅相叠巨石上。“海阔天空”四字正书横列，字径尺许，署款二行各四字，正书直列，字径五寸。

---

① 庚申：嘉庆五年（1800）。

② 癸巳：乾隆三十八年（1773）。

陈刚塞墓石刻

详见《墓葬》。

陈梅林墓石刻

详见《墓葬》。

陈浑墓石刻

详见《墓葬》。

瘗仙犬墓石刻

详见《墓葬》。

陈晋斋墓石刻

详见《墓葬》。

陈士标墓石刻

详见《墓葬》。

五　纪事（增补）

宋季

豪山陈氏始祖致庵，原籍福建莆田，以宋解元为循州府判。二世祖开峰，以翰林侍讲知潮州府事，因择潮阳河浦家焉。族以蕃衍，诗书科第，代不乏人。（陈泰年《先兄行状》、冯成修《特授文林郎、知县陈东溪先生墓志铭》）

明代中后期

嘉隆间，豪山（濠浦）乡筑堡，以防倭患。陈尚昭以宦以行谊为乡所推，闻于郡县，以从事于筑堡之役。堡成，其后寇至，不敢窥兵，乡人赖之。（林大春《井丹林先生文集》[①] 卷十二）

隆庆二年四月二十日，海寇林道乾攻破豪山寨，死者百馀人，陈族荡析别徙者垂将十载。（民国《豪山陈氏族谱》）

万历元年，海氛潜消，陈氏乃复旧居，越九载而生业始遂。（民国《豪山陈氏族谱》）

清康熙

元年，迁斥近海乡村。三年再行续迁。时郑成功盘踞台湾，沿海骚动，故有是令。（光绪《潮阳县志》卷十三《纪事》）

八年，广东巡抚王来任、两广总督周有德先后奏准复地。来任血疏恳请，有德继之，得旨展复，惟达濠海岛仍为界外，各乡立长生位尸祝焉。（光绪《潮阳县志》卷十三《纪事》）

十五年丙辰十二月初六日，陈石泉（英猷）生，字式霭，号石泉，别称“叠石先生”。（陈泰年《先兄行状》）

十九年庚申，官兵会剿达濠，邱辉下海遁，达濠平。辉据达濠，久为海边患，党与日炽。至是，决策剿除。水陆兵并进，鏖战于牛田、磊口。我师得胜，捣其巢，辉夜遁，投入台湾。因抚其胁从，置兵守焉。是役，游击周琬、秦可京功居多。达濠始收为内地矣。

① 民国二十四年乙亥冬月潮阳郭氏双百鹿斋刻本影印书，香港潮州会馆 1980 年编印《潮州文献丛刊》之三。

（光绪《潮阳县志》卷十三《纪事》）

二十三年夏，台湾平。（光绪《潮阳县志》卷十三《纪事》）

四十年辛巳八月十四日，陈石泉季弟东溪（泰年）生，适庭侧槐树产灵芝一茎，因名以芝，字式瑞，号东溪。（冯成修《特授文林郎、知县陈东溪先生墓志铭》）

四十九年庚寅，陈石泉服阕，应童子试，以杨姓进澄海邑庠，采芹奏最。（陈泰年《先兄行状》）

五十一年壬辰正月十二日，陈石泉作《〈司马法删本会意解〉后跋》；三月五日，作《〈吴子〉后跋》；十月二日，作《〈孙子〉后跋》；复撰《〈孙子〉十三篇次序说》。

雍正

八年庚戌，陈石泉复姓归邑。（陈泰年《先兄行状》）

九年辛亥十月十六日，陈梅林（蕃）生，字政林，号梅林。（陈昌齐《四会县学教谕梅林陈公墓志铭》）

十年壬子，陈石泉授潮阳县廪膳生。（陈泰年《先兄行状》）

乾隆

元年丙辰，陈东溪举省试举人第三人。（冯成修《特授文林郎、知县陈东溪先生墓志铭》）

三年戊午，陈石泉命工卜筑书斋于叠石山，不久，以乡试所羁，未遑竟业。（陈泰年《建叠石山咸虚斋记》）

四年己未三月，叠石山书斋建成，为演《周易》之所，聚生徒讲学其中。斋曰咸虚，取山上有泽，以虚受人也。（陈泰年《建叠石山咸虚斋记》、陈英猷《河图赞》）陈石泉有《祭叠石山门神文》《祭叠石山甘泉神文》。

斋旁有泉眼，尽决其泥，彻底俱石，泉从石罅流出，甚清冽，饮用灌园，皆取于斯。（陈泰年《石泉记》）

五月六日，石泉有祭祀叠石山房土地神、山门神、甘泉神文祭文。（陈英猷《祭叠石山房土地神文》《祭叠石山门神文》《祭叠石山甘泉神文》）

八年癸亥前后，石泉与河西盐大使黄藻多有交游及书信往还。（黄藻《与陈石泉先生书》）

十六年，先生母丧。周华锦有《吊陈石泉先生书》，谢如式有《与陈东溪老年先生书》《与陈石泉先生书》。

约是年，谢如式应邀游叠石山，于小洞口题刻“旋螺”二大字，并撰《游叠石书斋记》，次年撰《〈演周易〉序》。

十七年壬申八月十八日，陈石泉卒。遗有《演周易》一书。既殁，门人为镌板藏所居之石室，号曰“叠石先生”。（陈泰年《先兄行状》）周华锦等有《祭陈石泉先生文》。

石泉卒后，东溪将咸虚斋泉眼以其兄号名之，盖珍之也。（陈泰年《石泉记》）

十八年癸酉，陈东溪与黄正位等门人将石泉遗作《演周易》四卷付梓。（黄正位《呈请陈石泉先生入府志文》）

是年，陈东溪建叠石井，有题刻“叠石井。癸酉年建”。

二十五年庚辰，潮阳县生员黄正位等上《呈请陈石泉先生入府志文》。

二十六年辛巳三月，陈东溪重掘石泉，有《石泉记》。

四月，陈梅林上《呈请叠石山入府志文》，知府周硕勋有批注“准录送，粘抄山图俱存”。

二十八年癸未，陈东溪谒选，授浙江於潜令。继任叠石山房主持者为其次子梅林。

是年，番禺孝廉曹达作《陈石泉先生赞》。

三十年乙酉，陈梅林选为拔贡。（陈昌齐《四会县学教谕梅林陈公墓志铭》）

三十一年丙戌秋，陈东溪以病乞归。任间著有《潜州信谳录》二卷。

三十二年丁亥春，陈东溪抵家，仍设教于叠石山房，四方之学徒踵至。（陈泰年《建叠石山志道堂记》、萧重光《特授文林郎、知县东溪陈先生传》）

三十三年戊子，建叠石山朝东讲堂一厅二房一拜亭，为课学之所，题之曰“志道堂”。（陈泰年《建叠石山志道堂记》）

十二月乙卯朔，陈东溪有《建志道堂落成祭土地神文》《祭志道堂门神文》。

是年，陈东溪重修其兄所建朝南咸虚斋八间，以处学者。（陈泰年《建叠石山志道堂记》）

三十五年辛卯，监院张致仁延陈东溪主河东书院。（萧重光《特授文林郎、知县东溪陈先生传》）

三十八年癸巳仲夏，陈东溪镌石泉所撰《河图（并赞）》于山房后巨石上，为陈梅林所书。

是年，陈东溪于山巅叠石上题刻“海阔天空”，于日月洞上方右侧石壁题刻“九曲径”。

四十二年丁酉十二月初六日，陈东溪卒，年七十有七。子六：馨、蕃、翠岚、周京、光府、政郡。（冯成修《特授文林郎、陈东溪先生墓志铭》）门人王玉树等有《祭於潜县知县东溪陈夫子文》。

于乾隆四十三年戊戌年至四十五年庚子已亥间，潮阳知县杨任旌表东溪门闾曰“太邱遗范”，潮人高之。（萧重光《特授文林郎、知县陈东溪陈先生传》）

四十八年癸卯，浙江人、供事全播任潮阳招宁司巡检。昭宁巡检司署在县东招收都达濠城。（光绪《潮阳县志》卷三《城池・署廨》、卷十四《职官・文职》）

夏秋间，全播尝造访梅林，并游叠石山胜景。中秋，陈梅林有函致全播，并赠藏书，全播有《复陈梅林先生书》。

约今年或明年，广东乡试副考官、编修朱绂尝游叠石山，有诗，陈梅林属其门人赓和之。朱绂有《复陈梅林先生书》。

乾隆四十九年甲辰三月廿一日，陈梅林兄弟葬东溪于砂浦都鹤头山之原，并请东溪同年、贵州学政冯成修为撰《特授文林郎、知县陈东溪先生墓志铭》。

五十三年戊申，陈梅林有《与寄尘禅师书》，邀请长沙寄尘和尚等于七月初八日游叠石山房，寄尘于巨石上书“虎穴”二字，陈蕃刻。

五十四年己酉，陈浑有题刻一联于冠尖岩桐泽斋：“墓室辟雨所茇憩，衡经披史暂休暇。乾隆己酉年陈浑题书于冠尖岩。桐泽斋。”

五十六年辛亥，日月洞右侧摩崖有题刻一联：“营窟尧咨时雍民，陶穴古公开周家。乾隆辛亥一之日。”

嘉庆

元年丙辰，陈梅林抵四会县任教谕。其后主持叠石书房者当为梅林三弟翠岚。

四年己未，陈石泉曾孙音、畅、田、丕于旋螺洞（小洞）内有题刻。

五年庚申春元旦，陈浑有题刻于东面突峰石城山宗海亭。

是年，陈梅林于仙脚石题刻“仙踪。庚申岁，梅林”。

六年辛酉三月，陈浑于石城山其自卜墓地处题刻《山记》并诗一首：“登高一览海潮水，来往芒渺毋觉知。竹杖草履放下地，且寻野味烹充饥。”

七年壬戌秋间，陈梅林《经史析疑》二十四卷撰成，于四会县学署刊刻。（陈蕃《〈经史析疑〉自序》）

是年十月朔，陈洪书撰《〈经史析疑〉后跋》。

八年癸亥葭月，龚骖文撰《〈经史析疑〉序》。

九年甲子正月十五日，陈浑有诗刻于石城山桐泽斋：“予忆春夜睡，梦觉罔两惊。反侧不得眠，鹧鸣催完更。朦胧芒蚤起，三顾山石城。诗非唐人律，音类是夫声。甲子春正望旦山夫题。桐泽斋。”

阳月，知雷州府事五泰撰《〈经史析疑〉序》书于羊城贡院之介慎堂。

十年乙丑年初，陈梅林以年老告归，绅士饯别。蕃有《留别诗》四章，一时和者若干人，遂并各僚友送行诗成《绥江伟饯集》，邑人高超伦作序梓行。（光绪《四会县志》编五《宦绩》）

同年，翰林院编修冯敏昌亦撰《〈绥江伟饯集序〉（乙丑）》。（冯敏昌《小罗浮草堂文集》卷二）

十二年丁卯五月，陈浑于石城山洞内题刻一联：“窗前浦潮通豪港，门径崎岖达墓岩。豪山人浑题石城山之洞，十一月十八日书。”

十四年己巳，陈梅林自营生圹，择葬地者潮阳学司训廖君承维。（陈昌齐《四会县学教谕梅林陈公墓志铭》）

十五年庚午阳月，立瘗仙犬墓，碑文作：“瘗仙犬墓。嘉庆庚午年阳月立石。”

十七年，邑侯唐文藻聘陈梅林总修《潮阳县志》，复率其宗人纂修《族谱》。（陈昌齐《四会县学教谕梅林陈公墓志铭》）

二十一年丙子，陈东溪季子陈翠岚卒。陈梅林有《祭南村弟文》，陈彝有《祭业师南村先生文》。

二十三年戊寅九月十五日，陈梅林卒。子三人，长艾，早卒；次敏捷，甲申岁贡，分发训导；三履道，贡生。（陈昌齐《四会县学教谕梅林陈公墓志铭》）

梅林卒前，纂有《叠石山房志》稿。[陈蕃《叠石山房志》(手抄残稿)]

赵天球有《祭陈梅林先生文》，陈光峡有《祭族兄梅林先生文》，陈彝有《祭梅林夫子文》。

十一月二十三日，陈彝有《呈请入〈潮阳县志〉文》，唐知县批："陈蕃等品行端正，本县素所深知，堪入志乘，饬局补列可也。事实册附。"

道光

四年甲申，陈梅林次子敏捷选为岁贡，后署乐昌训导。(陈昌齐《四会县学教谕梅林陈公墓志铭》、光绪《潮阳县志》卷十五《选举·五贡》)

五年乙酉五月二十八日，陈梅林葬于叠石山房志道堂之右，陈昌齐撰《四会县学教谕梅林陈公墓志铭》。

八年戊子，十月朔日，郑昌时应陈敏捷所邀，由敏捷之弟履道及次子廷槐陪游叠石山，有《得游叠石山房记》。

十四年甲午，陈作舟署三水县训导。(陈作舟《自题墓碣》)

宣统

元年，饶锷至潮阳，曾与陈泰年后人游，询以《潜州信谳录》及叠石先生易学，云《信谳录》家有写本，当时匆匆未及借览。(饶锷、饶宗颐《潮州艺文志》卷八《子部·法家类》录《潜州信谳录》按语)

民国

四年，梅林玄孙士标(上如)在龙凤石上方右侧摩崖题刻"幽涧泉"，在"幽涧泉"石正前方石上题刻"古松鹤舞"。

五年，陈士标复于"幽涧泉"石左侧巨石背面摩崖绘刻冯敏昌题赠陈梅林"寿"字及落款。

六 人物（增补）

（一）栖止

陈石泉（一六七六——七五二），名英猷，字式霭，濠浦乡人。天性至孝，甫四龄，母罗氏偶疾，辄欷歔不食。弱冠倜傥有大志，重道义气节，读书直控阃奥，不屑屑循章句。淹贯经史，旁及诸子百家，嗜孙、吴兵书及武侯阵法。然深自韬晦，不露圭角。（《广东阮志》）每契陈白沙“以我观书，随处得益；以书博我，释卷茫然”之语，故其潜心默会，迥出寻常蹊径之外。尤精于《易》，以为疑义殊多，既观其象，玩其辞，当极其数。（《潮府周志》）晚年筑室乡北之叠石山，仅容一榻，终日危坐。历十四载，著《演周易》四卷，分为《说数》《说辞》，多夺邵氏之席，而翻程朱之臼，以诸生卒于家。（《广东阮志》）弥留之际，犹执弟泰年手画“演易”二字。门人称“叠石先生”。子三：曾、愚、蒙。（乾隆《潮州府志》、道光《广东通志》、《豪山陈氏族谱·十五世》）

陈东溪（一七〇一——七七七），名泰年，字式瑞，东溪为号，濠浦乡人。少从兄石泉游，淹通载籍，工诗文。乾隆元年丙辰举乡试第三，乾隆二十八年授浙江杭州府於潜县令。适新垦起征，虑为地方累，乞准列为额外。县试时要犯越狱，泰年授意士子，旋即弋获。上官谓考试衡文，缘此获犯，其得士心可知。尤善劝化，如争产、出妻诸案，谆谆若家人父子，遂和好如初。阅三载，县无冤狱。乾隆三十二年以病乞归，士民钱送者接踵。观察使刘纯炜、太守邹应元知其廉介，各醵金以赠，同官荣之。抵家后杜门却轨，隐居于叠石山房，建志道堂以处学者。著有《文集》四卷、《潜州信谳录》二卷。年七十七，无病而终。子六：椒、蕃、令、都、郡、邵。（《豪山陈氏族谱·十五世》）

陈曾（一七〇五——七五五），号明恭，石泉长子。安分守己，潜玩载籍。以子谦光诰赠儒林郎，累赠朝议大夫。子四：同、浑、深、谦（谦光）。（《豪山陈氏族谱·十六世》）

陈愚（一七〇七——七五五），号刚忠，石泉次子。重然诺，敬祖先。子四：仔、佑、佃、僖。（《豪山陈氏族谱·十六世》）

陈蒙（一七〇九——七八七），又名荣教，字光财，石泉三子。太学生。叔东溪付银百两，凑祖蒸，建七世祖祠，克著勤劳。子二：见、觐。（《豪山陈氏族谱·十六世》）

陈上（一七一六——七八一），字政谋，号右言，石泉门侄（堂兄弟之子），于叠石山房兴建前已从学石泉，并尝与振肃辈从游叠石山。（陈泰年《建叠石山咸虚斋记》、《豪山陈氏族谱·十六世》）

陈光岐（一七二〇—一七九六），又名宫，字政镐，号西院，濠浦人，由郡庠生充乾隆丁酉科岁贡。少年聪俊，奋志芸窗。正直持躬，留心乡族，与族长经常、族宦陈蕃等重建四世祖祠，与房兄政可等同创实居祖祠屋，五世同祀。（《豪山陈氏族谱·十六世》）

陈椒（一七二七—一八〇七），又名实馨，字政兰，号芳亭，於潜令东溪长子，监生。性质敦厚，友爱弟侄，与人无忤。以弟蕃貤封修职郎、四会教谕；嗣以孙良辅貤赠儒林郎。子四：鹏、鹤（殇）、鸠、鹏。（光绪《潮阳县志》卷十五《选举·封赠》、光绪《豪山陈氏纂修旧谱补订·十六世》）

陈同（一七二九—一七八五），号绍孜，石泉孙，明恭长子。子三：斐、鸾、壮。（《豪山陈氏族谱·十七世》）

陈浑（一七三一—一八一四），字绍敦，自号豪山人，斋名桐泽斋。石泉孙，明恭次子。墓葬叠石山东侧山间（《豪山陈氏族谱》称“葬阜头园”）。叠石山有其题刻多处。子衡。（《豪山陈氏族谱·十七世》）

陈梅林（一七三一—一八一八），名蕃，字政林，梅林为号，濠浦乡人，东溪次子。五岁失恃，哀毁如成人。从伯父石泉游，工古文辞，尤邃经学，以县冠军进邑庠，旋食饩。膺乾隆乙酉拔贡。学使翁方纲称其经学湛深，能于先正注疏外，抒发心得，以著作手期之。及丁父与继母艰，丧葬尽礼，遂隐于叠石山房，即石泉演《易》处也。经学懿行，信从日众。嘉庆丙辰授四会教谕，节俸薪修葺文庙两庑，倡建绥江书院，诲诸生先伦行而后文艺，贫乏者力为赒助。纂《经史析疑》二十四卷，宗人府丞龚骖文、观察五泰为之序，刊刻行世。嘉庆十年乙丑，在任十年归，寅友、绅士赋诗二百馀首赠行。处乡倡行族规，纂修家谱。嘉庆二十年率邑中缙绅呈请续修县志，重建文光塔。年八十八犹能楷书小字。另著有《诗集古文辞》六卷、《经史馀闻》四卷。卒之日，士林悲悼焉。娶玉峡周氏，号淑庄，涯西女，孝事舅姑，兼睦妯娌。子敏捷，乐昌训导；孙作舟，罗定训导。

陈光峡（一七三二—?），又名吾，字政峦，号翠峰，濠浦人。邑庠生，嘉庆丁卯科钦赐副榜，嘉庆十五年庚午科钦赐举人。性质朴厚，潜心力学，不事浮华。子成瑞，寿民，年九十二岁。有《祭族兄陈梅林先生文》。（光绪《潮阳县志》卷十五《选举》、卷十七《人物》，《豪山陈氏族谱·十六世》）

陈仔（一七三三—一八〇二），又名允崇，字绍德，号义山，石泉孙，陈愚长子。太学生。子三：特、待、田。（《豪山陈氏族谱·十七世》）

陈佑（一七三五—一七九七），字绍保，号祐安，石泉孙，陈愚次子。子二：敖、畅。（《豪山陈氏族谱·十七世》）

陈见（一七三七—一七八二），又名允国，字绍齐，号青岱，石泉孙，陈蒙长子。太学生。子四：章、部、音、产。（《豪山陈氏族谱·十七世》）

陈翠岚（一七四二—一八一六），又名令，字政南，号南村，濠浦人，东溪季子。性孝友。遭父母丧，哀毁骨立。敬事诸兄，老而弥笃。初苦家贫，励学不辍。于《毛诗》更征心得，继设教叠石山房，尤以敦实为务，从游者率成名，晚膺廪贡。嘉庆二十年乙亥续修县志，职司采访，无滥无遗，众共称之。尝赋山房诸景。子四：潜、汉、海、渤，以海出承季弟政郚为后。（光绪《潮阳县志》卷十七《文苑列传》、光绪《豪山陈氏纂修旧谱补订·十六世》）

陈佃（一七四三—一七六一），石泉孙，陈愚三子。未冠卒，随父配祭。（《豪山陈氏

族谱·十七世》）

陈都（一七四四—一八〇八），名周京，号鲁馀，东溪四子。太学生。性宽和，重伦行。弱冠之父任所，参办幕事，钱谷漕务秩如。子三：简、策、笻。（光绪《豪山陈氏纂修旧谱补订·十六世》）

陈深（一七四五—一七九六），又名承恩，字绍业，号怀远，石泉孙，明恭三子。太学生。奉母思孝，督子读书。子六：侨（殇）、瞰、厥、祥、丕、恺。（《豪山陈氏族谱·十七世》）

陈谦（一七四九—一八一八），又名谦光，字绍生，号景山，石泉孙，明恭四子。由例贡生捐州同职，加捐朝议大夫。勤俭创家，容忍待人，知图报本。两次貤封考妣、祖考妣均如本身职衔。辅理族事，与族长买崎石田三亩，以增大宗祭业。子三：炽、昌、规。（《豪山陈氏族谱·十七世》）

陈觐（一七五〇—一七七三），字绍耿，号垂绪，石泉孙，陈蒙次子。子益。（《豪山陈氏族谱·十七世》）

陈僖（一七五一—一八〇八），又名锡爵，字绍申，号近尊，石泉孙，陈愚四子。太学生。子顺。（《豪山陈氏族谱·十七世》）

陈鹏（一七五七—一八〇五），名博飞，字绍奋，号奋斋，椒（实馨）长子，东溪孙。太学生。以子良辅敕赠儒林郎。（《豪山陈氏纂修旧谱补订·十七世》）

陈敏捷（一七七〇—一八二九），又名苗，字绍学，号逊斋，别号月三，梅林二子，东溪孙。邑廪生。克承家学，尝及学海堂学长冯敏昌之门。道光四年岁贡，署乐昌训导。子二：楫、槐。（光绪《潮阳县志》卷十五《选举·五贡》、《豪山陈氏纂修旧谱补订·十七世》）

陈海（一七七一—一八一三），名蜚声，字成翰，号艺苑，邵（政邵）嗣子，东溪孙，梅林胞侄，邑庠生。尝校梅林《经史析疑》卷一、卷七、卷十九。（《经史析疑》《豪山陈氏纂修旧谱补订·十七世》）

陈简（一七七三—一八五三），名有礼，字绍丰，号敬斋，都（周京）长子，东溪孙，太学生。（《豪山陈氏纂修旧谱补订·十七世》）

陈婢（一七七四—一八三五），名和鸣，字绍凤，郡（光府）长子，东溪孙。太学生。（《豪山陈氏纂修旧谱补订·十七世》）

陈策（一七七八—一八三三），字绍治，号建安，都（周京）次子，东溪孙，邑庠生。尝校对梅林《经史析疑》卷十三、卷二十。子永清。（《经史析疑》《豪山陈氏纂修旧谱补订·十七世》）

陈妍（一七七八—?），字绍孔，号春园，郡（光府）三子，东溪孙。尝校对梅林《经史析疑》卷十四、卷二十一。（《经史析疑》《豪山陈氏纂修旧谱补订·十七世》）

陈履道（一七七九—一八五二），又名董，字绍通，号吉堂，梅林三子。例贡生。孝友性成，即好学与好施，亦皆出之真诚，生平惟读惟耕，遵行祖先之明训，克勤克俭，广创基业而成家。子五：璧、昴、轸、角、娄。娄三岁早世，葬于叠石山坑仔九曲径。（《豪山陈氏纂修旧谱补订·十七世》）

陈笻（一七八一—一八三二），名有�，号竹君，都（周京）三子，东溪孙，邑增生。尝校梅林《经史析疑》卷十五、卷二十二。（《经史析疑》《豪山陈氏纂修旧谱补订·十七世》）

陈作舟（一七八九—一八四九），又名楫，字利济，号笠渔，敏捷长子，梅林嫡孙。豪浦乡人，邑廪贡元。才藻敷富，诗律尤精细，每试经古辄高其侪辈。有《潮阳竹枝词》九首（详见《艺苑》），仿刘梦得沅湘之作，雅士率抄诵之。道光十四年署三水县学训导，十九年署广州府教授，督学戴文节公熙出吟稿推敲，戴首肯之。文节画名海内，为写画帧四轴以馈。又与镇平黄钊为诗友。钊秉铎潮阳，出其《读白华草堂诗二集》请序。作舟研炼六朝之风格，而咀嚼于三唐之音节，邑自乾、嘉以后论诗推为领袖。二十八年补罗定州训导，翌年卒于任所。存有《罗浮篇》《羊城杂咏》《同声集》未梓。尝校陈蕃《经史析疑》卷十七、卷十八及卷二十四。（《经史析疑》、光绪《潮阳县志》卷十七《文苑列传》）

陈璧（一七九七—一八四七），名呈材，号栎园，梅林孙，履道长子。邑庠生，诗文隽逸，武艺超群，让义轻财，施与慷慨。子三：述、运、文，以运出承次弟昴为后。（《豪山陈氏纂修旧谱补订·十八世》）

陈廷槐（一八〇〇—一八四九），又名槐、作程，号仲楷，敏捷次男，作舟弟。邑增生，生平好学，物我无间。尝与叔履道陪郑昌时游叠石山。以孙秉圭敕赠武德骑尉。（《豪山陈氏纂修旧谱补订·十八世》）

陈昴（一八〇三—一八二八），名应昴，号嘒星，梅林孙，履道次子。以嗣子运貤赠修职郎。隐居叠石山，有听涛轩为读书处。《叠石山房志》（手抄残稿）有其《悔游记》、《〈哭听涛轩〉序》（残）。年二十六岁早世。（《豪山陈氏纂修旧谱补订·十八世》）

陈运（一八二七—一八九三），字焕文，号尧峰。梅林曾孙，履道孙，昴嗣子。素性动直，存心忠厚，善承家业，守而勿替。弱冠应童子试，年三十恨未进泮，遂捐职县丞，貤赠考妣，尤念十六世梅林公志存建祠未就，光绪庚寅年，慨然兴起，率子士标、暨侄士仁、士国、士钧、士钊，宗主论勋等，日夜勤劳，是年祠成。葬于叠石山房之左埔仔尾。（《豪山陈氏纂修旧谱补订·十九世》）

陈广（一八三五—一八七七），名广文，号晋斋。梅林曾孙，履道孙，轸长子。邑庠生，质聪明，年十三，文成篇，好置书册，与人交易，不用次钱，能守先人忠厚。葬于叠石山之虎穴山。（《豪山陈氏纂修旧谱补订·十九世》）

陈崇文（一八三五—一八六〇），号宗山。梅林曾孙，履道孙，角长子。孝于亲，友于兄弟，与人无尤。哭弟博文早亡，至于昏眩扑地。读书乐韵语。年二十六岁早世。尝读书叠石山房，有《叠石山房歌》。（《豪山陈氏纂修旧谱补订·十九世》）

陈士标（一八四六—?），字上如，梅林玄孙，应昴孙，运子。光绪二十六年庚子科举人，就职训导，授修职郎。光绪二十五年已亥于叠石山自筑墓穴，宣统元年竖碑石。

陈凝道，字振肃，石泉门侄（堂兄弟之子），生员。与石泉首批卜筑叠石山咸虚斋者，并尝于乾隆三年与石泉等赴省乡试。与黄正位等有《呈请陈石泉先生入府志文》。（陈泰年《刻〈演周易〉识言》《建叠石山咸虚斋记》）

陈衡，浑子，石泉曾孙。冠尖岩有其题刻。陈浑于宗海亭题刻称：“子衡好学，去世已久。”

陈音，陈见三子，石泉曾孙。与陈畅、陈田、陈丕于嘉庆四年己未同修叠石山小洞其祖陈石泉“建斋避暑处”。（《豪山陈氏族谱·十七世》）

陈畅，陈佑二子，石泉曾孙。与陈音、陈田、陈丕于嘉庆四年己未同修叠石山小洞其祖陈石泉“建斋避暑处”。（《豪山陈氏族谱·十七世》）

陈田，陈仔（允崇）三子，石泉曾孙。与陈音、陈畅、陈丕于嘉庆四年己未同修叠石山小洞其祖陈石泉“建斋避暑处”。（《豪山陈氏族谱·十七世》）

陈丕，陈深五子，石泉曾孙。与陈音、陈畅、陈田于嘉庆四年己未同修叠石山小洞其祖陈石泉“建斋避暑处”。（《豪山陈氏族谱·十七世》）

陈振达，号茂园，梅林侄孙，尝校对梅林《经史析疑》卷二、卷八。（《经史析疑》）

陈于畴，号耘西，梅林侄孙，尝校对梅林《经史析疑》卷四、卷十。（《经史析疑》）

陈时夏，号翊华，梅林侄孙，尝校对梅林《经史析疑》卷五、卷十一。（《经史析疑》）

陈启丰，号耿西，梅林侄孙，道光年间岁贡，官乐会教谕。尝校对其《经史析疑》卷六、卷十二。（《经史析疑》、光绪《潮阳县志》卷十五《选举·五贡》）

陈良辅，又名宰，号冢臣，椒（实馨）孙，鹏子。祖椒以其贵，诰赠儒林郎。尝校对梅林《经史析疑》卷十六、卷二十三。（《经史析疑》）

陈永清，豪浦人，策（建安）子，东溪曾孙，作舟从弟，读书叠石山，夭折。妻萧氏庄娘，县都人。年二十适永清。九阅月而夫死，氏缢以殉，时嘉庆己卯八月。乡人哀之，私谥曰“端烈”，陈作舟为之传。（光绪《潮阳县志》卷十九《列女传》、卷二十二《艺文下》载陈作舟《萧烈妇行》）

陈士懿，应昴族侄，读书叠石山，有味月轩读书处。（陈应昴《〈哭听涛轩〉序》）

（二）从学

周华锦，又名宗夔，号涯西。大理寺卿周耿西（光镐）玄孙，潮阳玉峡人。邑增生。兄国贵（一六九五—一七二四），书名敬章，字崇镇，号卓庵，县学生员，尝从陈石泉游，英年早逝。华锦于其兄请业后，亦追随从学，多膺面命而发蒙。后其女淑庄，配与石泉侄梅林，为秦晋之好。有《吊陈石泉先生书》《祭陈石泉先生文》。

萧能聪，字若临，陈石泉婿，邑人。陈石泉）婿，于叠石山房兴建前已从学丈人，并尝与陈振肃、陈政谋辈从游叠石山。后与黄正位等协助陈东溪刊刻《演周易》。（陈东溪《建叠石山咸虚斋记》、《刻〈演周易〉识言》）

黄正位，字启全，邑人，生员，陈东溪受业门人。与萧能聪等协助陈东溪刊刻《演周易》，并与周华锦等有《呈请陈石泉先生入府志文》。（陈东溪《刻〈演周易〉识言》）

郑宗岳，字茂宾，邑人，陈石泉、东溪受业门人。与萧能聪、黄正位等协助陈东溪刊刻《演周易》。（陈东溪《刻〈演周易〉识言》）

郑冈凤，字茂鸾，邑人，陈石泉、东溪受业门人。与萧能聪、黄正位等协助陈东溪刊刻《演周易》。（陈东溪《刻〈演周易〉识言》）

王祚昌，邑人，新进童生，陈东溪受业门人。与黄正位等有《呈请陈石泉先生入府志文》。

王玉树，邑人，陈东溪受业门人。有《祭於潜县知县东溪陈夫子文》。

陈彝，潮阳县招收都人，廪贡，署连平州学正。为陈梅林、陈翠岚弟子，有《祭业师

南村先生文》《祭梅林夫子文》。（光绪《潮阳县志》卷十五《选举·仕宦》）

赵天球，潮阳县黄陇都西港人，嘉庆间恩贡，十五年庚午恩科举人。（光绪《潮阳县志》卷十五《选举》）

郑鸿文，号南湖，邑人。陈梅林受业门人，尝校订《经史析疑》卷十三至十六，卷二十二及卷二十三。（《经史析疑》）

王之谦，字朝亨，应铨子，陈梅林三女婿，嘉庆九年甲子副榜。尝校对陈蕃《经史析疑》卷三、卷九。（《经史析疑》）

吴芳士，澄海县人。尝读书叠石山南侧书斋。（陈应昴《〈哭听涛轩〉序》）

（三）游览

谢如式，字孝征，号桂山。桃源县人。少孤贫，事母孝。敦品励学，领乾隆元年乡荐，宰光化。岁大歉，民至食树皮，鬻子女，式设法保全之。有兄弟争产者，式为讲棠棣诗，遂各感泣而释。任五载，未决囚，未刺一配，士庶咸称仁廉。致仕后，家无蓄金，以授徒为生计。年七十八卒。著有《性理论》《或问语类讲》《粤游篇》《燕山草》。（光绪《桃源县志》卷八《人物志上·仕迹》）

黄藻，号品堂，河西盐大使。河西盐大使即河西栅委员，该署在县东招收都马滘乡，雍正十二年委员鲍忠教详文报建（光绪《潮阳县志》卷三《城池·署廨》），地近叠石山。黄藻与陈英猷多有交游。

全璠，浙江人，供事，乾隆四十八年任潮阳招宁司巡检。昭宁巡检司署在县东招收都达濠城。（光绪《潮阳县志》卷三《城池·署廨》、卷十四《职官·文职》）

寄尘（？—一七九九），长沙人，俗姓彭，字衡麓，号八九山人。工书法，善兰竹，好吟咏，受学于袁枚。乾隆五十三年尝访陈蕃，游叠石山，题刻“虎穴”于巨石。嘉庆四年入闽，挂锡乌石山，会当事奉诏敕封中山王，随往琉球，名闻海外，是年冬圆寂。

朱绂，字辑五，一字章甫。南昌人。乾隆三十七年进士，选为翰林院庶吉士，散馆授编修，升中允，改御史。工书，有索辄应。（《江西通志》）约于乾隆四十八年为广东乡试副考官时（《清高宗实录》卷一千一百八十），尝游叠石山，有诗，梅林属其门人赓和之，诸诗已佚。有《复陈梅林先生书》。

陈聚英，潮阳人，副贡生。尝应陈蕃邀游叠石山，有《家梅林招游叠石山房复以诗》。

郑昌时，又名重晖，字平阶，海阳人，弱冠补博士弟子员，食廪饩，有声县学。道光八年尝应陈敏捷之邀游叠石山，撰《得游叠石山房记》。昌时留心地方经济，潮州守黄安涛以疏治韩江水道下问，昌时献策具图说进，黄守器重之，延为东隅义塾掌教。时地方多故，巡抚祁𡎴临潮，昌时进《权宜时务万言策》，巡抚奇其才，辟充幕府。以明经终。所著有《韩江闻见录》《岂闲居吟稿》《说隅》《开方考》行世。（光绪《海阳县志》卷四十）

廖承维，电白县人，潮阳县学训导。尝为陈梅林择葬地，并题墓联“横龙团结蒸云气，飞凤回翔览德辉。”

七 艺苑

（一）记

建叠石山咸虚斋记

陈泰年

叠石山距河浦乡北三里，耸拔巍峨，巅上环合成阿，予少恒游焉。四望寂然，徘徊其中，恍乎羲皇以上人也。

乾隆二年丁巳，会试京旋，随兄旷玩山水。初临第三兄田上，即俗所谓鸟嘴石是也。继望西南行，越渠登山，至俗所谓小洞者，有幽涧泉涌石出，兄即羡为胜土。俄而攀草陟巅，遂抵是。阿兄见其门户独辟，与世俗绝不相闻，隐有桃源避世景象，曰：“是更美矣。”遂兴筑斋之念。兄盖有闵时病俗之癖也。

后数日，复操壶与二三同好登临兹土。具肴将饮矣，苦日中炎暑，兄乃行寻阿下石阴处，因得石洞，旷朗清洁，石盖其上，平布其下，四面俱石，若墙若柱，户达牖开，清风四至，设席其中，可坐十许人，泉流潺然有声，盛夏并蔑暑气。遂大说相邀，以至移盘中间，坐醉薄暮。曰：“古人命名不虚也。所谓小洞，其在是乎？”而建斋之谋始定。时兄婿萧君若临偶同游，欢欣醉卧，门侄振肃、政谋辈亦乐出自意外。

戊午，命工卜筑，兄与振肃若而人为乡试所羁，未遑竟业。九月兄旋，路湾罗浮山，经历炎道，染病将毙，受业门人唏嘘涕泣，以为哲人其萎矣，何有于兹土。越数月病愈。予复就公车，己未六月旋，见南向之偏斋已建，谓自三月告竣矣。仍其名曰叠石山，以巅上两石叠置也。斋曰“咸虚”，取山上有泽，以虚受人也。

噫！天之未丧斯人也，天之有造斯土也，天之不殁承先也，天之有意启后也。但苦家贫，朝东正堂未能卜建，面南数椽不过容膝，然可避嚣讲学，砥厉造士，则素位自娱，栖迟适志耳。芳草奇葩，错生岩谷，年年开花不相似，予聊有俟于将来。

建叠石山志道堂记

陈泰年

余宰潜三载，告病回籍。乾隆丁亥[①]底家，四方之学徒踵至。戊子[②]，建叠石山朝东课讲堂一厅二房一拜亭，为课学之所，题之曰“志道堂”。复重修先兄己未所建朝南咸虚斋八间，以处学者。

学徒问名堂之义，余曰：“先兄斋名咸虚，取山上有泽以虚受人也。兹堂名志道，欲学者端所趋向，而无他歧之感也。”人生天地间，秉阴阳之和，抱五行之秀，其为贵孰得而加焉？使能因其本然，全其固有，则道者天下万世之公理，而斯人之所共由者也。君有君道，臣有臣道，父有父道，子有子道，惟圣人为能尽道。故君臣父子无所处而不宜，常人虽不能尽道，而亦不可离道，可离非道也。是以修道之教兴焉。民之于道，系于上之教；士之体道，由于己之学。然无志则不能学，不学则不知道。故所以知道者在乎学，所以为学者始乎志。夫子曰：“吾十有五而志于学。”又曰：“士志于道而耻恶衣[③]恶食者，未足与议也。”孟子曰：“士尚志。”又曰：“夫道若大路，然岂难知哉?”皆端其趋向也。彼下愚不肖之人，所以自绝于仁人君子之域者，亦心有他歧耳。诚能志于正道，不以富贵贫贱动其心，不以异端邪说摇其虑，则是非善恶甚明，而好恶趋舍将有不待强而自决者矣。推是心也，由是路也，可以居天下之广居，立天下之正位，行天下之大道。得志与民由之，不得志独行其道。富贵不能淫，贫贱不能移，威武不能屈。孟子岂欺我哉？余故名其[④]堂以示学人，使无他歧之惑，而先兄以虚受人之义，可以参观而得之矣。

石泉记

陈泰年

叠石山巅上如环，四合成阿，其东稍缺，淫雨时水从东出，否则仅有泥泉一泓。当阿之中，上抵石，方广不满三尺，水可寸许。乾隆四年己未，兄构偏斋于斯泉之北，南向，聚生徒讲学其中。于是，尽决其泥，彻底俱石，泉从石罅流出，甚清冽。周三四尺，深五六尺。饮于斯，浴于斯，浇花灌园，皆取于斯。十数年来，满而不溢，未有见其干者。故自屋成，兄品曰咸虚斋，义取山上有泽。

壬申[⑤]，兄卒，予以石泉易兄名，盖珍之也。岁丙子[⑥]，斯泉忽竭，或曰：“山向无木，今多栽松，松长根深，汲之故竭。”或曰：“向周围砌以小石，乙亥[⑦]冬易以蜃灰，筑

---

① 乾隆丁亥：乾隆三十二年（1767）。

② 戊子：乾隆三十三年（1768）。

③ 恶衣：《叠石山序志》（手抄残稿）缺，据嘉庆《潮阳县志》卷十九径补。

④ 其：嘉庆《潮阳县志》卷十九作“斯”。

⑤ 壬申：乾隆十七年（1752）。

⑥ 丙子：乾隆二十一年（1756）。

⑦ 乙亥：乾隆二十年（1755）。

之故竭。”予曰：“非也，天久不雨耳。向之不雨，不过一越月，二三越月，甚至四五越月已耳。自乙亥以来，一旱经岁，或连七八越月不雨，或连五六越月不雨，即雨，又不过二三日，或四五日而止，求如往时之越旬经月，无有也。夫泉出于地而实由于天，天既限之，地又焉能滋乎？所以山坑谷堑间水泉之小者竭，所在多有，岂独叠石山泉然哉？”

数岁以来，必由东北下六七百步取水，上若登梯，居者苦之。是年三月十五日，乃于旧泉之南丈许凿井，深五尺辄石，工人束手，但石性不甚坚确。念七日另工，以厚锄凿下复六尺，即有二泉从石罅涌出，越宿，积水数尺，生徒住者惧忭无已。乃叹旧泉出自石，兹新泉又出自石，周环彻底皆石，无相接之痕，无片泥之杂，石泉之号不虚，品斋之义仍有取也。天久不雨，泉以深得，岂栽松易灰之咎哉？遂为文以志。时盖乾隆二十六年辛巳也。

游叠石书斋记

谢如式①

东粤之地多濒海，濒海之地多山，山之巍然屼然、秀层怪叠者多奇以石。予来粤之潮，访孝廉陈子于河浦，遥望其居之左，山势巃嵸，怪石峨列。陈子曰：“此予读书山房也。”遂往游焉。

步沙径，越清溪，逶迤至山麓，已有石焉。虎豹蹲坐，熊罴怒立，若为山灵守险当关者。缘而上，则骇如奇鬼将搏，危楼欲坠，森森逼压人。或竖如旗枪，或偃卧如牛马；为累棋，为列笏，为女墙，为覆瓮；赤如霞，阴如铁，砥而平，圭而削者，皆石之为状可举似也。

由麓至斋，可里许，从石罅曲折行，如羊肠鸟道，柔草衬履，石角牵衣。斋居山之阿，后壁半倚石，书案几席外，仅可容数人。陈子谓此特斋之旁舍，先就者也，正宇未构，方有待，惟示其基。后枕两石，突高二寻，面平如镜。予谓他日斋成，宜刻诗文于上，以与峄山碑同勒可乎？石下窍一窦，土实其半，陈子将空之以为洞。其前四山环拱，近案数层，如笋排列，远望南澳诸峰，缥缈峙海中，形作三台，中峰特秀，高出云表。

斋外周以小园，植名花佳果。时冬初，残菊犹存，黄柑金橘，结实离离。阶前破一石，似臼而缺其唇，实土植玉茗花于中，开放团团，如玉缀枝头。旁衬海仙红数朵，艳服冶容，若于玉茗有争妍意。予戏评曰：“白者何郎，粉而红则西子之妆也。”共博一粲。玉茗之右径侧突一石，泉从石出，浚为井，井蓄寸小鱼，以手弄水，投以食，鱼辄出，狎人无畏。

于是瀹鼎烹泉，剖柑橘数枚佐茗，啜数盏，陈子复要步山椒，望远海，烟岛出没，天水相涵，目力极处，灏气混茫，邈然动九垓汗漫之想。

徘徊徐下，循小涧观洞，曲其身之半以入，数折如旋螺，猿臂相牵，下得一平旷地，可布方席，坐十人，顶覆一大石如板屋，四角石撑如柱，天光斜透，清泉一线，瀌瀌作幽咽声，冷气袭人。陈子谓六月坐此，可涤烦暑。予曰：“奚独涤暑，即以此为避世桃源可

---

① 《叠石山房志》（手抄残稿）作“光化令谢如式桃源人”。

也。彼鸡犬桑麻犹是俗物，若此，则人径都绝，风云罕通矣。”顾石皆崩裂如欲坠，怵客不敢久留，遽梯石出。

到斋，则已酒筵布列，倾觞对饮，饮罢，复茶，茶罢，复静坐。空山寥寂，百响俱沉，禅境禅心，翛然独远。语云“天下名山僧占多”，然与使丹崖碧巘晦没于黄冠缁河流，若假文人啸歌，答响山水清音。是山有缘，当不减罗浮、粤秀矣。

坐顷，日下舂，理归路，陈子步送下山。观道旁诸石面，片片光莹，若有神工磨就，拟镌鸟篆虫书而未及者，因思造化巧设，必借文人品题，始开生面，岂可使岣嵝文隐而泰山有没字之碑哉？陈子曰：“此吾志也，君亦不得漫无一言，浪虚此游矣。”遂相视笑，揖而别。

得游叠石山房记

郑昌时

得也者，言乎其难得也，艰词也；又言乎其既得也，幸词也。艰而幸焉，是不可不为之记。

棉阳河浦矗云间，瞰海上有峰曰叠石，杰乎一方，闻于四境。予自丁巳[①]岁游棉，已知之而神游者数，每牵于事，未得登所谓叠石峰也者。陈君逊斋，予畏友也，自厥祖伯石泉先生构咸虚斋其上以演《易》，刻河图石壁间，系以赞，君大父及尊人踵之，多结庐焉。西印仙踪，东穿虎穴，北沸泉眼，南激松涛。凡入是境者，神夺于景，景移其神，一日游作累日想矣。

戊子[②]九月之杪，逊斋招予来，行往游矣，又迟予以三日约，若将蓄予之兴，而后郁乎一发。十月朔日，遂厥游，命乃弟吉堂世兄并次男庭[③]槐与予偕。予得二君力，羽翼轻予身，翱翔泉石，繁琐山海崇深间，耳之，目之，手之，足之，心焉饫之，于是得快乎予游。得所已得，不忘乎未得，幸矣夫，艰矣夫！冠平生游，殆所谓得未尝有者乎？是为记。

悔游记

陈应昴

天有四时，犹人之有四体；天之生物，人为万物之灵。故感于时而触于物，生机活泼，绝无滞碍。是殆得天地之正气而勃然不能自已者。

时当暮春，人竞游玩，未免有情，聊复从俗。树绿花红，风和日暖。蝶穿花而不禁，鸟双飞而娇啼。士女戏游，亦孰肯负此佳节也。乃探虎穴，陟九曲，回首一望，已绝尘寰。既而过幽涧，入古洞，读河图，蹑仙踪，徘徊于咸虚堂畔，凭眺于叠石山头，振衣千

① 丁巳：乾隆二年（1737）。

② 戊子：乾隆三十三年（1768）。

③ 庭：应作“廷”。

切冈。吾何修而得此？

于是举目四顾，情兴愈生。道路山阿，不绝人迹。或老或少，或往或来，或肩舆而行，或襁抱[①]而至，或相征逐，或互歌吟。斯时也，顾盼多姿，盖几乐而忘倦矣。

已而夕阳在山，人影散乱。风飒飒而徐来，白吹纸钱之墓；雨丝丝而欲下，冷入心骨之寒。嗟乎！天地之气，无往不复。富贵何荣，贫贱何辱？荒烟蔓草间，红颜命薄，白骨成灰。向所戏游之士女者，是耶非耶？而今安在耶？俯而思，若有所失，亦废然返。嘻，且甚矣惫！

（二）序跋

《演周易》序

谢如式[②]

注书难，注书而至于经，注经而至于《易》，则虽如邵、如程、如朱，犹不敢谓无遗义，而况京郭之流，止以神其卜筮占验之术[③]，魏伯阳、关朗子明之徒，不过传为修炼之秘而已。自世以经义取士，士之以《易》为专经者，则又不过剿袭陈言，弋取科名，语以《易》之蕴奥，茫然如坠烟雾中，亦何异眇者之语，日扪籥扣槃，而莫得其似也哉。

辛未[④]试春官，晤粤东陈子式瑞于京邸，陈子盖登丙辰[⑤]贤书，与予大同年友也。及来粤，闻伯氏式霭先生邃学士也，亟造其庐。

时昆季居太孺人丧，斩然哀戚中。吊唁毕，询以著述，伯氏乃出手注《演周易》四卷，中列圆[⑥]图五层。其内一层，先列十二支，次列二十四气；次以八卦，内三爻，各变三卦，共二十四卦，以应二十四气之节；次列文王后天八卦之位；其外一层，乃变伏羲乾一兑二之序，而为出震齐巽之次。伏羲合乾、兑、离、震、巽、坎、艮、坤，每宫各得其八，共为六十四卦；而此则除震、巽、离、坤、兑、坎、艮，另列一层，每宫各得其七，共为五十六卦，当碁之数，与闰数而已。此皆与先天异，而与后天相出入者也。于八卦配以五行之数，既统河洛为一源，而又以乾之策二百一十有六，坤之策百四十有四，九六迭乘得六十四卦，与三百八十四爻之数，备列各卦爻之下，以为占验之准，次于上下经，各为注释一卷，随文演义。语精而醇，多有夺邵氏之席，而翻程朱之臼者。自言苦心精思二十馀年，其数取诸河图，而以时说多错，尝自序以冠其首，而倩余续貂。

嗟夫！余于诸家之《易》，莫不备览而求其端，然世无硕师，尝每苦于扣槃扪籥之所云，今得是编而详绎焉，乃知吾儒于《易》，实有蹑天根而探月窟者，特其藏之名山，不

---

① 襁抱：即襁褓。借指婴幼时。《后汉书·五行志三》："是时帝在襁抱，邓太后专政。"

② 《叠石山房志》（手抄残稿）作"光化令谢如式桃源人"。

③ 之术：此二字《叠石山房志》（手抄残稿）缺，据《演周易》抄本径补。

④ 辛未：乾隆十六年（1751）。

⑤ 丙辰：乾隆元年（1736）。

⑥ 圆：《叠石山房志》（手抄残稿）作"图"，据《演周易》抄本径改。

克传诸其人，世遂无从而知之耳。昔杨子云草《太元[①]》，谓百世之下有子云者，当复知之。余于式霭先生之《易》亦云。

时乾隆壬申岁谷雨后四日，楚桃源年家眷弟谢如式卜百甫拜手书。[②]

《演周易》自序

陈英猷

伏羲氏始作《易》以前，民用有图象，无文字，今所传《先天图》是也。嗣是历代有作，如《连山》《归藏》，皆有繇辞，传于载籍，可考。及周文王被拘羑里，亦复演《易》，其图象则以乾坤为父母，震坎艮为三男，巽离兑为三女，画为横图。其流行之序，则始震，次巽，次离，次坤，次兑，次乾，次坎，次艮，以配春夏秋冬四时之候，画圆[③]图以象之；又系之辞，以明六十四卦之义，分为上下二篇，上篇始乾坤，终坎离，下篇始咸恒，终既济、未济。

其子周公旦又作六爻之象辞，共三百八十四爻，于是卦爻之义灿然备矣，谓之《周易》。自是凡有卜筮，皆与《连山》《归藏》之易并占，谓之"三易"。

及孔子出，独契《周易》，曰："假我数年，五十以学《易》，可以无[④]大过矣。"又曰："文王既殁，文不在兹乎？"于是赞以十翼之传，《周易》之义，遂以大明。其说卦，说及图象，亦参羲皇先天图象说之，明先圣后圣，其道一揆也。其赞《易》有曰："河出图，洛出书，圣人则之。"禹则书以作范，羲则图以画卦，各因所触以明道，虽其道可相发，而其因各有物，《易》因于图者也。文王之《易》卦名则因羲皇之旧，而图象又一变矣。亦各有取义也。系之辞以发其旨趣，周公仍之。然则孔子赞之，赞《周易》也，虽或广其义类，而要不背其旨趣。观孔子之传辞，而文王之辞、周公之辞，的然明白矣。

然《周易》有辞，亦有象，亦有数，其象则河图之象也，其数则河图之数也。象在即数在，坎水、离火、震木、兑泽，象也；坎一、离二、震三、兑四，数也。河图内一层为坎离震兑，外一层为乾艮巽坤。卜筮《周易》当如是以占之，疏释《周易》当如是以说之。文周父子同时，的无异义；孔子韦篇三绝，会心特契。三圣同条共贯者也。其名卦自伏羲，则溯河源于星宿，羲《易》源也，周《易》委也。源远委大，委演其源者也。周公、孔子，委复演委，至尽矣。[⑤]

然辞明象明，而数未说也。有六十四卦之数，无变也，有三百八十四卦之数；一爻变也，有四千九十六卦之数，卜筮之变，变必至此，此可无以演之乎？且三圣之辞，辞无异理，说之者多，亦或有岐之者。

余自稚齿，窃尝疑之，恨孤陋寡闻，无有能解，然博征旧说，偶有省领，即附记之，要以孔子之辞解文王、周公之辞，期于不至相背而止，时用观玩而默会焉。今老矣，倘一

---

① 太元：即"太玄"，避康熙（玄烨）名讳，以"元"代"玄"。

② 按：此行《叠石山房志》（手抄残稿）缺，据《演周易》抄本径补。

③ 圆：《叠石山房志》（手抄残稿）作"图"，据《演周易》抄本径改。

④ 无：《叠石山房志》（手抄残稿）作"元"，据《演周易》抄本径改。

⑤ 《叠石山房志》（手抄残稿）衍一"矣"字，径删。

旦先朝露，则平日辛勤而仅之者，将复尘埋，故并刊而存之，颜之曰“演周易”，分为《说数》《说辞》二篇，共四卷。

时乾隆壬申岁谷雨后四日，楚桃源年家眷弟谢如式卜百甫拜手书。①

刻《演周易》识言

陈泰年

羲皇肇兴，依奇偶以画卦；文周继起，观爻象而系辞。瑞呈尼山，三圣攸集；流睹沧海，十翼斯演。由简约以致详，历世代而增阐。文章大备，义蕴滋流。

先兄学积年深，潜心笃嗜；山居日久，绝迹嚣尘。揽故典以咀华，缘苦思而生悟。先天后天之旨，溯委穷源；河图洛书之文，推同勘异。虽至疴沉语乱，不离推数之呼；所以乐玩居安，颇有挈瓶之得。愤而发，感则通，爰著《演周易》之书，以为习卜筮之用。中列图象，解训申详；说分《数》《辞②》，占验参互。凭管窥蠡测之见，补往籍所未详；绝幻怪吊诡之奇，遵先圣以立旨。因本加厉，踵事增华。融贯羲文、周孔之区，出入周邵、程朱之域。草稿颇定，体躬不宁；笔墨未干，神魂已逝。兄自揣固陋，不敢窃附著述之林；但备极辛勤，聊亦汇充家塾之箧。

泰年回忆总角受业以来，身立几侧，朝夕不离。诲谆谆，茅塞蹊间，始终何异；听藐藐，自顾不类，散木难裁。实赧于颜，半生莫遂。男蕃函丈追随，箕裘初学。兄当大渐，遗嘱尤殷。顾残牍之帙篇，命整修而汇辑。及既弥留，言难脱口。犹复伸兄指而作笔，执弟掌以为笺。画其字以明心，假之手而传语。遗稿是念，寸晷再三；刻板频书，一日数四。泰年涕泗交颐，代赎末自。死生决③别于俄顷，挽留难假以须臾。气寂音沉，号呼莫应；山颓木坏，仰放安从。骨肉惨伤，幽明异地。悲有终极，痛有穷期耶？

兹兄殁已经岁，荒径三秋，中山之草木犹是；颓墉四望，内室之杖屦已非。想像已杳之音容，挥洒无及之涕泪。哀缘情感，事因物兴。集先兄之门人，杀枣梨以镌刻。非敢问之于世，效萤火之飞空；但以藏之其山，妥兄灵于不殁云尔。

乾隆十八年癸酉季秋朔旦，胞弟泰年谨识。④

《孙子》后跋

陈英猷

佳兵者不祥，尚矣。然天生五行，并为世用，则兵亦乌可得废？不得已而用兵，亦不得也已。圣人不立兵，即《论语》罕言之，意非谓全不省了也，“以不教民战，是谓弃之”。若平日缺讲究，临事将何措手？迂儒所为，误大事也。

---

① 按：此行《叠石山房志》（手抄残稿）缺，据《演周易》抄本径补。

② 辞：《演周易》抄本作“词”。

③ 决：通“诀”。

④ 按：此行《叠石山房志》（手抄残稿）缺，据《演周易》抄本径补，其后尚有文字：“董事门人：萧能聪若临、郑宗岳茂宾、郑冈凤茂鸾、黄正位启全、侄凝道振肃。”

读《孙子》十三篇，可谓尽发千古之秘，非有戾于古也。伊吕兼见之事，已引而不发；孙子专垂之言，止是并与人巧耳。引而不发者，非上士不知；与人巧者，下士可学。

然则此篇之在真经济之典也，且讲其事而知其事，知其事而慎重其事，正安国全军之道，所谓百年不言兵者，未有不由于此。故兵家者言，至孙子而极，而知兵之士，尤笃好之云。

康熙壬辰[①]十月二日跋。

《吴子》后跋

陈英猷

吴起天资刻薄，其品行无足道者，然所著兵书，较为近正，何哉？岂其尝受学曾子，得其绪论以立言乎？尝较论兵书，无出孙吴者。孙奇而通，吴正而法，虽作用非孙匹，然易[②]能，古今最称吴术，但间有粗浅者，非如孙子之神明变化，用各不同。故略为删取，以存简约。至《励士》一篇，莽率已甚，故概不采入，非敢意为去取也。文愈简则习愈易，惟以适吾便耳。因书其意于此。

康熙壬辰三月五日。

《〈司马法〉删本会意解》后跋

陈英猷

太史公曰："司马兵法，闳廓深远，虽三代征伐，未能竟其义。"又曰："穰苴，为区区小国行师，何暇及《司马法》之揖让?"诚哉，穰苴岂能有此，殆太公兵法也。然《司马法》推本仁义，正用兵之原，不以仁义兴师，自生民以来未有能济者也。若《定爵》以下三篇，其自治料人之术，可谓大包无外，小入微芒，简而该，奇而法，一切兵家者流，皆其范围也。窃谓古今名将，总不出此。但其中字句费解者多，难涩至不堪读，想日久讹错，亦所云"字经三写，乌焉成马"者。诵习之馀，因删之以从简易，而并其不切于用者，亦为刊去；其文义可晓者，则会意而注，令每读时可会意而解也。因书其概于后。

康熙壬辰正月十二日跋。

《孙子》十三篇次序说

陈英猷

兵事尚谋，《传》曰："见可而进，知难而退，武之善经也。"[③] 故先之以《始计》。计利矣，然后振作士气，用之以战，故次之以《作战》。然，兵，凶器也，战，危事也，

---

① 康熙壬辰：康熙五十一年（1712）。

② 《叠石山房志》（手抄残稿）稿衍一"易"字，径删。

③ "见可而进"句：语出《左传·宣公十二年》："见可而进，知难而退，军之善政也。兼弱攻昧，武之善经也。"

争地争城，必万全而后动，故《谋攻》次之。欲其全胜也，但胜败自有定形，已预见于平时，故《军形》次之。至胜形见矣，而制胜亦必有势，故次之以《兵势》。兵之势实则胜，虚则败，故《虚实》次也。能灼知虚实，可以战矣。而两军战斗，必有所争，故次之以《军争》。争，争利也。争利有法，法亦可不拘，故次之《九变》。由是行军者，进止之法也；地形者，营叠[1]之法也；九地者，因地用兵之法也。故《行军》次之，《地形》次之，《九地》次之，而法制尽矣，士气强矣，而火攻者以助我之兵力者也，故又次之以《火攻》。然兵事尚谋，战阵之法已无遗策，又必有以破坏敌国，敌国弱，则我愈强矣。间者，探敌之情，而因以乱之者也，而《用间》故以终焉。

《哭听涛轩》序（残）[2]

陈应昴

听涛者，主人应昴之肄业处也，其上间则为味月，族侄士懿在焉。吾叠石山朝东为讲堂，共三间一亭，两旁南北相向十馀间，甚静，四方有志者多至此从师，而最洁净者则北边之听涛轩。庭结一门，以别上下，名其匾曰“更上”，其中若别有天地焉。时澄邑吴君芳士居南边石上，三间……（后缺）

《经史析疑》序（增补）

龚骖文

梅林先生，吾粤潮郡名宿也。一室潜修，积学有素，余慕名，未获谋面。岁癸亥[3]，先生秉铎四会，送生童考来肇，晤余于端江义学。岸然道貌，善气迎人，接席谈吐，实符其名。天各一方者，同堂聚首矣。出所纂《经史析疑》二十四卷示余，取精用宏，条分缕析，集诸儒说，参以己见，去取得失，一目瞭然，不掠美，不雷同，非闭户数十年，屏除一切，息心静气，与古为徒，岂窥壶奥哉。

余垂髫就外傅，自好不敢废学，壮岁登仕版，禄以代耕，夙夜在公，冀以勤补拙者四十馀年，一事无成，五经笥腹便便，愧前人多矣。对先生尤赧颜，愿服古者，以余为戒，取法先生可也。是为序。

嘉庆八年岁次癸亥葭月穀旦，赐进士出身、通奉大夫、宗人府府丞、加一级、前光禄寺卿、通政使司副使、顺天府府丞、提督顺天学政、光禄寺少卿、掌江西道监察御史、江南道监察御史、礼部主客司郎中、刑部浙江司员外郎、贵州司主政、翰林院检讨、年家眷弟龚骖文顿首拜撰。

——录自嘉庆七年四会学署刊本《经史析疑》

① 叠：疑为“垒”之误。

② 此残文一页由陈镇清君提供。

③ 癸亥：嘉庆八年（1803）。

按：陈蕃《经史析疑》虽成书于四会县学任上，然与其讲学叠石书房二三十年关系綦紧，可谓发轫于此，故其序跋俱为补录。

龚骖文（1731—1803），字熙上，号简庵，广东高要县（今属肇庆）人。为棉城人、高要教谕赵元英所赏识。乾隆二十八年（1763）进士，入翰林院为庶吉士，授检讨。历任主事、郎中、御史、顺天府丞、通政司副使、光禄寺卿、宗人府丞。为显宦数十年，而清贫若儒生。所作诗文多已散佚，论者谓皆风骨遒上，秀韵天成。卒后，许乃济为撰《宗人府丞龚公墓表》。

《经史析疑》自序（增补）

陈　蕃

余秉铎绥江，已经六载，毡寒署冷，于公务月课外，镇日无事，不得不向书籍搜寻。开卷有得，欣然忘食。诸生知余安静朴拙，时有过从而相亲者，质疑问难，颇相长益。陶渊明云："奇文共欣赏，疑义相与析。"盖学之进境，未有不从疑生者，疑则不肯畜其疑，必思有以析其疑，理之常也。夫士不通经，不足致用，生千百世之下，而考证千百世以上之人才，论世知人，亦学者事也。故不论经书子史，叩则鸣，触则发，有意见了然，可以随问而析之者，亦有需旁搜远绍，参考载籍，而后析之者。

日月既久，语言遂多，但出于口，入于耳，不知果有当与否，无由质之大方也；涣然冰释，怡然理顺，得意以去，无由公之同好也。思欲笔之于书，就正高明，并以训子侄。自惭才疏学浅，未免退然思还。

己未秋，男敏捷以诸生回郡岁试，署中相对，仅老仆二人，难消永日，遂于九月朔，将数年中与诸生剖析者，合从前所课授生徒者，汇而书之，非有别务紧要，不敢闲旷度日。其诠解经书，多博综先儒旧说，而参以管见，期不背于御纂意旨。其评论史事，昔人多有先得我心，无庸另赞一辞者，必指明其人以实之，不敢掠美也；有已见稍殊，必据前论驳正之，不敢雷同也。至零金碎玉，耳目所经，默识于心，自以为可备一说，以广见闻者。随问而答，亦不能记所自来，总期意义透畅条达，议论正大光明而止，亦通经致用、论世知人之一助，所谓述而不作也。

今年逾七十矣，念生平无声色狗马之好，无烟酒博弈之能，虽手不释卷，终不能建功立业，以裨益于世。程伊川云："无功泽及人，而浪度岁月，晏然为天地间一蠹，惟缀辑圣人遗书，庶几有补尔。"因录其所启发者，名为《经史析疑》，藉以就正高明，不顾贻笑大方。异日携归家乡，以诲子侄，以志当年与二三知音，抗言谈在昔，未必非寒毡冷署一段佳话也。

嘉庆七年岁次壬戌中秋前三日，肇庆府四会县儒学教谕陈蕃书于学署之志道堂，时年七十有二。

——录自嘉庆七年四会学署刊本《经史析疑》

《经史析疑》序（增补）

五　泰

嘉庆八年，余权守端州，有四会县学官潮阳陈君来见，年且老矣，而德容睟然，知其为君子。比语及学校事，皆有本末，则益有以窥其中也，甚重之。未几，出其所辑《经史析疑》一书相质。时从公暇披阅，凡所议论，根据前人，发抒心得。盖从事于兹者，匪朝夕之故已。

夫经学渊微，史事浩博，所以阐明之者，无虑千百家。而是书也，博收而约举之，指取其明，义衷诸善，所以津逮后学者，意良厚。国家重道右文，设立学官，教迪多士，得经师人师如陈君者，其不忝厥职与！昔文翁之守蜀也，首劝学而郡大治。余不敏，愧无能为役，而未尝不鳃鳃慕效焉。今秋以监粤闱乡试，与陈君重见于会城；而是书剞劂已成，问序及余；余故亟称道之，亦以风粤人士之从事于学者。是为序。

嘉庆九年甲子阳月吉旦，赐进士出身、知雷州府事三韩五泰书于羊城贡院之介慎堂。

——录自饶锷、饶宗颐纂《潮州艺文志》卷九《子部·杂家类》

按：因该序撰于《经史析疑》嘉庆七年（1802）初版刊成之后，故嘉庆七年版未及刊录该序，兹据《潮州艺文志》入录。

五泰（一七五四—?），号坦园。镶白旗包衣汉军，进士。尝任京畿道监察御史，嘉庆元年（1796）十月俸满引见，奉旨记名，以简缺知府用。嘉庆四年（1799）任雷州知府，尝修葺雷阳书院。（《清代官员履历档案全编》、冯敏昌《小罗浮草堂文集》）

《经史析疑》后跋（增补）

陈洪书

著书之难也，而纂辑群书尤难。务博者广采而无裨实用，抱残者执一而或病空疏，非具浩博之才，卓荦之识，固不能剖析千古疑团，而衷于一是。

梅林家老先生，学博才高，妙年读书叠石山房，承其伯父石泉先生（讳英猷，字式霭）暨尊翁东溪先生（讳泰年，字式瑞）之训，凡经传鉴史，及诸子百家，多所指授，能潜心体会义蕴，扩而大之，一有所得，即笔于书。东溪先生以乾隆丙辰经魁，授浙江於潜令，宰潜三载，大著循声。公时从宦，继以选拔廷试，凡所历山川之秀丽，宫阙之巍峨，皆足以拓其心胸，助其才思。

自嘉庆丙辰，来司铎敝邑，洪书适蒙邑侯，委以绥江书院西席，与学署邻，朝夕过从，谈经论史。见公手不停披，复以生平所蕴蓄，及诸生所疑问者，纂辑为《经史析疑》，共二十四卷，壬戌秋告成。

夫经史卷帙繁多，汗牛充栋。公则采儒先绪论，而酌其中，并标明本自某氏，不敢掠美，而诸经之微言大义，要惟恪遵御纂，每申明意旨，以训迪后人。展读之下，觉约而该，切而当，赡而不秽，典而有则。是非去取，即起古人于今日，应亦喙息，至是而疑真可析矣。非素挟浩博之才，卓荦之识，未易办此。因劝其付梓，以嘉惠后学，岂特为经解策问所取资云尔哉。

旹嘉庆七年十月朔，戊申科亚魁、吏部候选知县、辛酉挑选二等、特授广州府从化县儒学教谕、愚侄洪书拜手跋。

——录自嘉庆七年四会学署刊本《经史析疑》

按：陈洪书，字启聪，四会县人。乾隆五十年（1785）恩贡，五十三年（1788）戊申预行己酉科举人（亚魁），授广州从化县教谕。（光绪《四会县志》编六《科目》）

《经史析疑》凡例（增补）

陈　蕃

一、治道学术，莫备于经。自汉以来，诠解不一。是编因流溯源，博采十三经注疏，要以我朝御纂为宗主，若诸儒之说，有可补所未及者，必备列其说而折其中，令学者知所指归，论断不错。

一、编中纂解诸经，皆先儒所发明之精蕴，有采集一人之说者，有融会数人之说者，务期于经中意旨，调畅详明。至各编卷首俱有总论，皆集前人已售成说，零金碎玉，故不能逐条明所自出，观者谅之。

一、采辑必避重复，如河图、洛书精义，既详于《易》，则不必复见于《书》；周公居东弗辟之疑，既详于《书》，则不必复见于《史》；春秋事迹，既详于经与三传，则史论中从略，以省繁芜。

一、春秋经义，悉遵《钦定传说汇纂》，及《直解》，其经题冠冕、可便场屋者，则列于经，其议论有发明而非场屋所亟须者，则列于三传。

一、四子书家弦户诵，通行讲章书说，如我朝《日讲》《条辨》《精言》《汇参》《约旨》等书，炳若日星，学者奉为圭臬，无俟赘述，谨辑各书授受源流，讲论要旨而已。其有异说可广见闻者，录之以助博览，或不可用于场屋，当分别观之。

一、《大学》《中庸》本列于小戴记。自朱子取出合语孟为四子书。今从之。

一、《孝经》乃孔子广明孝道，而属之曾子者，自西汉以及齐梁，注解最多，唐元宗称近观《孝经》旧注，踳驳尤甚，至于迹相祖述，殆且百家是也。兹博采众说，融会成文，颜曰“融注”，以便观览。

一、《尔雅》一书，流传最古，作书之人，先儒不能遽定，自终军辨豹鼠，而其书始行。郭璞究心一十八载，而草木鱼虫，训诂名物，昭然具举，兹采辑各篇章旨疑义，旁通考证，力探本原，悉以《正义》为依归。

一、史书载籍极博，学者每多望洋之叹，但历朝治乱废兴，贤奸忠佞，苟不能了然心目，则修齐治平之道，终属扞格。今采摘诸史，荟萃群言，是非得失，瞭如指掌，亦明体达用之一助云。

一、《史记》每朝先采掇传位世次，以为提纲，而复及文献事迹，从博还约，删烦举要，虽不免挂漏之讥，但有关紧切者，多不敢遗。

一、写字必恪遵避讳，凡遇圣讳、庙讳，俱缺写点画，或通用别字，以昭敬谨。

一、镂板文无圈点，方称大雅，但有之，则切实透畅处，易于省览。兹编辑需先解说论断，均加圈点，以清眉目，且字字从笔下经过，则校对尤觉详慎。

梅林氏识。

——录自嘉庆七年四会学署刊本《经史析疑》

《潜州信谳录》按语（增补）

饶 锷

东溪陈大令泰年，叠石先生英猷同怀弟也。当先生设教叠石山时，大令年尚幼，依兄讲习最久，故大令之学得自先生为多。及大令弃官南归，先生业已前卒，而大令仍设教于叠石山者，盖不忘先生讲学故地，而欲以家学渊源，津逮后学。其笃于友爱，与其为学之盛心，即此可以见矣！先生讲学之地，曰咸虚斋，大令讲学之地，曰志道堂：见大令所撰《叠石山志道堂记》。此《潜州[①]信谳录》及《文集》，《通志·艺文略》不著录。忆宣统初元，余至潮阳，曾与大令后人游，询以此书及叠石先生易学，云《信谳录》家有写本，当时匆匆未及借览，今沧桑屡易，又不知其稿尚存否？

——录自《潮州艺文志》卷八《子部·法家类》

《经史析疑》按语（增补）

饶 锷

梅林此书共二十四卷：论经者十八卷，论史者六卷。经依十三经编次，备列诸儒成说，而大旨以《钦定御纂》为宗。史自上古至明，略举治乱兴亡之迹，摘要平议，亦以前人论次为断。书用问答体，逐条札记。盖梅林居冷官时，与诸生讲习，汇而成编者也。梅林治经远有承传，故其阐述经旨，颇能折衷众说，惟谈史则多迂浅之论，无所发明。梅林别有《经史馀闻》四卷，今不可见。

——录自《潮州艺文志》卷九《子部·杂家类》

《演周易》按语（增补）

饶宗颐

郑昌时曰："近今潮阳叠石山房陈氏之以《易》世其家也。有《易数》。"又曰"陈刻已成"。（《韩江闻见录》卷十）是陈英猷所著论《易》有《易数》一书，且曾锓诸版。然《府志》称猷著《演周易》四卷，分为《说数》《说辞》，则郑所言之《易数》，当即《演周易》中之《说数》，非别一书也。此编《阮通志》注曰"存"；则世间当有传本。余不获睹其书，以考核异同，是可惜也。

——录自《潮州艺文志》卷一《经部·易类》

---

① 州：原书作"洲"，应为"州"，径改。

附

《演周易》抄本附记（增补）

陈鼎新

十五世祖石泉公著述此书，历数十年，笃志不辍，虽病疾垂危，犹坚持不已。书成，人亦寿终。弟侄及生徒门人等，为纪念石泉祖之事业，集资将《演周易》刻成木印板，遗与子孙流传千秋。此木印板原藏于儒林第中，由秀东老叔（廿二世孙）保管。计共有数箱，每片约六寸长，八寸阔，厚一寸，共二百馀片。当日中华书局闻有此版，曾托人寻询到儒林第秀东老叔处，求购版权，翻印出版。但秀东老叔太为保守，以为出卖祖上版权，为不荣誉，故不愿出版，致成近日祖上之著作，险遭失传。后来经过解放，土地改革，木印板没收入农会，消失无存。幸有族老叔浩然（廿二世侄孙）留有手抄本，亦因时局颠沛流离，最后落入敬忠兄（廿四世侄孙）之手。今鼎新思祖之遗著不传，实为遗憾，大胆向敬忠兄借抄，幸蒙敬忠兄欣然乐意，立即授借。今抄录已毕，预付复印。

族叔浩然手抄本仍四卷，行数、字数、页数，照原本规格；第一、二、四卷是其长女念佳所抄，第三卷是其自抄。经过“文化大革命”运动，破旧立新，几遭毁灭。而敬忠兄爱护古文献之诚恳，实堪钦服，功恩难量。谨附数言以表谢忱。

西元一九九〇年秋，廿四世孙鼎新书。

——录自《和潮文献丛书》第一辑《演周易》附录二

手抄《演周易》后记（增补）

陈鼎新

十五世祖石泉公著述此书，历数十年，笃志不辍，虽病在垂危，犹坚持演数。乾隆十六年书成，人亦寿终。弟侄及生徒门人等，为保存文化遗产，集资刻版。初藏于叠石山房石室，后由孙曾等移置于公之曾孙孝廉方正公之儒林第。全书四本，木版分贮四箱，每版长约六司马寸，阔八寸，厚一寸，总共二百馀版。先人几次印赠亲友，因数不多，故流传不广。

民国初，有中华书局求购出版权，但孝廉公之孙秀东叔祖以为出卖祖著作版权，有辱祖光，故决意拒绝。解放后，木版全部没收，抛入宫仔池，散失无存。族叔浩然（祖之七世侄孙）留有手抄本，该手抄本又落入乡亲敬忠兄手而珍藏。

予于农事之暇，借抄历时二载而成，全书仍按浩然叔之手抄本规格誊写，自念未敢马虎，亦非敢炫耀于人，内心只求保全祖公手泽之一点微意而已耳！

西元一九九〇年秋，石泉公传下九代孙（照辈序是宋解元致庵公始祖二十四世孙）鼎新谨识。

——录自《和潮文献丛书》第一辑《演周易》附录二

按：陈鼎新二记多有重复，以其文中所载信息各有其价值，姑并录之，以见刻版去向、抄本信息及流传渊源。

（三）启

与陈石泉先生书

黄　藻[1]

墨汁本少，重盐搅混，竟成咸腹。遥企老先生日与高徒讲学论文，于高山佳谷中，领取清风明月，乐何如也。时思玄度，幸勿遐弃，不日抵署，言谈开豁胸次。伫望伫望。走役布闻，并候近祉。不一。

又

不扰尘务，每静坐时，俨然道范在心目中，非弟多情，实由老先生笼盖人上人之水镜，有使人不能不思者也。《皇极经世书》阿哥讨取，未便不归，倩人手抄，个中必有讹错。抄完奉来，逐字检阅，方免谬误，预先达知。际此杨柳影疏，梧桐叶落，易闷心肠。缅想府中，自有一种融融洩洩，当不复知秋之可悲也。肃此布闻，并候近祉。老伯母祈呼名请安，令弟先生均此致候。

又

捧读佳章，别有一种古貌古韵，非老先生不能做，非夏文宗不能取。文章遇知己，信哉！策问越见老手，何吝而不教我也。倘未付刻，祈手录赐下，专此布渎，并候新禧。馀言不既。

答黄品堂先生书

陈英猷

霁光耀彩，惠风嘘和。知老先生之与物以春也。蒙赐多珍，以帮菽水，何宠如之。科试幸厕旅录，实属偶邀；俚作猥朽殊甚，不堪呈正。台命数及，望指教开迷，不胜欣幸！

吊陈石泉先生书

周华锦

太君辞养，先生以七十馀为孝子，素敦孺慕之诚，当此大故之至，其哀痛不知何似。锦以素沐响濡，不得稍效奔走，更不得一吊先生之哀。罪歉[2]！自立秋后，次儿[3]忽婴重

---

① 《叠石山房志》（手抄残稿）作“河西盐大使黄藻”。

② 罪歉：《叠石山房志》（手抄残稿）作“罪歉歉”，疑衍一“歉”字。

③ 次儿：即周华锦次子，《周氏宗乘》称“二房公”，连厝外甥代祀。

疾，濒于死者数矣。只为舐犊，故不能离步者两月馀，已经先生卒哭。后抚衷自责，莫逃负心。窃有献，以老先生①年临斋丧不及之境，愿少杀其哀毁等礼，以安泉原之愿，或以当祈祝之私云尔。

与陈东溪老年②先生书

谢如式

侧闻老年先生抱棘人之戚，不早策嵇驴携酒唁慰，抱愧多矣。且吊丧而弗能赙，于礼殊阙，而猥蒙答拜，且辱嘉贶，铭佩何既。敬此登谢。自游贵斋后，无时不有一副佳山水遥挂胸头，固不止阅辋川而神游也。勉索枯肠，构成一记，并俚诗数首呈教。深惭笔拙，远逊柳州小品，得无使山灵笑我、着粪佛头乎？外附旧作一卷，兼求郢政③为感。临池依依。不宣。

与陈石泉先生书

谢如式

在盐场中，每日只闻掂觔播两，与铜臭气尘闷，真不能堪。及登君子之堂，得接清谈，使人俗襟顿豁。捧读《易》注数卷，直抉天根，觉程朱之解，尚有遗义，不揣谬妄，漫为续貂，岂曰能文，亦欲借此以附名不朽耳。前蒙令弟先生枉顾，未尽款洽，天末良友，缅怀如何。敝亲不日回署，即当北上，临行请再登龙拜别。兹将《易》序及承借《皇极经世书》八本敬璧还赵，乞为查收。临池眷切，耑候近禧，并祈令侄将《易》本圆图抄付来人，为感。

又

承示《演易》图象及所剖析后天卦位与节序分配之故，其理确不可易。展玩数日，愈究愈精，殊愧前所作序未能窥其万一也。兹特删补数语，仰质高明，尚祈郢斫，使皇甫微名得附《三都》，以垂不朽也。馀俟北上时登龙拜辞，再容面质。不一。

又与陈东溪老年先生书

谢如式

楚粤虽分，芝兰遥契。知己之雅，固非云山所能隔也。自游贵斋后，无时不有一副佳山水往来寤寐中，继蒙光顾，未尽款洽，遽尔分袂，望江上归舟，可胜惆怅哉。舍亲不日回署，弟即整装北上，后会有期，敢预订为北道主人，何如？昨阅邸报，去冬选单已届壬

---

① 以老先生：《叠石山房志》（手抄残稿）作“老以先生”，据文义径改。
② 《叠石山房志》（手抄残稿）无“年”字，据下文径添。
③ 政：匡正；使正确。《释名·释言事》：“政，正也。下所取正也。”

子[①]科，我辈定当截取，年先生服阕后，即当谒选。天苟有缘，得宦一方，可谓三生有幸矣。兹遇鸿便，肃此拜候，聊以志别，统祈炳照。临池眷切。不宣。

复陈梅林先生书

全　璠[②]

日前晋谒鳣堂，饫聆教益，探奇抉胜，心赏目游，竟日之欢，如坐春风。十载别后，尘氛满面，寤寐萦怀，翘首名山，不啻云泥迥隔也。届兹天中佳节，遥企老先生文襟聿畅，正切驰颂，忽奉华翰，并领藏书，兼荷惠锡珍品，拜登之下，倍深感愧。仅对使申谢，专泐布复。顺候道履，维照不宣。

复陈梅林先生书

朱　绂

名山胜水，得尽游观，殊畅生平之乐。归后勉谐声韵，正如小儿学语，窃呈大匠之前，所谓班门弄斧，不自知其鲁拙也。乃蒙奖誉过情，并邀高弟诸先生赐和，佳章频锡，读之不尽，抛砖引玉，何幸如之。承惠藏书，已对使敬领，容当面请训迪。肃泐申谢，并候文祉。不宣。

与寄尘禅师书

陈　蕃

两载知音，未经半面，日前造谒，又适当道延邀，旋以小儿抱恙告面[③]，何伊人之难即也。嗣蒙挥翰，锡之扁额，真令祖宇生辉。今已雕刻告竣，但不知米老丰神，工人可能传出否也？敝斋泉石竹木扶疏，际此夏天，席地岩阴，濯足涧侧，别具幽趣。去秋，尝请大驾贲临，因行旌已建，不果。兹择于七月初八日，祈践前约，弟并邀衍师、林师作伴，共挹世外风光，宿宿信信，为山房增一段佳话，乐何如也。专此布闻，言不尽意。

又

昨辱宠顾，兼惠品题，真令山川生色，乃遽尔还驾，不获畅叙幽怀，至今犹怅怅也。承赐扁额，法书工妙绝伦，与前所书“三山”等字，均非近今所有，命工人刻而宝之，将高人手迹，其为敝地光也多矣。特过费神力，令弟殊深不安耳。至委问易卦，已于十五、十六致诚处卜，今据鄙见，依理推占，未知果有一得否也。录稿呈览，馀容面叙。不尽欲宣。

---

① 壬子：雍正十年（1732）。

② 《叠石山房志》（手抄残稿）作“招宁巡政厅全璠”。

③ 面：疑为“归”之误。

（四）赞

河图赞

陈英猷

天地之数，五十有五。天地之象，奇耦分部。龙马出河，象数以睹。圣人则之，道昭三古。大哉斯文，圣圣攸祖。

陈石泉先生赞

曹　达[①]

于戏先生，学贯天人。深心河洛，独得其真。龙马之图[②]，实本于数。后之圣贤，以此为据。直至有宋，数义并传。古今易理，程朱则宣。于戏先生，说辞最精。羽羲翼文，窔奥阐明。即今其书，实堪启后。自维梼昧，行将研究。

按：曹达，字禺坡，广东番禺县人，举人。尝于乾隆三十年（1765）协助署普安州事王粤麟纂修《普安州志》并跋。所撰《陈石泉先生赞》题刻于叠石山陈石泉河图右侧巨石上。

（五）祭文

祭叠石山房土地神文

陈英猷

维大清乾隆四年岁次己未五月朔丙午，越六日辛亥，沐恩信士陈英猷等，敢昭告于本山土地之神曰：

维神作镇一方，高峰叠石。蜿蟺扶舆，磅礴郁积。灵秀之钟，譬彼菀特。哲匠司斧，达材成德。惭在拙工，有志无力。卜筑中阿，傍神启迪。小子有造，实赖冥掖。艺成文章，尤先器识。教学惟正，简在幽默。福善祸淫，明明赫赫。祇贡馨香，清酒一滴。叩首号祝，来歆来格。尚飨！

---

① 《叠石山房志》（手抄残稿）作“孝廉曹达番禺人”

② 《叠石山房志》（手抄残稿）作“初”，应作“图”，参见《补纂叠石山房志》卷四《石刻》“河图石刻二则”。

祭叠石山门神文

陈英猷

维大清乾隆四年岁次己未五月朔丙午，越六日辛亥，沐恩信士陈英猷等，敢昭告于本斋司门之神曰：

是为荒山，远自开辟。有阿在巅，伊谁云识。兹维卜筑，设教诱掖。堂无方丈，室惟容膝。神司启闭，以御暴客。亦曰保护，呵禁邪慝。昼夜无虞，惟神之力。谨以酒馔，祇伸奏假。尚飨！

祭叠石山甘泉神文

陈英猷

维大清乾隆四年岁次己未五月朔丙午，越六日辛亥，沐恩信士陈英猷等，敢昭告于本阿甘泉之神。曰：

维神显迹特异，不为人知。储泽山巅，取象天池。满而不溢，渟而不淤。用而不竭，蓄而不滋。远取诸物，为学之师。筑馆山阿，实赖养颐。教诲饮食，维神之庇。谨奉清酌，祷祝以祈。尚飨！

建志道堂落成祭土地神文

陈泰年

维乾隆三十三年岁次戊子十二月乙卯朔，越十五日己巳，沐恩信士陈泰年等，敢昭告于本山土地之神曰：

惟神雄峙邑东，山名叠石。先兄创建，朝南作宅。斋曰咸虚，义取山泽。承先启后，名著方册。宰浙[①]倦飞，爰还逸翮。卜筑朝东，正凝地脉。堂名志道，室蘗三益。养正圣功，端基诱掖。夙夜孳孳，敬共朝夕。石峰耸秀，甘泉澄液。惟神有灵，磅礴郁积。草木幽香，风云启辟。小大有成，金锡圭璧。栋梁王家，增辉讲习。卷舒随时，兴道大适。特晋清酌，来歆来格。尚飨！

祭志道堂门神文

陈泰年

维乾隆三十三年岁次戊子十二月乙卯朔，越十五日己巳，沐恩信士陈泰年等，敢昭告于本斋司门之神曰：

---

① 浙：《叠石山房志》（手抄残稿）均作“淛”。按，“浙”字在古人书法中常写作“淛”。下文径作“浙”，不另出校。

惟神阖辟是职，监察宣力。迎禧纳祥，呵禁邪慝。日司分阴，夜司漏刻。顺逆往来，莫逃睿识。昼夜无虞，以助令德。尚飨！

祭陈石泉先生文

周华锦

维某年月日，门人周华锦等，谨以香帛酒馔之仪，致祭于石泉陈先生之灵曰：

盖自儒术分裂，漂流无泊，或距专门以矜炫，或夸羽猎于芳润，至捃扯时艺之唾馀以自豪。古人精意，埋没于故纸堆上，士不明经，自昔然矣。先生应山川之钟孕，树海澨之孤标。抗志传薪，希心著述。蹂躏经史子集，独辟头巾之瞽说；不拾牙后之腐谈，只求本来之面目。历自秦汉马、班、孙、吴、司马，自注解说删驳，不作纸上谈。间及元凯之解左知兵，旁证申韩之识变制治，皆简明的确，直以吸子之奥，抉经之心，未尝以秕糠而眯其目也。

至论道学，不睥睨于良知，又于新会、增城之师承，独印证自然之旨，与体认天理之真。凡道书渊玄，禅理空妙，无不窥其根柢端倪。穷三教之原，极五子之要，未为博而寡当也。尤以河经为经子统会，既探经世之包罗，上参延寿、京生之传解，积分数以准阴阳，变方位以合象数，勒有成书。经纬造化，消息万物，谕令杀青，以俟后人。尝谓后有作者，邵氏当之。盖其意念深远矣。

揆先生之才，出其经术以经世，本足以轶轹宇[①]内，乃仅盛年首采冠军之泮藻，白首食饩于穷庐。别构山居，以翱翔讲学，反出谫谫拘拘、博取人间富若贵者下，人谓数不足而道有馀。乃先生手不释卷，年弥高而道弥进，历数十寒暑而志不衰，如一日也。夫窃残膏以诩风流，剥儒墨以覆隐行，抗颜系籍，数见不鲜。先生睹指知归，不昏神鉴。标仁义之质，留古处之风。故孝友撑于家庭，学行达于邦国。虽空案煮字，虚牝掷金，骋其坚白，无有不破之藩篱。入其室而操戈，而钩玄抽秘，砥柱回澜，岿然鲁灵光。发名于季翁之高才弁魁，悦豫于寿母之百岁顺志，为不薄矣。

凡在承学，自趋庭近居，发箧请业外，或世仰德[②]以追门风，或依山结庐而领亲炙。即先兄[③]请业后，锦犹多膺面命而发蒙，虽远不能窥其门径，窃私淑其风规[④]。今哲人其逝，将皇皇其安归？

呜呼！不有先觉，孰见犹兴。古人不死，俎豆维馨。维叠石之漂忽不散，繄楷桧之风霜常青。谨效鸡絮，以招灵□[⑤]！

---

① 宇：《叠石山房志》（手抄残稿）作“寓”，径改。

② 世仰德：三字之间或夺一字。

③ 先兄：即华锦之兄国贵，书名敬章，族名崇镇，号卓庵，生康熙三十四年（1695）正月三十日，卒于雍正二年（1724）六月十九日，享年三十。

④ 《叠石山房志》（手抄残稿）“风规”之后有“门”字，盖衍，径删。

⑤ 灵□：“灵”之后，疑夺“爽”字。

祭於潜县知县东溪陈夫子文

王玉树

呜乎！曼卿长逝，桑户反真。一朝风烛，万古埃尘。绛帏已故，血泪方殷。人生至此，天道宁论？然与万物而俱湮者，知徽猷之未著；历千秋而不没者，实懿行之常新。

缅维师范，盛德靡涯。生长名邑，望隆巨家。钟灵秀于叠峰，才充八斗；穷搜罗于石室，学富五车。孝养为心，戏莱公之斑服；友恭成性，茂田氏之荆花。西席擅名，久作士儒瞻仰；东山设教，大开桃李英华。登贤书而有耀，作明府而非夸。异政著於潜之邑，闾阎来邵杜之嘉。仰清风之满袖，钦霁月之无瑕。奉义方者游辟雍而称玉笋，承教泽者膺贡举而长兰芽。出则宣猷布化，入则崇俭黜奢。

既降祥之有具，应祚善而无差。意皋比之常安，毋[1]秋风之顿扫。奈何芙蓉城里，青骡之骤去如飞；箕尾星头，素月之当空弗皓。青囊春煖，国手虽多；丹灶烟浮，药神不保。忽闻甲马之声，竟上蓬瀛之岛。悲夜台之将闭，月照寒枫；怅蒿里之不归，霜封宿草。

虽然启其先者，既为鸾翔凤翥；昌厥后者，莫非桂馥兰香。传诗书于四代，萃珠玉于一堂。鹗荐三秋，捧丹书以何远；鹏飞万里，膺紫诰以为常。锦衣营即兹晨而媲美，鸣珂里虽异代而争光。绵英贤于世胄，慰灵爽于仙乡。树等仰止维殷，嗟典型之凋谢；追随有素，悲模范之沦亡。奠耆勋于泉壤，献微款于豆觞。庶来歆而来格，俨在上而在旁。呜乎！哀哉！伏惟尚享！

祭南村弟文

陈　蕃

呜乎！茫茫大块，悠悠高旻。大钧播物，块圠无垠。惟弟南村，不愧为人。秉元精之耀，安时命之贫。诱掖奖劝者，修道之教；和宗睦族者，孝弟之仁。想生平之清风亮节，能不拭泪而沾巾。少岩栖而谷汲，长行歌而负薪。为儒门之宦嗣，作廪饩之席珍。商古榷今，疲精劳神。翳翳柴门，老我宵晨。千佛名经，其困之者，非一时抱屈而不伸。

嗟嗟！离合靡常，死生难测。夺我同怀，彼苍亦刻。功名富贵，既属子虚；孝弟力田，克供子职。事父母左右，无违愉愉容色；友兄弟和乐，且耽怡怡谨饬。其与人交也，公平正直，凡排难解纷，一诺千金，不少差忒。故内外亲疏，有鼠牙雀角之衅，得片言而遂息。

其教生徒也，必先器识。行可为表，言可为则。经师人师，刚克柔克。得其指授者，凤翙鸾翔，均堪羽仪于王国。所以闾里称其象贤，士林奉为矜式者也。

有为有守，不怨不尤。敦诗说礼，经明行修。久栖迟于叠石，思寄兴于罗浮。岁在戊辰，序属仲秋。余将探胜，弟也同游。登华首，看合掌，陟黄龙，坐石楼。盼万丈之瀑布，历实积、延祥而上白鹤之峰头。探朱明、葛仙之灵迹，望飞云、铁桥而神留。赋诗写

① 《叠石山房志》（手抄残稿）作“母”，径改。

景，跌宕夷犹。佥谓胸襟潇洒，可以忘老，可以添筹。虽艰难备历，乐天知命复何忧。岂意川有逝水，壑无藏舟。靡清疢决，厥疾不瘳。夜台水隔，冥路长幽。招魂何处，聚首未[①]由。余辞有尽，余悲曷休。呜乎哀哉！

祭业师南村先生文

陈　彝

呜乎！吾师竟舍彝等而逝耶？天胡不惠而之卒耶？世胡不聪而听典型之失耶？岂天道之无知，何人事之难必耶？虽人生如寄，尘世谁可长存？而道范乍违，门人又将何述耶？泰山其颓耶？梁木其坏耶？七十六年之岁月，此生齿德俱优；三十馀载之追随，今日音容曷在耶？化雨虽流，春风已息。吁嗟悲哉，曷其有极耶？

吾师之生，名门宦嗣。清风遗两袖，忍枵腹以穷经；德星聚一门，能整躬以继志。天性孝友，闻风景慕于遐方；素履节廉，鄙吝克消夫侪类。待及门也，情逾于犹子比儿；处邻里也，道准诸正心诚意。释争解忿，群服至公之德言；负笈担簦，共沐无穷之教思。志道堂上，境虽逆而倍切勤修；叠石山中，教有方而必严义利。文多为富，常菲史而枕经；口不言贫，每轻财而重义。政仅施于家庭，风堪师夫叔季。怅江河之日下，回澜望砥夫中流；意模范之犹存，名教长依于乐地。胡乃乘鸾竟[②]归去，思寄傲于蓬壶；竟令招魂不来，纵遥情于仙辔。吁嗟兮宫墙犹是，惆怅兮謦欬已非。风凄凄兮日黯黯，云渺渺兮烟霏霏。夜台长寂，朝露已晞。道不伸兮遇拙，时不利兮心违。问品评兮月旦，如吾师兮孰庶几。痛杖履兮莫承，徒流涕兮沾衣。不可复生兮死者，嗟哉去此兮又谁与归？恍惚兮如见，冥香兮无声。应修文兮，白玉楼兮遐征；不则骑箕尾兮，上骖云霓兮玉清。隐文章兮星市，焕奎璧兮文明。

惟年高而德劭，毫无忝于生平。即人世之浮华滥贵，又孰克媲吾师不朽之芳名。德足寿身，名堪寿世。人谁不死，惟吾师虽死其犹生。况正直兮神明，吾师固含笑以去，无所歉仄于九京。但彝等怅亲炙依归之无主，难禁感伤于中情。偕同门而痛哭，如踯躅于两楹。世日非兮老成复逝，独立苍茫兮涕泪交横。跪陈辞而奠酒，神歆格兮鉴此不尽之哀诚。呜呼哀哉！尚飨！

祭陈梅林先生文

赵天球

呜乎！星飞兮雨散，水渴兮山崩。霜封兮宿草，雾暗兮江城。伊椿林之正茂兮，忽遭秋而飘零。叹仪型之远逝兮，合邑里而同声。夫万物无不销之质，人生无不敝之形。苟其德无可纪，业无可称，虽年如李耳，寿若老彭，何异无知之蔓草，杂荆榛而敷荣。

惟公德行彪炳，著述辉荧。盖渊源于庭训者深，而率由于叠石先生之教者闳，所以生

---

① 未：《叠石山房志》（手抄残稿）作“末”，径改。

② 竟：此字疑衍。

则可羡，殁亦留馨。忆公之生，谨厚聪明。少而好学，长而知名。守家风之孝友，吸经史之粹精。品行冠于当代，选拔登于明廷。其持己也，端方静肃；其接人也，温厚和平。其事祖先也，敬恭有礼；其化族党也，辑睦无争。其训子侄也，其待后学也，必信必诚。惟公之品，岳峙渊渟；惟公之志，玉洁冰清。是以秉铎绥江，士钦模范；荣归梓里，人祝升恒。鉴人伦，董修邑志；睦宗族，爰纂家乘。擅儒林之誉望，为邑里之典型。念兹吉人，天锡遐龄。年登耄耋，世仰岁星。胡为长逝，竟尔杳冥。痛斯一别，梦在两楹。西河已渺，北海失凭。问天搔首，洒泪垂膺。宜夫市醵为罢，邻杵不鸣。

呜乎！梁木其坏，遗彼法程；泰山其颓，失我景行。然而诸子诸孙，俱见峥[①]嵘。世其家学，守其遗经。子树帜赤，孙曳衿[②]青。笑言绕膝，兰桂盈庭。公既仰承先哲，俯裕昆仍。怡然无憾，飘然长征。况年高而德劭，自存顺而殁宁。素车整驾，白鹤来迎。高骑箕尾，上列帝京。庄周梦觉，葛洪睡醒。想其矩矱，虽死犹生。炯炯不昧，魂其有灵。来歆来格，鉴此幽情。尚飨！

祭族兄梅林先生文

陈光峡

呜乎苍天，夺我善人！霜蒿露薤，野马埃尘。叹曼卿之长逝，嗟桑户之反真。怅[③]老成之凋谢，将效法之无因。追平生之率履，钦芳范之足陈。缅维我公，庭训是遵。束发受书，师儒林之伯父；成人有德，资廉吏之严君。左图右史，五典三坟。莫不讲习讨论，而见人所未见，闻人所未闻。以故，少应童试，辄冠其军；壮逢拔科，辄超其群。公才卓荦，公行嶙峋。膝下笃孺慕之诚，其孝也纯；雁行叶埙篪之雅，其友也敦。掺守克全乎约乐，礼貌必接夫贱贫。和睦乡党，矜式里邻。立族规，请禁示，合亲疏内外而教诲谆谆，务期俗之美而风之淳。爰本家而教国，信师严而道尊。绥州振铎，大雅扶轮。经师人师，得者欣欣。著书课士，同夕共晨。公之待士，若孙若子；士之视公，若萱若椿。一部《析疑》，作津梁于后学；十年教泽，荣桃李之缤纷。及解组而归，靡不爱敬思慕；赋诗饯别，乐道盛德而津津。优游林下，十有三春。经传肖子，饴含曾孙。敬祖宗，维风教，老而弥殷。寻始祖之墓，封茔复旧；承先人之志，谱牒增新。应邑侯[④]修志之聘，矢公矢慎，司冰鉴于人伦。此皆暮年事业而关于世道人心者也。峡等与公朝夕相亲，综公生平，不尽所云。欣典型之密迩，具矍铄之精神。谓耄耋之已届，当期颐之可臻。胡乃天不憖遗，寿终戊寅九月之望，阴阳永分。在公者立德立言，固垂不朽而无憾；思公者无小无大，同嗟遗范之长泯。岂苍天之已醉，何硕果之不珍？想音容之幽杳，瞻素旐而酸辛。向灵帏而一哭，申奠祭于三旬。跪陈辞而荐酒，咸拭泪而沾巾。呜乎哀哉！尚享！

---

① 疑缺一“峥”字，径补。
② 衿：误作“矜”，径改。
③ 怅：误作“帐”，径改。
④ 侯：误作“候”，径改。

祭梅林夫子文

陈　彝

呜乎！昊天不吊，哲人云亡。邑里減色，几席无光。箕尾归兮天上，寿星复兮帝旁。泰山颓矣，景仰何方？砥柱无人，川流孰障？慨典型之尽失，复师范其莫望。纷涕泪之交横兮，曷禁及门之感伤。呜乎！吾师竟飘然而长逝耶？怆然百感，弥增忉怛于肝肠。

惟师之生，阀阅名支。叠石先生犹子，於潜邑宰佳儿。承清风而甘淡泊，敦至谊而叶埙篪。弱冠而文雄庠序，壮年而策对丹墀。讲道谈经，拥皋比[①]而廿年不倦；澡身浴德，隐石室而九邑同师。望重儒林，起膺广文之职；教敷绥邑，咸钦木铎之司。本身心以作矩，抉经史而析疑。十载鳣堂，桃李栽盈学舍；一门燕喜，花萼念切连枝。解组绶以归田，敦慰留于当道；集士绅而唱别，表思慕于临歧。兄弟怡怡，重叙天伦真乐；儿孙济济，更欣俊秀呈奇。林下优游，化乡人以安分守法；胸怀舒泰，萃天上之寿域福基。幸道貌之康强，百龄可待；讵德星之陨落，九十长辞。

归列班兮玉清，长解脱兮尘网。曳杖去兮杳茫，遗琴寂兮惆怅。痛音容之不再兮，徒倚雪庭；忆謦欬于犹存兮，依稀绛帐。长眠不起兮，无复师承；夜台长扃兮，何处瞻仰？问天无对，莫寻杖履之逍遥；招魂不来，空抚步趋而想像。彼人生之若梦，原生寄而死归。百年虽遥，等存亡于电光泡影；寸心克葆，任出入于兔走乌飞。

古谁无死，德可长辉。吾师道义律身，超群拔萃；孝友尽性，古比今希。亲炙者熏陶夫教泽，闻风者私淑于芳徽。况振铎而多士归陶铸，设教而远朋乐瞻依。乡族赖以安宁，邻里慰夫渴饥。长君树帜文坛，克承家学；季子谈经虎观，焜耀庭闱。孙曾玉立，绕膝牵衣。德堪不朽，愿亦无违。吾师固可含笑以登修文之馆，慰心而掩奎阁之扉。

惟彝等怅芳型之既远，痛世道之多非。偕同人而奠祭，荐薄酒于灵帏。叹息于维挽指示之无从兮，益难禁痛哭而嘘唏。呜乎哀哉！

（六）呈文

呈请陈石泉先生入府志文

黄正位

具呈潮阳县生员黄正位等，为遵示明[②]叩恩收[③]录事。位已故业师廪生陈英猷，乃潮邑河浦乡人。幼而聪慧，孝友性成。三四岁时，指教文字，辄认记不忘。见祖母有饥疾不食，辄与俱废。年二十九丧父，祖父母皤白在堂，寻亦继亡。三弟两妹，寸低尺高，猷能

---

① 比：误作“此”，径改。
② 示明：疑为“明示”之误。
③ 收：前衍一“收”字，径删。

哀戚葬祭尽礼。孝事其母，终九十五岁，安乐忘老。鞠育弟妹，教诲成立，和顺无间。每遇岁时荐食，竭诚致孝，潸焉下泪。教人必以孝弟为先，重德义，矜名节，凛然以清操自持。此皆举潮老少共见共闻，所指以为劝者也。

且不以淡薄介怀，孳孳嗜学。通经传鉴史，及释道诸子百家，言必勘□本根，不袭剿说，于三传、两国、《史记》、《周礼》、秦汉等书，及《孙子兵法》《司马法》诸篇，皆有评选注释，而尤浸淫于《易》。

暮年筑室于邑东叠石山，为演《周易》之所，依石构宇，拓险作架，容膝仅数椽。巍托巅岫，栖霞集雾，却四冈环合，独缺其东，隐然中藏。阶临清泉一泓，背列尖石双秀。于焉观其象，玩其辞，复极其数，以补四圣所未详，增画大圆图，以发后天所从略。

山居一十四年，无间寒暑，《易》辞、《易》数解算颇就，稿成身逝，年七十有七，遗嘱镌河图并赞于兹山石上。位等体其苦心，集及门将所遗《演周易》四卷，登之枣梨。原属蠡测蛙鸣，不敢公于世好；惟是束板藏山，聊以妥其幽魂。

兹恭逢文宗宪天，具铁石梅花之气概，兼山川香草之风流，修辑志书，光发潜德，示谕各属，得自陈情。位等不揣冒昧，敢摅业师实行，并其遗书，上献斧削，伏乞收录，庶显微阐幽，励节寒士，得附不朽，点铁成金，增光泉壤，不胜惶恐感激！为此连书上呈。

乾隆二十五年十二月十五日具呈，生员黄正位、增生周华锦、廪生陈光岐、新进童生王祚昌、生员陈蕃、生员陈凝道。

呈请叠石山入府志文

陈　蕃

具呈廪膳生员陈蕃为遵宪呈报恳恩录送事。伏以造物天工，成一方之奇秀；文人笔力，表万代之幽潜。潮之东山行十馀里，有俗呼为叠石山者，以巅上两石叠置，故名。山之南可三里，则为河浦乡，盖蕃族居也。

山之阴巍峨，巅上四合如环，独东稍缺。胞伯廪膳生员陈英猷，孝友笃学，乾隆四年于此中拓险，依石构屋数椽，以为演《周易》之所。背列尖石，如雁行状，耸峻特奇。尖石下作石洞，幽静如屋。近案内山数重，远案南澳诸峰。阶临清泉，四围俱石，泉从石出，绝无片泥。西北上百步有大石，石面平，方广丈馀，如帐。英猷命镌河图并赞斯石。东下四百馀步，又一洞，上盖下底，四面俱石，光莹清旷，水声潺潺。此则叠石山之巨概也。

英猷演《周易》兹山一十四载，书成，适湖南桃源县孝廉谢如式，乃蕃父举人陈泰年同为丙辰乡荐，学行之交，流寓此山，与英猷契合，心理同源，故序其书，又作叠石山记并诗数首于其上。时伯年七十七卒，其书并记乃付之梓。恭奉上宪纂修府志，搜罗藏书，去年十二月十五日，蕃同受业生员黄正位等，遵将遗书进呈，但其本山胜概未尝详及。

兹读宪颁条例内“一拳奇秀，在所不遗；流寓诗文，皆勤采择”，是则宪台彰微显幽之雅，蕃何敢蹈匿璧沉光之嫌，爰敢绘图并记，及前赴府宪献书原词，一齐粘察，叩准录送。倘得藉以不朽，实叨明镜馀光。至其遗书，蕃又就本年正月初四日同试卷恭呈宪天斧削，合并声明。为此上呈宪天太老爷台前，恩准录送施行。

计开：连粘献书原词、山图各一纸。

乾隆二十六年四月初十日具呈，廪膳生员陈蕃。

批：准录送，粘抄山图俱存。

呈请入《潮阳县志》文

陈　彝

为硕德耆儒请赐传纪、以励清修，以彰公道事。窃士以端品为先，学以实行为贵。至于旌别彰瘅，转移风化，此则权操自上。欣逢宪台于民宁事息之公馀，修献缺文残之邑志，分门别类，具已成书，而于“人物”一册独兢焉，其难其慎，不敢亟登梨枣者，诚以隐德庸行，义夫烈妇，一事之表章，务求其当，一节可流传，须核其真。盖发幽阐微，义例綦严也。而科目仕宦，详略各殊，必备书里居姓氏，无非欲后之览者得以指数梗概，知某也贤，无忝于科名官爵，某也不肖，有愧于名教纲常。是即激励人心之要术，为全志之所最重。而宪台所以其难其慎，为信今传后计者周。故“人物”一册尚未竣工也。

夫前此者尚旁搜博采，以发其幽光，则现在耳闻目见其人其行，足以超今，足以启后，硕德耆儒如原四会学陈公蕃与弟廪贡生陈公翠岚者，品行久为邑里所推，而招、砂两都接壤比邻，尤加详悉，可不体宪台彰瘅之意，亟请补入传纪乎？陈公前膺总修之聘，厥弟亦任采访之司，老成典型，久入洞鉴。今俱仙逝，一似冥冥之中，迟以相待。故值此校刻未完之志，即属盖棺论定之时，彝等谨述其行谊之昭然于人耳目者，呈请补入传纪，庶不负宪台彰善瘅恶之盛心，亦邑人士观感兴起之资也。为此上呈宪台察核，恩准施行。

嘉庆二十三年十一月二十三日呈。

批：陈蕃等品行端正，本县素所深知，堪入志乘，饬局补列可也。事实册附。

（七）传记

先兄行状

陈泰年

先兄讳英猷，字式霭，姓陈氏，幼名福。七岁就塾，名瑞紫。世居粤东潮邑之河浦乡。生而聪慧能记，凡所读书，深人数层，不须屡习。闻之先母，三四岁时，携避乱于邑城朱家，其堂中所粘字文颇多，抱而指教，悉认记不忘。时有识者目之。迨就塾，讲学厘然，试以文，辄无背者。其举止端庄，正气洋溢，截然有以自立，凛然不可犯。塾师器焉。甫弱冠，倜傥有大志，不羁尺度。廉于殖财，蓄德重义，矜志气，凛节概。学通经传鉴史及释道诸子百家，多所备览。雅耽治平韬略，诸葛集中，制器调兵，深为留意；《孙子兵法》及《司马法》诸篇，悉为评注。其谈阵论机皆有方，视区区科举制艺，特其馀也。

年二十九丧父，时泰年生甫四岁，呱呱在抱，二兄、二姊[①]寸低尺高，琐尾甚，祖父母俱皤白，兄抚事之厚。不数月间，祖母续丧。越二年，祖父又丧。齐斩叠至，续连六载。虽哀戚之恸，而率弟敦丧葬事罔懈，衾棺窀穸，鲜贻悔者。兄之孝友，性出天成，俯仰道生厥中，莫假南山桥梓。当幼挺淳，尚方汝郁，祖母膺乱离之秋，致多饥疾，兄可数岁，时见其不食，辄与俱。笑泣孺慕之态，时露膝下。所以祖父母爱之笃。迄今祖父母亡后已历数十寒暑，而当岁时荐食，每见兄恒坠泪，则于当日复何如也。

服阕，应童子试，以杨姓进澄海邑庠，采芹奏最。迨雍正八年间，复姓归邑。乾隆[②]十年，授邑廪膳生。

兄登庠时，年三十有五，而泰年方满十岁，恒以不能就学为恨。后三年，偶于暇会，摘"从游舞雩之下"章为年[③]讲说，见其讲复井然，辄以手抚厥首曰："是可教。"自是日夜勤督，不少休暇；佳辰胜会，不容借假。呰窳情迫，勉劝而舒徐以引，谆谆训诲之下，又以年属季子，体老母爱季之心，不忍令其离膝，以故，长得嬉戏笑弄、牵裾携手于萱堂之侧者，皆兄以师严而寓慈爱之仁也。

雍正元年正月，兄始携以出试，即幸进庠，时年二十有三，兄犹爱若婴儿然，然见状不忍离母，往往为之呜咽。忆当几旁随读之际，见兄博览群书，务尽陈农、河间之箧，焚膏继晷，至老弥坚。未殁之前月，犹夜三四起，间或潜心默会，危坐构思，优游涵泳，疑义顿释。盖数十年间如一日。恒云其学老而日进，深契白沙子"以我观书，随处得益；以书博我，释卷茫然"之语，于是而知胸有定握，欲罢不能矣。关闽濂洛会其源，《太玄》《皇极》造其蕴，于三传、两国、《史记》、《周礼》、秦汉等书，皆有删本评选，而尤浸淫于《易》，以为疑义殊多，且谓既观其象，玩其辞，当极其数，盖四十馀年于兹矣。

乾隆三年九月乡试言旋，道湾罗浮山，重历寺观山水，再访僧释道人，盖雍正十三年，泰年随兄游至是，兄复寻其踪云。底家以染暑故，病卧三月，死而复苏。病中昏昧呻吟，辄以算数不直为言。叩之曰："数直即愈矣。"如是者十馀夜日，此于冥冥中有诱之耶？思久而通耶？天壤间必然呈露之道于斯而发其几耶？十二月，年以兄病渐愈，北就公车，会试礼部。明年，兄乃筑斋于乡北之叠石山，迨旋，已告竣矣。依石构宇，拓险作架，容膝仅数椽，巍托巅岫，栖霞集雾，却四冈环合，独缺其东，隐然中藏。阶临清泉一泓，背列尖石双秀，门高户悬，似非外人可得而津问。面东以望，潮汐经前，渔舟梭织宫中，时作对伯而向若。宅幽势阻，匝木植花，颇仿佛应璩仲长庐也。于焉习生徒其上，演《易》其中，徘徊林竹泉石间，胸襟潇洒，弄月吟风，凡所得之虑，笔之书，无非天真自然机缄。积是一十四载，《易》辞、《易》数解算始就。一旦病剧，曰："尔兄命尽于此。"年泪以应曰："兄向死复生，想必有未了事业。"兄顾曰："此书已成，是即兄之事业。"既又以此书恐未全宽解，其必未死。曰："全矣。"又曰："世间岂有全书乎？"疾病二十八日而卒，时乾隆十七年壬申八月十八日也。初余未弱冠时，读书家塾，适兄午睡，梦诗四句，醒仅记其末曰："蜘蛛虽有经纶巧，结网终非济世才。"随呼余取笔记之。又于雍正

---

① 姊：《叠石山房志》（手抄残稿）作姉，姉同"姊"，径用"姊"字。

② 乾隆：疑为"雍正"之误。

③ 年：《叠石山房志》（手抄残稿）缺，据《演周易》抄本径补。

十一年四月念二日，又梦诗四句[①]，亦仅记其末曰：“勿使后栽稼，山花教苗[②]疏。”及今绎之，以兄之览博探幽，充然有得，曾不得见用于世，以试才猷，特绍先圣，以补所未备而传之其后，前梦固已若告矣，后梦隐谶未知所解，姑以俟之识者。

兄赋性刚直，见人非，面斥不辞怨府，倏不复记忆。其教人尽以孝弟为本，亲朋族党间一以至公处之，不可以私语。亲戚贫困，为之流连者久，与所有，至倾橐乃已。治家严肃，不乐华游，男不入，女不出，嫂叔令不通问，僧释不至其阈，所以嫂氏等辈及母，至老年而未尝纳足寺观者，皆兄之化也。事母情挚，外出离侧，时恒廑于怀。去岁送终，以七十六年之孤子，丁九十五年之母丧，擗踊哀戚，克尽所以。此气体之犹康强，冀其可久，乃今竟不起。悲夫！据[③]康熙一十五年丙辰十二月初六日戌时生，享年七十有七。虑无所请以易其名者，偕生徒辈号之曰“石泉”，亦别称曰“叠石先生”。嫂郭氏，先三年卒。女四人，男三人。父号亨者，字兆嘉；母罗氏。祖号夐阳，字其纯；祖母黄氏。曾祖号徽典，字子显。其先祖号开峰，盖闽之莆田人，于宋季由翰林院侍讲来刺于潮，因择河浦家焉。其所谓宋解元、官循州府判、号致庵者，则其父也，是为始祖。至是盖十五世云。涕泪之馀，谨述梗概，以俟直道君子为阐幽焉。胞弟泰年状[④]。

特授文林郎、知县东溪陈先生传

萧重光

陈明府讳泰年，字式瑞，号东溪，潮阳河浦乡人，系出闽之莆田，其始祖致庵公以宋解元为循州府判，二世祖开峰公以翰林侍讲知潮州府事，因择河浦家焉。瓜瓞绵绵，代有达人。传十三世曰夐阳公，敬贤好学，际国朝定鼎之初，乡多蛇虎，公为延师除虎患，施蛇药，乡人德之。子亨者公，仁孝醇朴，多隐德。男四人，公即亨者公之季子也。

四岁失怙，赖母罗孺人与长兄廪生石泉公抚养教诲，性颖悟，胸襟潇洒，闻兄讲“春风沂水”，辄兴起曰：“此即吾辈今日事也。”弱冠博览群书，受知于督学惠半农先生，补邑庠，屡试拔前茅。乾隆丙辰举乡荐第三人，八上公车，荐而不售，时论惜之。而公处之泰然，不介于怀也。

癸未谒选，得浙江之於潜令。於潜为杭州僻邑，地瘠民贫，至则察民疾苦，劝农桑，严保甲，勤抚字，民赖以安。新恳[⑤]起征，详准列为额外，年岁荒歉，即为展限缓征。尤礼贤好士，治事之暇，与诸生讲学论文，鼓舞而振兴之，文风丕变。乙酉春，圣驾南巡，公办差于西湖，荷蒙圣恩，赐加一级，缎一端。秋入浙闱，分司公慎。宰潜三载，依然寒素，悃愊无华，平心率物，案无留牍，囹圄一空。丙戌秋，以病乞归，潜民遮道攀辕，绅士赋诗赠别。非实心实政，德化入人之深，何以得此。观察刘公讳纯炜、府宪邹公讳应元，各赠白金十两，盖廉知两袖清风，恐其不给也。

---

① 句：《叠石山房志》（手抄残稿）作“旬”，误，径改。

② 苗：疑为“莫”之误。

③ 据：当为“距”之误。

④ 胞弟泰年状：此句《叠石山房志》（手抄残稿）缺，据《演周易》抄本径补。

⑤ 恳：当为“垦”之误。

丁亥春底家，仍设教于叠石山房，筑志道堂以处学者。辛卯，监院张公讳致仁延主河东书院，年盖七十有一矣。公之教授生徒也，以孝弟忠信为本，先品行而后文艺，凡事务躬行实践，不肆口谈。与伯兄石泉公俱宗仰白沙先生，本静养以私淑。手不释卷，而淡于理财，故数十年食贫守约，爨火屡虚，晏如也。

事母至孝，左右就养，务得欢心，孺慕之态，时露膝下。及送终，哀殷尽礼，附身附棺，鲜有贻悔。事兄如事父，兄则尽其友，弟则致其恭，人以为兄弟二难。晚年家居，倡行族规，以约束乡人；留心族谱，追溯本原。考订详核，以族繁未能续辑，流连不置。祖有薄蒸，维持调护，务使春秋祭享，必致丰洁。近代遗存古屋，墙垣剥蚀，筮仕得禄，遂割清俸，凑建"永思堂"，以妥先灵。治家俭朴，不乐纷华，夙兴夜寐，课督子侄，则曰"必尽人力"，至遇之得失，则曰"顺其自然"。

元配萧孺人，继配郑孺人，俱能荆布操勤，为贤内主。丁酉十二月初六日，终于正寝，年七十有七。子六人，长实声馨，太学生；次蕃，乙酉科拔贡，即选儒学教谕；三萃[①]岚，邑庠生；四周京；五光府；六政郘，郘先公卒。孙敏捷，邑庠生。公自解组归林下一十一载，足迹不至公门，邑侯李公讳文藻以不获见为憾。杨公讳任，旌其闾曰"太邱遗范"，潮人高之。

论曰：昔程纯公有言，一命之士，苟存心于爱物，于人必有所济。若东溪公者，岂所谓其人乎？公与予同举于乡，知之最悉。每公车北上，艰于资斧，性狷介，不肯向人告穷，行李萧然。尝独行八千里，备历艰辛，有人所不能堪者，而公进退从容，非所谓见其大则心泰，心泰则无不足耶？故孝友著于家庭，惠泽及于黎庶，虽不得大用于世，而践履诚实，服官廉洁，身歿而名益彰，足以信今而传后，真海滨之笃行君子也。

乾隆六十年岁次乙卯年愚弟萧重光顿首拜撰。

按：萧重光，字邦清，号碧波，潮阳南桂坊人。未冠受知于学使王丕烈，拔冠军。年二十领乾隆元年（1736）乡荐，十三年（1748）成进士。授定襄令，以爱民称。寻以疾归，民饯送遮道。抵家修文庙，浚邑濠，捐赈谷，率为士大夫倡。六十年（1795）重预鹿鸣筵宴。嘉庆三年（1798）卒于家，年八十二。

特授文林郎、知县陈东溪先生墓志铭

冯成修

公姓陈氏，讳泰年，字式瑞，号东溪，世为潮州潮阳河浦乡人。陈于潮阳为著姓，自其始祖致庵公，以宋解元为循州府判，二世祖开峰公，以翰林侍讲官于潮，占籍于此，族以蕃衍，诗书科第，代不乏人。传十馀世而生亨者先生，仁孝醇朴，多隐德。公即亨者先生之季子也。少聪敏，负意气。稍长，博极群书，为人疏旷自喜，不乐营进，其视人世穷通得失、可欣可愕之境，若浮云之过太虚。故胸中恒有洒然独得之趣。其天性然也。

弱冠后补邑诸生，屡试辄拔前茅，一时声称藉甚。所居有叠石山房，与昆仲互相砥

① 萃：《叠石山房志》（手抄残稿）作"卒"，误，径改。下同。

砺。其伯兄廪生石泉翁，常以清操爱民为他日服官勖勉，故公少即毅然以当世之务为己任，论者方于范文正公之做秀才时云。

乾隆丙辰，举乡荐第三人，予亦叨附谱末。座主为山阳周蓼圃先生、归安章容谷先生，榜发后谒见两先生，深以得人为快。乃连赴春官，未获一展骥足。而公益锐志为文，博观史籍，尤长于诗。往来南北，辄有题咏，风雅所播，盖久为海内知名士矣。

谒选，得浙江之於潜令。於潜为杭之僻邑，地瘠而贫，素称难治。公下车伊始，适荒田滩涨有新议起征之例，公虑为编民日后之累，因力持不可，申详凡数，上始准列为额外，潜民至今尸祝之。岁乙酉，值大荒歉，贫民多采蕨糊口，公为之缓征展限。至丙戌秋，尚悬旧条未楚，虽大吏催督，弗顾也。

尤礼贤好士，治事之暇，即为诸生讲学论文，务鼓舞而振兴之，邑中之风翕然丕变。其先后赋采芹、歌鹿鸣而捷南宫者，接踵而起，皆公造就之力。太史黄君瀛元，其尤著者也。明于折狱，故案无留牍，虽刁黠者无所逞。古之所谓神君者，殆不过是。

未几，以病乞归，士女遮道攀辕，不可胜数；赋诗赠行，裒然成帙。非公之实心实政，沦浃于小民之肤髓，其何以得此耶？

归而徜徉于山水之间，以读书课子为乐。故后起者亦皆策对大廷，蜚声庠序。方期精神矍铄，得跻上寿，以为乡之典型，且使予得老友，气类亦觉其不孤，乃曾几何时，而公已遽归道山矣。

公卒于乾隆四十二年丁酉十二月初六日辰时，距生于康熙四十年辛巳八月十四日申时，享寿七十有七。德配萧孺人，生子二人；继配郑孺人，生子四人。长子馨，次蕃，三翠岚，四周京，五光府，六政邵，邵先公卒。女三人。孙男十六人，孙女八人；曾孙男二人，曾孙女二人。

卒之后七年甲辰三月念一日寅时，其子卜葬于砂浦都鹤头山之原，坐辛向乙兼戌辰三分，辛卯分金，而属予为之志。夫予于公为同年契好，交且垂数十年矣。惟公知予最深，亦惟予知公最悉，则其志公也，固莫予宜；而宿草兴悲，松楸致慨，一旦搦管而志公之墓，其能勿泫然出涕也乎？爰为之铭。铭曰：

鹤头之山，蜿蜒若龙。万年窀穸①，閟此幽宫。诒厥孙谋，蕴隆其崇。既新其垅，将大其封。

按：冯成修（1702—1796），字达夫，号潜斋，广东南海人。乾隆四年（1739）进士，选庶吉士，散馆改吏部主事，升礼部祠祭司郎中。先后主持福建、四川乡试，提督贵州学政。以励志笃行著称。

四会县学教谕梅林陈公墓志铭

陈昌齐

乾隆乙酉，吾粤膺拔萃科者八十有八人，而吾宗陈姓得其七，总覆后序齿，惟柳君恒

① 万年窀穸：《叠石山房志》（手抄残稿）作“万年窀”，后夺一字，径补。

森、王君梦瑞年最长，次则推吾梅林君，诸同年皆以兄事之。顾膺是选者，类多辞章之学，而梅林君独专治经学，使者翁覃溪先生按潮时，试经古，取冠一郡，称其经学有心得。诸同年又以通经致用期之，乃廷试榜发，同年生多获隽去，君则以本班归里候选。从此南北暌违，不得合并，盖五十馀年于兹矣。岁己卯，余修志省垣，其冢孙作舟来省乡试，具述君已仙逝，卜葬有期，乞余志墓。呜乎！余与君同年契好也，且同宗兄弟也，铭幽之文，谊何敢辞，谨按其状而铭之曰：

君讳蕃，号梅林，其始祖致庵公，闽之莆田人，以宋解元官循州，二世祖开峰公，以翰林侍讲刺潮郡，因家于潮阳之河浦乡，至君一十六世。曾祖夐阳公，祖亨者公，俱有隐德，详《邑志·义行》。父东溪翁，乾隆丙辰经魁，授浙江於潜令，以廉介称。君其次子也。生有至性，内行纯笃，渊然而静。凡动作周旋，造次必于儒者。家贫，舌耕以养，不规规于进取。所居有叠石山房，具林泉之胜，集生徒其中，日肆力于经传史鉴及诸子百家，靡不悉心宣究。兼长于诗，兴则登高峰，望海舶，乘潮出入，听时鸟变声，弄月吟风，陶然自得。山居垂二十年，几不知人世间穷通得丧之境为何如也。

嘉庆丙辰，选授四会教谕。抵任，见东庑坍塌，先贤露居，遂鸠工完葺。邑之义学，旧在两庑，君以宫墙不肃，非尊崇圣贤之道，且学舍无多，何以宏其乐育。乃谋之绅士，建绥江书院于明伦堂东偏，捐俸薪为绅士倡。戊午落成，多士欣欣然乐肄业之得所者，君之力也。教诸生务崇实学，月课而旬会之，循循善诱，蔼然可亲。一时嗜学之士，质疑问难，户外屦满。为之条分缕析，俾各得其意以去。复著《经史析疑》二十四卷，嘉惠后学，经师、人师，当之良不愧矣。己未覃恩，请貤本身封，封其兄实声馨如其官。在任十年，以年老告归，绅士赋诗饯别，留恋不置。然则君之践履笃实，足以信今而传后，岂惟吾党之光，吾同宗与有荣焉。

抵家后，邑侯唐公文藻聘修县志，复率其宗人纂修族谱。戊辰，偕其弟翠岚游罗浮，日步行四五十里，遍历名山。窃喜精神矍铄，视听不衰，或者数十年旧雨，再得一面，事未可知。乃今竟逝矣。呜乎！乙酉同年零落殆尽，余虽少君十有二岁，今亦年将八十。古人云："既痛逝者，行自念也。"一旦铭君之墓，其能勿悲从中来？笔未挥而泪先下哉。

君卒于嘉庆二十三年戊寅九月十五日申时，距生于雍正九年辛亥十月十六日未时，寿八十有八。孺人周氏，为邑增生涯西公女，贤能有德，现年八十有三。子三人，长艾，早卒；次敏捷，甲申岁贡，分发训导；三履道，贡生。女三人，一适姚，早卒；一适郑君绍联外孙郑镇，邑庠生；一适王君之谦，甲子科副榜贡，外孙王荣桐，邑庠生。孙男六人，作舟，廪贡，分发训导；呈材，邑庠生。孙女六人，曾孙男五人，曾孙女八人。以乙酉年五月二十八日卯时葬于叠石山房志道堂之右，坐丁向癸，兼未丑、庚午、庚子分金，盖己巳①年君所自营生圹也。择葬地者，潮阳学司训廖君承维，电白县人，例得附书。

铭曰：学戒欺伪，士戒迂拘。忠信笃实，是为真儒。惟兄梅林，其学粹如。著书训士，吸奥抉腴。绥江成教，叠石遂初。堂名志道，斋曰咸虚。乃营生圹，室西南隅。生肄其业，殁藏其躯。遗彼精舍，作此墓庐。孙绳祖武，子读父书。世泽长流，宰树不枯。视吾铭碣，过者必趋。

① 己巳：嘉庆十四年（1809）。

按：陈昌齐（1743—1820），字宾臣，号观楼，又署"瞰荔居士"，广东雷州府海康县（今属湛江市雷州市）人。曾任翰林院编修、广西道和河南道监察御史、兵部和刑部给事中、浙江温州兵备道等职，告老还乡后，先后应聘为雷阳、粤秀书院主讲。主修《广东通志》。

陈石泉先生本传[①]

周硕勋[②]

陈英猷，字式霭，潮阳河浦乡人。天性至孝，甫四龄，母罗氏偶疾，辄欷歔不[③]食。弱冠倜傥有大志，廉于殖财，重道义，矜气节，读书直探阃奥，不屑屑循章句。淹贯经史，旁及释道诸子百家，嗜孙吴兵书及武侯阵法。然深自韬晦，不与人言，人亦不之知也。深契陈白沙"以我观书，随处得益；以书博我，释卷茫然"之语，潜心默会，迥出寻常蹊径之外。尤精于《易》，以为[④]疑义殊多，既观其象，玩其辞，当极其数。晚年筑室乡北之叠石山，室依厂[⑤]下岫，仅容一榻，终日危坐，或匝月不出。著《演周易》四卷，分为《说数》《说辞》，多夺邵氏之席，而翻朱程之臼。以诸生卒于家。弥留之际，犹执母弟泰年手，叠画"演易"二字。既殁，门人为镌板藏所居之石室，号曰"叠石先生"。

石泉先生本传（增补）

唐文藻[⑥]

陈英猷，字式霭，河浦乡人。天性至孝，甫四龄，母罗氏偶疾，辄欷歔不食。弱冠倜傥有大志，廉于殖财，重道义，矜气节，读书直探阃奥，不屑屑循章句。淹贯经史，旁及释道诸子百家，嗜孙吴兵书及武侯阵法。然深自韬晦，不与人言，人亦不之知也。深契陈白沙"以我观书，随处得益；以书博我，释卷茫然"之语，潜心默会，迥出寻常蹊径之外。尤精于《易》，以为疑义殊多，既观其象，玩其辞，当极其数。晚年筑室乡北之叠石山，依□下岫，仅容一榻，终日危坐，或匝月不出。著《演周易》四卷，分为《说数》《说辞》，多夺邵氏之席，而翻朱程之臼。以诸生卒于家。弥留之际，犹执弟泰年手叠画"演易"二字。既殁，门人为镌板藏所居之石室，号"叠石先生"。

——录自嘉庆《潮阳县志》卷十六《人物·儒林》

---

① 乾隆《潮州府志》卷二十八《人物·儒林》收有该文。文字基本相同，略有出入。

② 《叠石山房志》（手抄残稿）作"潮州知周硕勋长沙人"，应缺一"府"字。

③ 不：《叠石山房志》（手抄残稿）作"下"，盖误，径改。

④ 以为：此二字《叠石山房志》（手抄残稿）缺，据乾隆《潮州府志》补。

⑤ 嘉庆《潮阳县志》此字缺，乾隆《潮州府志》亦作"厂"，音 hǎn，意即山石之厓岩。

⑥ 《叠石山房志》（手抄残稿）作"潮阳知县唐文藻"。

陈石泉先生本传[①]（增补）

周恒重[②]

陈英猷，字式霱，濠浦乡人。天性至孝，甫四龄，母罗氏偶疾，辄欷歔不食。弱冠倜傥有大志，重道义气节，读书直探阃奥，不屑屑循章句。淹贯经史，旁及诸子百家，嗜孙吴兵书及武侯阵法。然深自韬晦，不露圭角。（《广东阮志》）每契陈白沙“以我观书，随处得益；以书博我，释卷茫然”之语，故其潜心默会，迥出寻常蹊径之外。尤精于《易》，以为疑义殊多，既观其象，玩其辞，当极其数。（《潮府周志》）晚年筑室乡北之叠石山，仅容一榻，终日危坐。历十四载，著《演周易》四卷，分为《说数》《说辞》，多夺邵氏之席，而翻程朱之臼。以诸生卒于家。（《广东阮志》）弥留之际，犹执弟泰年手画“演易”二字。（《潮府周志》）门人称“叠石先生”。（《广东阮志》）

——录自光绪《潮阳县志》卷十七《儒林列传》

陈东溪先生本传[③]

唐文藻

陈泰年，字式瑞，号东溪。四龄失怙，赖胞兄英猷抚养教诲。淹通载籍，工诗文。既壮，登乾隆丙辰经魁。八上公车，卒不遇。家贫，屡不举火，晏如也。年六十馀，授浙江於潜令。地脊民贫，至则兴利除害，备极忧劳。适邑中新垦起征，虑为地方累，力请上宪，乞准列为额外，於潜民至今尸祝之。治事之暇，留心劝学，文风丕变。时境内脱逃要犯，值童试，授意士子，旋即拿获。列宪会审得其故，谓考试衡文，缘此获犯，其得士心可知。尤善劝化，有兄弟争产，集讯剖析伦常以开导之，各感激垂泪，释争而去。有村民欲弃妻而妻不服，时来控告，讯无可出之条，吓之以威，喻之以情，后察出煽惑之人，惩治之，夫妇遂和好如初。每日收词，随审随结，谆谆劝诫如家人父子，县无冤狱，囹圄一空。宰潜三载，以病乞归，观察刘纯炜、府宪邹应元各赠白金十两，盖深知其廉介，恐不给也。远近绅士攀辕涕泪，赋诗赠行，同官荣之。抵家仍设教叠石山房，建志道堂以处学者。杜门却轨，足迹不至公庭。著有《文集》四卷、《潜州信谳录》二卷，藏于家。末年倡行族规，以约束乡人。无病，终于家，年七十七。

---

① 原无题，兹据前例拟题。

② 《叠石山房志》（手抄残稿）作“潮阳知县周恒重”。

③ 《叠石山房志》（手抄残稿）题作“潮阳县志循吏传”，兹据“陈石泉先生本传”之例拟题。嘉庆《潮阳县志》卷十六《人物·循吏》收有该文。

陈东溪先生本传[①]（增补）

周恒重[②]

陈泰年，字式瑞，号东溪，濠浦乡人。少从兄英猷游，淹通载籍，工诗文。乾隆丙辰举乡试第三，授於潜令。适新垦起征，虑为地方累，乞准列为额外。县试时，要犯越狱，泰年授意士子，旋即弋获。上官谓考试衡文，缘此获犯，其得士心可知。尤善劝化，如争产、出妻诸案，谆谆若家人父子，遂和好如初。阅三载，县无冤狱。寻以病乞归，士民饯送者接踵。观察使刘纯炜、太守邹应元知其廉介，各醵金以赠，同官荣之。抵家后杜门却轨，隐居于叠石山房，建志道堂以处学者。著有《文集》四卷、《潜州信谳录》二卷。年七十七，无病而终。子蕃，别有传。（《唐志》）

——录自光绪《潮阳县志》卷十七《循吏列传》

陈梅林先生本传[③]

唐文藻

陈蕃，字梅林，於潜令泰年次子。五岁失恃[④]，哀毁如成人。事继母以孝闻。少从伯父英猷游，克衍所传。工古文辞，尤邃经学。父宦浙归，行箧萧然。蕃与弟翠岚攻苦山斋，自相师友，虽屡[⑤]不再食，怡然也。弱冠童试[⑥]，进邑庠食饩，旋[⑦]膺乾隆乙酉拔贡。学使翁覃溪称其经学湛深，能于先儒注疏外，发抒心得，以著作手期之。及丁父与继母艰，丧葬尽礼，孝友之风感动乡邑。性恬澹，不规进取，隐叠石山房，即英猷演《易》处也。经学懿行，信从日众，以身立教，寒暑不辍者垂二十年，士林庆得师焉。嘉庆丙辰，授四会教谕，节俸薪，修葺两庑，倡建绥江书院。谈经之馀，著《经史析疑》二十四卷行世。诲诸生先伦行而后文艺，贫乏者力为赒助。在任十年，念弟年老[⑧]不克晨夕欢聚，遂决意告归。阖邑绅士若有所失，赋诗饯别，裒然成集。抵家后，兄姊年八十馀，弟妹亦届古稀，一堂[⑨]白发，坐立必偕，欢笑如孩童，虽孝友家传，亦天性然也。处乡族，立规约，以抑强扶弱，邻里赖之。生平言动，一依于礼，不可以私干，又未尝不和平乐易，蔼然可亲。年八十八纂修族谱，犹能楷书小字。工甫竣，无疾而卒。遗《诗集古文辞》六卷、

---

① 原无题，兹据“陈石泉先生本传”之例拟题。

② 《叠石山房志》（手抄残稿）作“潮阳知县周恒重”。

③ 《叠石山房志》（手抄残稿）题作“潮阳县志文苑传”，兹据“陈石泉先生本传”之例拟题。嘉庆《潮阳县志》卷十六《人物·文苑》收有该文。

④ 恃：《叠石山房志》（手抄残稿）作“情”，兹据嘉庆《潮阳县志》径改。

⑤ 屡：《叠石山房志》（手抄残稿）作“屦”，兹据嘉庆《潮阳县志》径改。

⑥ 弱冠童试：《叠石山房志》（手抄残稿）作“弱冠冠童试”，其第二“冠”字衍，兹据嘉庆《潮阳县志》径删。

⑦ 旋：《叠石山房志》（手抄残稿）作“施”，兹据嘉庆《潮阳县志》径改。

⑧ 念弟年老：《叠石山房志》（手抄残稿）作“念老年兄弟”，兹据嘉庆《潮阳县志》径改。

⑨ 堂：《叠石山房志》（手抄残稿）作“常”，兹据嘉庆《潮阳县志》径改。

《经史馀闻》四卷。卒之日，士林悲悼，咸叹典型云亡，盖学行久为邑人所推重云。

陈梅林先生本传[①]（增补）

周恒重[②]

陈蕃，字梅林，濠浦乡人，於潜令泰年次子也。五岁失恃，哀毁如成人。从伯父英猷游，工古文辞，尤邃经学，膺乾隆乙酉拔贡。学使翁方纲称其经学湛深，能于先正注疏外，发抒心得，以著作手期之。及丁父与继母艰，丧葬尽礼，遂隐于叠石山房，即英猷演《易》处也。经学懿行，信从日众。嘉庆丙辰授四会教谕，节俸薪修葺两庑，倡建绥江书院，诲诸生先伦行而后文艺，贫乏者力为赒助。在任十年，归，邑人士赋诗饯别。处乡立族规，纂修家谱，年八十八犹能楷书小字。著《经史析疑》二十四卷、《诗集古文辞》六卷、《经史馀闻》四卷。卒之日，士林悲悼焉。(《唐志》) 子敏捷，乐昌训导；孙作舟，别有传。

——录自光绪《潮阳县志》卷十七《文苑列传》

陈梅林先生本传[③]（增补）

吴大猷[④]

陈蕃，字梅林，潮州潮阳人。拔贡。国朝仁宗嘉庆元年丙辰任教谕。学有本源，勤于讲习。于署东隙地建志道堂，日集诸生讲学论文，诸生咸乐就之。十年致仕归，有《留别诗》四章，一时和者若而人，遂并各僚友送行诗成《绥江伟饯集》，邑人高超伦作序梓行。在任时，刻所著《经史析疑》若干卷，颁示诸生。兵燹后，两书鲜有传者矣。

——录自光绪《四会县志》编五《宦绩》

按：吴大猷，字子嘉，别字秩卿，号菘圃，广东四会县人。咸丰十一年（1861）辛酉科并补行戊午科举人。同治二年（1863）考取国子监学正学录，十年（1871）辛未科会试挑取謄录，光绪八年（1882）选授国子监率性堂学正，十年（1884）改授曲江县教谕，十八年（1892）奉吏部咨，以截取引见录用。（光绪《四会县志》编六《科目·举人》）《绥江伟饯集》已佚。

---

① 原无题，兹据“陈石泉先生本传”之例拟题。

② 《叠石山房志》（手抄残稿）作“潮阳知县周恒重”。

③ 原无题，兹据“陈石泉先生本传”之例拟题。

④ 原作“四会人前曲江县教谕吴大猷”。

陈南村先生本传[①]

唐文藻

陈翠岚，字南村，於潜令泰年三子也。性孝友，遭父母丧，哀毁骨立，常恨不得遂孺慕之私。敬事诸兄，怡怡愉愉，老而弥笃。是能以事亲之诚，移于事长者。初苦家贫，励学不辍。于《毛诗》更征心得，凡所诠释其经解，人推重之。游庠后，舌耕自给，继设教叠石山房，训迪尤以敦实为务，从游者成名卓立。子侄辈亦联翩鹊起，铮铮然至今未艾也。晚年膺廪贡，屡疏财尚义，排难解纷，得一言而辄释。其起人敬畏类如此。卒年七十七，世以儒学传家。

陈南村先生本传[②]（增补）

周恒重[③]

陈翠岚，字南村，濠浦人，於潜令泰年季子。性孝友，遭父母丧，哀毁骨立。敬事诸兄，老而弥笃。初苦家贫，励学不辍。于《毛诗》更征心得，继设教叠石山房，尤以敦实为务，从游者率成名，晚膺廪贡。卒年七十七。(《唐志》)，翠岚尝赋山房诸景，其《河图石》结句云："古今无限阴阳理，都寓深山大石头。"

——录自光绪《潮阳县志》卷十七《文苑列传》

陈笠渔先生本传[④]（增补）

周恒重[⑤]

陈作舟，号笠渔，濠浦乡廪贡。才藻敷富，诗律尤精细，每试经古，辄高其侪辈。有《潮阳竹枝词》九首（详《艺文》)，仿自刘梦得沅湘之作，风雅士率抄诵之。署广州府教授，督学戴文节公熙出吟稿推敲，戴首肯之。文节画名海内，为写画帧四轴以馈。又与镇平黄钊为诗友，钊秉铎潮阳，出其《读白华草堂集》请序。作舟研炼六朝之风格，而咀嚼于三唐之音节，邑自乾嘉以后，论诗推为领袖。追补罗定州训导，卒于任所。存有《罗浮篇》《羊城杂咏》《同声集》，未梓。(《采访册》)

——录自光绪《潮阳县志》卷十七《文苑列传》

---

① 《叠石山房志》(手抄残稿）题作"潮阳县志文苑传"，兹据"陈石泉先生本传"之例拟题。嘉庆《潮阳县志》卷十六《人物·文苑》收有该文。

② 原无题，兹据"陈石泉先生本传"之例拟题。

③ 《叠石山房志》(手抄残稿）作"潮阳知县周恒重"。

④ 原无题，兹据"陈石泉先生本传"之例拟题。

⑤ 《叠石山房志》(手抄残稿）作"潮阳知县周恒重"。

陈作舟小传[1]（增补）

陈 昙

陈作舟，字笠渔，潮阳人，候选训导。著有《叠石山房诗草》。笠渔自言丱角时，随大父梅林先生司铎四会，因从南海蔡孝廉廷栢家得见鄙作，即知世间有是人，故每赴乡试，必相过从。所作诗以子美、子瞻为宗主，而出入于中唐诸家。潮郡向称海滨邹鲁，铁笛盛推饶平张万仞、澄海余湘侯为诗人，而笠渔则其邑子也，使铁笛而在，当何如倾倒耶？

——录自陈昙《师友集》卷十四

按：陈昙（1784—1851），字仲卿，番禺（今广州）人。天姿颖异。伊秉绶、曾宾谷皆奇其才。晚岁以贡生候补训导，道光二十二年（1842）始授澄海县训导，署揭阳教谕。生平慕邝湛若，因颜所居曰邝斋。工诗及骈体文。著《海骚》《留庵随笔》《邝斋杂记》《感遇堂诗集》等。

张万仞，饶平人。待考。

余湘侯，澄海人。待考。

铁笛（1773—?），即林龙，字若洲，号铁笛，潮阳海门人，国子监生。少孤，且乏伯叔及兄弟，祖母年高，家食无肉。能折节读书，博览史传。所作诗文脱尽凡蹊，独开生面。然失意科场。嘉庆九年（1804）冬，至广州，闻陈昙名，贻书订交。为人倜傥，与穗中名士诗酒唱酬，不能作粤语，然自得其乐。嘉庆十年（1805）初，致《时务书》于罗含章，含章为之延誉当路，受广州知府聘出山。然以礼数拘束，复之含章幕。时含章以“失揭历任未办之盗案”去封川令，自请出海效力，捕盗有功，升副统带，林龙与含章戍守虎门，相得如兄弟。嘉庆十一年（1806）秋后至十二年（1807）春间，林龙入读国子监，其后客居广州数年。嘉庆二十四年（1819），入罗含章广州知府幕，时含章总纂《景东直隶厅志》，林龙被聘为分纂。道光年间去世。

[1] 原无题，兹据“陈石泉先生本传”之例拟题。

（八）诗（增补）

午睡梦中绝句[①]

陈英猷

□□□□□□□，□□□□□□□。
蜘蛛虽有经纶巧，结网终非济世才。

按：陈泰年《先兄行状》：“初余未弱冠时，读书家塾，适兄午睡，梦诗四句，醒仅记其末曰：‘蜘蛛虽有经纶巧，结网终非济世才。’随呼余取笔记之。”

又梦中绝句[②]

陈英猷

□□□□□，□□□□□。
勿使后栽稼，山花教苗[③]疏。

按：陈泰年《先兄行状》：“又于雍正十一年四月念二日，又梦诗四句[④]，亦仅记其末曰：‘勿使后栽稼，山花教苗[⑤]疏。’”

潜州咏怀（十首）

陈泰年[⑥]

岝崿峰高淑气蒸，潜川潦尽素波澄。卷帘饱玩溪山趣，曾见青云映玉冰。

山崇地瘠少嘉禾，忍向滩头问税科。一十二乡苏困乏，敢辞苦口救偏颇。

两两三三采蕨薇，用宽牙税扣柴扉。催征莫笑予居拙，秋稔输公总不违。

踏网无知最可哀，呼号触耳动灵台。纵然三尺难全泯，绝处犹求一面开。

① 题为补纂者所拟。
② 题为补纂者所拟。
③ 苗：疑为“莫”之误。
④ 句：《叠石山房志》（手抄残稿）作“旬”，误，径改。
⑤ 苗：疑为“莫”之误。
⑥ 光绪《於潜县志》卷十六署名作“本县知县陈泰年东溪”。

妍媸进退主司衡，屡破松烟肆品评。自古文章称定价，选期努力振西京。

老病难亲庶务繁，话留宪谕霭春温。床头案牍无沈滞，野鹤还飞请细论。

端午亲栽柳一株，临行计护竹竿扶。三年植养疏枝干，雨露长沾菀不枯。

隔院丹枫落地飞，深山绿竹吐芽肥。半肩行李秋声壮，携得清风两袖归。

咸虚（叠石山房先家兄演《易》处，颜其堂曰“咸虚”）宅畔足烟霞，旧坐春风长道芽。欲寄江湖遥问讯，白云深处是吾家。

荡桨冲波漫扣舷，海门风急雁行偏。石尤作恶祟潮退，直下韩江月满船。

——录自光绪《於潜县志》卷十六

都门唱和

陈泰年

（已佚）

游叠石书斋诗（数首）

谢如式

（已佚）

按：据谢如式《与陈东溪老年先生书》：“勉索枯肠，构成一记，并俚诗数首呈教。”“记”即《游叠石书斋记》，诗题已佚，据以为拟。

留别同学诸子

陈　蕃

庭前百尺耸高槐，日日浓阴讲肆开。敢道迂生能得士，欲缘诸子妙多才。谈心不惜无毡坐，问字常劳载酒来。十载鸡窗同聚首，几忘两鬓雪霜催。

桃李缤纷满座香，春风秋雨几星霜。地因久住忘为客，人到衰年恋故乡。留得新书如面语，携将佳句壮行装。愿君莫唱阳关曲，白首临歧易断肠。

临别殷勤有所陈，休将交谊付烟尘。十年风雨浑如梦，一日师生亦是因。漫说门墙堪立雪，从来桃李自逢春。而今两地分歧后，无复毡堂共夕晨。

愁云黯黯绕江浔，九曲回肠一样深。说道离情惟有泪，最难割爱是同心。探花杏苑君高步，叠石山房我卧吟。握手叮咛无别话，相期努力报佳音。

——录自光绪《四会县志》编五《宦绩》本传附录

附

甲子初秋预送陈梅林学博荣旋

邑人陈洪书

喜是宗盟谱系通，太邱遗范仰儒风。传家孝友原真性，寿世经书若发蒙。九载追陪常下榻，一朝言别感飞蓬。何堪羁宦横潭任，未获亲随祖帐东。

送别陈梅林学博

邑人谢家裕

一代名儒是我师，指迷端复藉先知。著书林下情何逸，尚友山房古与期。桃李任开新雨后，邱园偏逼暮年时。那堪振铎留馀韵，翘首宫墙有所思。

归来重见故园春，复理残编未了因。千古文章推演易，一家孝友号传薪。当年大雅谁张帜，惟此宗工妙斫轮。别后相思无限意，满江风雨洒红尘。

邑人李能茂

阳春二月桃与李，花开花结领春风。先先后后递华实，年年岁岁蔚葱茏。绥山绥水蹊成锦，十载长养忘化工。春风满树人欲去，含情犹在旧芳丛。任是添荣复增长，阳和发育告成功。家园别后山林好，又思黄菊在篱东。桃李留春春不住，堤有杨兮江有枫。丁宁珍重桃与李，披拂春风远近同。

邑人李翰学

公今初服遂幽怀，我正扬旌出海崖。琼岛瘴烟方浩渺，练江风月羡清佳。满庭鹤发如商皓，绕室兰香拟谢阶。独愧名缰徒远系，十年归赋定应偕。

生员陆际时

弗忍别吾师，送行诗独迟。寄怀常有梦，执笔却无辞。风雨潇潇处，肝肠切切时。十年都不倦，归去欲何为？不是嫌官冷，如何欲去之。先生常论道，弟子岂忘师？未饮留行酒，曾传话别诗。秋风今渐急，无复挽归思。

——录自光绪《四会县志》编五《宦绩》本传附录

和陈广文梅林蕃同年得请归里留别寅友诗二首并次原韵

冯敏昌

昌黎去后久无师，世有翁门或未知。试看广文耽道味，何如区赵共心期。光风霁月同千古，易圣经神各一时。教泽绥江流不尽，别归那不系人思？

俊游回首几经春，晚节相看殆夙因。君似枝头留硕果，我如爨下进劳薪。驰驱已愧空随骥，甘苦真惭老斫轮。亦愿他时归故里，临风抖擞客衣尘。

——录自冯敏昌《小罗浮草堂诗集》卷三十九

按：谢家裕，字翼庭，号绰园，广东四会县人。乾隆三十九年（1774）甲午科举人，授陕西澄城县知县，署汉中府同知。（光绪《四会县志》编六《科目》）

李能茂，字畅叔，广东四会县人。乾隆四十八年（1783）癸卯科举人，授安徽繁昌县知县。（光绪《四会县志》卷六（科目））

李翰学，字宗健，广东四会县人。乾隆五十七年（1792）壬子科举人，嘉庆六年（1801）辛酉恩科会试后大挑二等，任澄迈县教谕，署琼州府教授，裁一切陋规。年六十三卒于教授学署。（光绪《四会县志》编七下《列传》）

陆际时，广东四会县人。生员。（光绪《四会县志》编六《科目》）

冯敏昌（1747—1806），字伯求，号鱼山，广东钦州人。乾隆四十三年（1778）进士，改翰林院庶吉士。散馆，授编修。大考改官主事，补刑部河南司主事。性至孝，父丧，服阕，遂不复出。前后主讲端溪、越华、粤秀三书院，学者称“鱼山先生”。著《小罗浮草堂诗集》《河阳金石录》《华山小志》。冯敏昌工诗，与张锦芳、吴亦常齐名，称“岭南三子”。

百怀人·陈学博梅林前辈（蕃，潮阳人）

郑昌时

地因久住忘为客，人到衰年恋故乡（公在四会赋“归来”句）。叠石山房训经史（著《经史析疑》行世），阶前兰桂已成行（谓嗣君敏捷、长孙作舟）。

——录自郑昌时《韩江闻见录》卷九

家梅林招游叠石山房复以诗

陈聚英

久爱名山上未曾，华翰见召喜难胜。桃源只在人间世，直驾扁舟到武陵。

——录自《潮州诗萃》乙编卷十四《清》

按：陈聚英，潮阳人。副贡生。（《潮州诗萃》乙编卷十四《清》）

咏叠石山房诸景[1]

陈翠岚

（已佚）

按：周恒重《陈南村先生本传》（光绪《潮阳县志》卷十七《文苑列传》）载："翠岚尝赋山房诸景，其《河图石》结句云：'古今无限阴阳理，都寓深山大石头。'"

游叠石山房诗

朱绂

（已佚）

按：朱绂《复陈梅林先生书》："名山胜水，得尽游观，殊畅生平之乐。归后勉谐声韵，正如小儿学语，窃呈大匠之前……并邀高弟诸先生赐和，佳章频锡。"知朱绂有咏叠石山诗作，已佚。

叠石山房歌

陈崇文

叠石之阿平如砥，中有书堂背山起。河图石室半山泉，留与后人继前美。后人前人本同橛，举足之间乃燕越。岂果前人难追攀，毋乃后人不奋发。前人已矣不可留，后人对此增烦忧[2]。不如披衣独向岩前坐，天风拂拂倚松楸。倚松楸，望十洲。安得叠山之上再叠山[3]，昂头消尽万古愁。

——录自《潮州诗萃》乙编卷二十五《清》

萧烈妇行

陈作舟

序云：从弟永清妇萧氏，夫死妇缢以殉，制此哀之。

哀哉萧烈妇，谁则命尔。夫子死，无违夫子。（一解）

夫何可死，天心至仁。赎以冥钱千万缗，脱不足妾一身。（二解）

鬼伯至矣，郎不活矣！郎不活，郎身冰冷妾能热，熨面啼血，血渍郎颊。（三解）

---

① 题为补纂者所拟。

② 增烦忧：钟声和《岭海菁华记》卷一作"生隐忧"。

③ 叠山之上再叠山：钟声和《岭海菁华记》卷一作"叠石之上再叠石"。

母来慰儿，止止儿啼，栽著不如徙。百日儿归，儿毋自苦为。（四解）

呜咽语阿母，母此语奚宜至哉。儿自有陈家泉台，萧家之门儿不回。（五解）

潜解绖，绖结缳，缳在手，迟之又久。不孝有三，大曰无后。上堂启舅姑，立嗣祀夫，舅姑曰有。（六解）

姑泪浪浪，道毋悲伤。吁转瞬间，嗣子娶，妇抱子，纷成行。顾诸儿阿女，尔视尔嫂水浆。（七解）

灵帏风窸窣，黄昏掩房室，徘徊复徘徊，志决愿云毕。妾生先郎二年，妾死后郎三日。俟妾前路，郎毋妾失。（八解）

鸡既鸣，不闻郎读书声；枕覆衾，不闻郎病呻吟。呻吟泉下当奈何，亟需汤药，舍妾则那。（九解）

哀哉烈妇萧，死矣烈妇烈。为人廿一春，为妇九阅月。缟衣飘飘，随夫逍遥，魂不可招。（十解）

——录自光绪《潮阳县志》卷二十二《艺文（下）》、《潮州诗萃》乙编卷十九《清》

濠浦陈烈妇诗

黄钊

明经（萧时进）女，文学（陈建安）媳。归夫九阅月，卒年二十一。（一解）

夫病卒，氏绝粒。宁追弗及，微闻房中私语。私语恒切切。（二解）

姑察知，固婉劝，密防之。（三解）

母遣婢来，有所达，氏挥去。谓若归告吾母明早来，迟则无及。询以婢来意不答，时嘉庆己卯八月二十日。（四解）

日既夕，扉早阖。自沐栉，更新屦。著嫁日贴身衣，衣白取腰绖。结罗单，命床脊。（五解）

朝哭不起，群讶就窗隙。窥见端坐床侧，就呼之，气已绝。（六解）

氏出萧，字庄娘。归于陈，濠浦乡。仁婢媪，孝姑章。（七解）

氏所天，名永清，叠石山房读书声。病乃寂然，墙角尚遗一短檠。（八解）

——录自黄钊《读白华草堂诗·苜蓿集》卷二

萧烈妇

陈青瀛

吁代已徒然，捐躯报所天。依难同白发，见可及黄泉。之死真如愿，他生笑结缘。至今同笑处，留拜墓门烟。

——录自《潮州诗萃》乙编卷二十五《清》

（九）别录（增补）

按：所为别录者，录叠石山房卜筑、栖止等诸人所撰作及交游酬唱者也，虽不及山房，而于诗文载道、知人论世或有小助云。

文编

立辈序小引

陈泰年等

吾族始祖通判公以贺为字，二世祖知府公以伯霆为字，厥后产五子，其字俱以卿字同，其名俱以真字同，各取一字附之，使人闻一字之同，即知其为一本同辈之兄弟也。自始祖至今，同一振字辈者为十八世。按家谱所载，虽一世取有一字以同之，间亦不能一辙，谅因兵燹散处，不及相谋故也。

兹有道升平，枝叶颇茂，倘无示以画一之条，不特同辈之人难辨其为一本之兄弟，亦且历世既多，保无后辈误蹈前辈乎？是相陵躐也，是紊世次也。是以会吾族人，凡二十冠而字不可以紊，其上一字必一辈之人同之，各取下字合焉，乃所以统一本也。

今十八世上已然矣，嗣自十九世起，则取“忠厚传家端统绪，义方垂训自绵长”十四字，为一世各依一字，以约其同。童蒙就塾，其所命名，亦必示以画一。十九世起，取“育士论升基敬业，官贤定位起亲师”，亦为每世各依其一。俾后孙支既免蹈厥先辈，又称一字之同，即知其为一本之兄弟，称众字之贯，即知其为一本之叔侄，溯而上之，世代昭昭矣。至十四字满，松茂竹苞，绵绵复续云。

乾隆二十一年丙子八月朔日，族长德大、族宦泰年、宗子士贤等同立。

——录自民国重刊《豪山陈氏族谱》

按：此文落款为“族长德大、族宦泰年、宗子士贤等”，但撰文者意为泰年，姑以“陈泰年等”署名。

重刻《於潜县志》跋

陈泰年

县之有志，犹国之有史，贵随时纂修，凡足以表扬入乘者，无不当胪列备载，此守土者职也。《潜志》自康熙十二年重修以来，迄今几及百载，泰年初莅斯邑，即欲率我绅士搜罗一葺，因潜地山陬，并屡年秋收稍薄，有志未逮。惟是蠹鱼剥落，字画缺残，几几存什一于千百，倘竟置诸高搁[①]，将来是书必致不可复问，是益滋咎也。爰广觅原刻旧本，捐资重刻，用备参稽。镂版成，聊志数言于卷末，后之君子其谅之。是为跋。

旹乾隆三十一年夏月，知於潜县事岭南陈泰年谨跋。

——录自乾隆三十一年陈泰年重刻本（康熙）《於潜县志》（《北京大学图书馆藏稀见方志丛刊》第124册）

建水吼桥碑记

陈泰年

河浦乡，乃潮阳县城之东，突起高山，曰东山，巉岩层叠，复东一十馀里，始下平原而乡也。中间诸山之辅来脉者，幅员[②]一十馀里。脉之南厥水南流，脉之北厥水北流。吾始祖创基于此，成两径以通县。南曰前径，南流之水，旧已桥焉，行不病涉。北曰后径，北流之水，盖高山自南奔注，悬瀑十数丈。又东西旁坑会流而北。有声潨然能吼，故俗名水吼。久旱时犹可依石步越，若骤霖雨，水涨数尺，行者苦之。乡有陈政泰者，能体舆情，爰集众金，鸠工取石，以成斯桥。东西往来，绝无褰裳之苦，人称便焉。是其有功于行者，因为之记，以垂不朽。旹乾隆庚寅[③]冬月。

——录自嘉庆《潮阳县志》卷十九《艺文（中）》

纂修旧谱补订序

陈泰年

谱牒之修，所以尊祖敬宗，萃涣收族，不忘其所由生也。吾族旧谱起于致庵公，为第一世；生二子开峰公、右峰公，为第二世；右峰公生二子，即徙彩塘并楼华乡，后不入斯谱，惟开峰公生五子，分别五房，为第三世。自一世至十世，共五百四十馀人。十一世记而未毕，皆以父所生，开之于前，以子之序而承于后。倘子中有出继于弟兄者，即以是子接于兄弟之序，不紊乱也。独至九世以下，多混乱焉。九世无所开，而十世即突然而出，如是者八十馀人，乌知谁为所生之父？谁为兄谁为弟也？想时当寇盗杀戮扰乱之秋，不能一一按其始末之次，此亦司其事者之无可如何也。

谱自洪武年间，适孙观保公笔之于前。嘉靖年间，又有宜旲、日昌、邦朔、复初等公笔之于后，皆合在莆之谱，连而续之。观观保公自为之序，及宜旲公等之请林绍公为之序，可知矣。然斯谱已不可得，今兹谱乃万历年间所集，为之序者姚东阳公，司厥事者明教、熙文两公。

细按斯谱，详加考核于九世、十世间，名字之脱漏者补入之，生卒葬娶之可稽者补载之，无可稽者缺焉。至抄写有鱼鲁亥豕之讹，序文有遗漏脱落之谬，悉为订正，以俟后人再

① 搁：原文如此，或为“阁”之误。

② 员：嘉庆《潮阳县志》作“陨”，兹据光绪《潮阳县志》径改。

③ 庚寅：乾隆三十五年（1770）。

加续辑，务使世代相承，尊卑不紊，萃涣收族，克成完璧，是所望也。至旧谱中之留心祖事，眷顾族人，建祖祠，增祭业，如六世四房之德义公，七世二房之稳性公、守朴公、英俊公，四房之刚塞公、刚轩公同两弟，九世长房之毅夫公、侃夫公、信厚公，十世长房之东湖公，四房之仰程公，皆尊祖敬宗之人，高山仰止，景行行止，后人其知所则效也哉！

乾隆四十年乙未五月初一日，十五世孙泰年书。

——录自民国重刊《豪山陈氏族谱》

陈子艾儿墓表

陈　蕃

呜呼！此於潜邑侯之孙、四会学教谕之长男也，生质岐嶷，祖、父俱器重之。因染痢，误投药。于乾隆辛卯年六月十五日午时卒，距生于乾隆辛已年十一月初五日子时，年仅十一岁，急葬于此，触目伤心。至嘉庆五年庚申仲夏之月，始竖碑刻铭。铭曰：青山埋嫩骨，白日起悲风。铁鸟坑侧，为子幽宫。时虽久而痛靡穷。父梅林居士题。

按：墓在河浦铁鸟坑水库边，题为补纂者所拟。墓碑照片为陈镇清君提供并释文，潮学网陈景熙诸兄校正。《豪山陈氏族谱》载："艾，生乾隆辛巳十一月初五，卒乾隆辛卯六月十五日。葬铁鸟坑，坐西南向东北。"其生卒年正与《陈子艾儿墓表》同。

重建四世祖思源堂记

陈　蕃

祠宇之废兴，各有其时。惟饮水思源，孝思团结，则有志竟成，始克胜其任焉。吾四世祖旧有宗祠，坐西朝东，正凝地脉。尝稽旧谱，系十世孙仰程公为族长，于前明万历、天启间聚蒸创建。奈明末兵燹频仍，屋间焚毁。加以国朝初年斥地，村庄一空，及展界回乡，里巷荆棘，无片瓦可栖，虽有祠垣屹立，不得不视为后图。迨海氛潜消，生业渐□①，遂重建朝南始祖祠，故一世、二世崇祀中龛，长房之三世、四世附于祖祠之左，四房之三世、四世附于祖祠之右，而四世旧祠墙垣屹立者无力重新。

升平日久，生育滋多，派下之贫困者一十馀家，斩木架屋，倚祠墙环住。历年既久，积有馀资，便欲建楼为久安计。余与族长经常翁、岁贡西院翁等力阻，始谋重建，以妥先灵。识理者正言劝之，穷乏者捐资助之，不数时咸择吉移徙，而后聚祖蒸，佥题借，同心协力，极费周章。董其事者族长男文声，房老兆科、志明等，而文声实总其成。

经始于乾隆丙午初冬，至戊申冬而诸工报竣，共费金二千五百有奇。溯祠之焚毁百有馀年，一旦庙貌改观，规模宏整，皆众人所念不到此也。祖既无现项可支，故鸠工庀材，必苦心缔造，非饮水思源，孝思团结，未易有志竟成，题之曰"思源堂"，本众志也，喜董成者之胜任也。

① 此处疑缺一字，以"□"代之。

余惟祠宇废兴，关于气运，亦关于礼教，礼教明则尊祖敬宗，而报本追远之义具焉。《易》之《萃》曰“王假有庙”，岂特上聚祖考之精灵，亦下聚子孙之涣散也。登斯堂者，能知昔人创造之勤劳，又知今日重建之不易，而睦族刑家，式好无尤，不外此而得之矣。祠既落成，因综其颠末而为之记。

乾隆五十三年戊申腊月十六世孙蕃敬书。

——录自民国重刊《豪山陈氏族谱》

祀张、李二公碑记

陈　蕃[1]

四会学何以祀张、李二公，饮水思源，以申报德也。缘四会有新涌、长沥、落博三塘，坐在六箔荏塘之内，昔系民业，因兵燹之后，平、靖两藩入粤，作为牧马之场，钱粮赋税久荒。

迨康熙五十一年，奉宪饬查，召民承垦，通邑里民各皆呈承，剩有新涌、长沥、落博老荒之处，无人愿承。时前教职张公亮、李公遇辉因学内月课生员粘补衙署等费，俱无公项可支，乃令家丁张昌隆、李长茂照民间垦例承垦升科，赴前任余太爷承垦，经前县丈明，共计税二十二顷二十二亩九分于户名，在县完粮，同地征一并征解。该塘地势低洼，不堪种植禾稻，用工筑基种草蓄鱼。当时是，每年每亩收租银五分八厘七毫，共收银一百三十两，除完纳孔圣田户内粮银六十□两八钱七分二厘、色米四石一斗七升八合外，馀则留为月课生员面食奖赏花红及粘补衙署岁科送考之用，历任相沿，由来已久。是该塘系前教谕等照民间报垦之例给照承升，与业主无异，虽官有去留，塘仍交代与寻常入官田塘、官为召细者迥别，历来发批召佃，悉听教官主持，即或可以加租，其盈馀银两亦为寒毡少佐薪水，从无拨充别项公用。故两堂输粮米外，得稍留馀以办公项者，皆张、李二公之赐也。历代递传，经八十馀年矣，官斯学者不一其人，而二公之精诚贻留遗泽，从未有起念恩报者。

嘉庆元年八月，余承乏教谕。查学中产业，并参考案籍，知其原委，慨然怀之，思欲于春秋丁祭后少荐馨香，以将诚虔，而未便独力举行。嘉庆四年，署训导谭寅翁正坤来官斯土，每与酌议，意见相同，遂设张、李二公神位，于八月初六日致祭，并议自今以后，每年春秋二祭，每祭正副堂，各捐银一两，洁办祭品，丁祭后择吉将事，亦饮水思源，以申报德意也。礼既成，因纪其颠末，勒于石，用垂永久。后之官斯学者，吾知必有同心也。

嘉庆五年三月吉日。

——录自光绪《四会县志》卷二上《廨署》

按：光绪《四会县志》卷二上《廨署》载：“教谕署在县学西北。高宗乾隆四十八年

[1] 光绪《四会县志》于该记署款为“教谕陈蕃、训导林学岱”，然据记称：“嘉庆元年八月，余承乏教谕。”知该记作者应为陈蕃，或以其时两人同为县学主祭者而共署名欤？兹径以“陈蕃”署名。

癸卯知县董文驹建，前临学塘照墙，内为头门三间，左右二间为门房、科房，中柱厅三间为大堂，无廊房。后三间为内堂，有廊房。内堂东为厨房。仁宗嘉庆四年己未，教谕陈蕃于大堂东建柱厅三间，颜曰‘志道堂’，又于头门东建朝厅三间为书房。志道堂楣上设龛，祀前教谕张亮、训导李遇辉。五年庚申，勒碑堂左。”

《绥江伟饯集》序（乙丑）[①]

冯敏昌

当乾隆乙酉[②]之岁，学使者北平翁覃溪先生奉朝命开拔萃科，悉心甄录，与者八十有八人，而大埔饶君庆捷为之冠。余时年方十九，亦得与焉，以年最少，故诸君弟畜之。于时同年多雄骏君子，若苏朝阳、陈名仪、邱青藜、张应□、唐汝风、林润庄、欧焕舒、徐昭而外，指不胜屈，而诸君子皆心折吾陈君梅林之为人，以为堪称祭酒。顾廷试榜发，以前列获授县令及广文者不一，而陈君则以本班归里候选，众共惜之。又后同年生成进士、入史馆者四人，吴典、陈昌齐、饶庆捷而外，余亦得附后。又同年生以本班得选者几尽，至乾隆乙卯岁，而陈君则年已六十有五矣，乃得选四会县学官。则君之于宦途，亦可谓晚遇者乎？

然四会为古绥江地，乃肇郡之名邑，其民俗敦庞，士风醇实，而又得君以为之师，于是文质彬彬，敦本抑末，称大振矣。且夫士君子读书致身，苟膺师儒之任，亦莫不欲以振兴文教为心，然犹不能反抗不相下，此非但其行不立，亦抑其学不足以为人师也。今君之为人，端静深粹，和平乐易，而又循循善诱，蔼然可亲，士以为如坐春风矣。至其学则于《易》《书》《诗》《春秋》三传、三礼、四书、《孝经》《尔雅》，皆覃思殚精，生平耽玩，备得群经精意。至其疑义，则又旁引曲喻，平心静气，为之条分缕析，厘然有当于人之心，而于诸史积疑，亦举其大者晰焉。书成凡二十四卷，付之剞劂，名之曰“经史晰[③]疑”，而吉林伍观察坦园先生泰暨高要龚宗丞简庵先生骖文为之序。吁！岂非人师、经师合而为一者耶？宜乎绥江人士爱之、敬之、效之、法之！于其归也，乃相与咏歌而饯送之，且思之慕之而不置也。

抑尝论之，学莫尊于经术，故士苟通一经，斯可以登大雅之堂矣，况诸经皆通、经经纬史者乎！窃见吾同年中，立功立事、以从政见称者不具论，而文采著见之士，大抵多在于词章之学，以彪炳于当世，然求其笃实辉光、以经学称如松柏之后凋者，君一人而已。然则君之声名流传后世、久而愈新者，不犹愈于诸君子所得哉？则信乎覃溪先生之巨眼为不可及也。

唯余自入史馆后，以非才改官，兹借讲院以作枝栖，政事文章一无所就，则亦对君而滋愧耳。况君今行年七十有五，而精神矍铄，视听不衰，且闻还家有叠石山房之胜，教子课孙之外，其所得尤有进焉者乎？君令子茂才敏捷克承家学，亦及余门，且善承君意，然则君此之归致足乐也，而都人士之饯别，抑亦甚盛事也，饯别诗凡□[④]百首，共名之曰

---

① 乙丑：嘉庆十年（1805）。

② 乙酉：乾隆三十年（1765）。

③ 晰：原文如此，传世刊本作“经史析疑”。

④ □：原为空格。

"绥江伟饯集"，且介人以求余序。余披读之次，窃见好贤好德之诚不异古人，而又娴于声律，古今体各擅其胜，可以行远而传后，则于君之为人，不又有相得益彰焉者哉！故乐得而为之序，且并和君《留别寅友诗二首》韵以政焉。

——录自冯敏昌《小罗浮草堂文集》卷二

《绥江伟饯集》序

高超伦

盖闻士林矜式，必归秉道之儒；艺圃师资，允藉通经之彦。为模为范，薰德者不独青衿；亦步亦趋，依光者讵惟榆社。故朱蓝附近，生徒每思挽驾于阳城；而胶漆相投，朋侣永乐倾樽乎北海。既披云之有幸，自睹景之难忘。灞岸依依，河梁款款。

外翰梅林陈先生名高俊选，品重圭璋。溯汉代之宗风，世仰德星誉望；纪潜州之政绩，人歆廉吏子孙。冀北扬镳，金殿早闻夺席；山南隐雾，桂林未借全枝。幸兹秉铎绥江，快睹垂规州序。陶成有本，教首重乎彝伦；启迪多方，义必原夫经术。殚三冬之著述，岂徒夸寿名山；耽二酉之丹铅，尤欲发蒙来学。所以抠衣负箧，咸资提命之勤；抑且问字执经，期广渊源之授。涵育既周乎多士，沾溉遂逮夫同人。相摩皆等故知，久萃已同桑梓。消人鄙吝，高怀远托云霞；泯厥形骸，厚谊坚如金石。吟风弄月，情欣披拂，客不避夫毡寒；劝学兴贤，望重师儒，主岂辞乎署冷。

胡乃遂初有赋，遽怀解组之思；自缘时术已成，故引悬车之义。忆对床之夜雨，苏子瞻无意宦游；恋聚顺于家园，刘孝标何心腰绶。练江溪畔，重开绿野之堂；叠石庄前，不负碧山之约。信天伦之有乐，宁尘网之能萦。思莼无待乎秋风，返棹遂乘乎春浪。

讵念鳣堂坐久，瓣香犹祝南丰；因思槐市荫长，嘉树同铭伯起。叨赠言于赋别，珠玑一一[①]，倍蒙衷曲之投；酬惠好于临歧，篇什盈盈，莫罄缠绵之绪。念识荆之匪易，将追昔款以摅辞；怅忆李之为劳，亦盼后期而拂翰。东都盛事，欣再纪乎诗歌；南郭休声，冀并垂夫家乘。附赓雅韵，薄表葵诚。

时嘉庆十年春三月。

——录自光绪《四会县志》编八《集部》

按：高超伦，字挺生，四会县人。年十二游泮，督学使者以神童目之。十九岁中式乾隆二十一年（1756）丙子科举人。家贫，无力北上，未尝与会试。逮谒选，得甘肃大通县知县，清慎自守，寒素依然。寻改教职，任潮阳县教谕。旋复解组归里授徒，远近争师之。于学无所不窥，尤工诗古文辞。任潮阳教谕时有五律《潮阳过莲花峰吊文信国》一首。（光绪《四会县志》编七、光绪《潮阳县志》卷二十二）

① "一"字漶漫不清，据文义径补。

重建忠义祠记

陈蕃①

吾邑自昌黎韩公刺潮，存神过化，闻风兴起，忠臣义士，代不乏人。海滨邹鲁之称，由来旧矣。雍正三年，始奉旨建忠义祠于儒学之西南隅，祀乡先生殁而可祭于社者。自唐至国朝共一百七十八人，或政绩著于阙廷，或德行孚于乡党，名实相副，克协公评，俎豆而馨香之，关于世道人心，为典甚巨。历年既久，榱桷倾颓，每一过门，未尝不怦怦心动也。

戊辰②冬，岁贡王君锡章、武庠郑君国瑛等谋佥题重建。乃鸠工庀材，施黝垩，饰丹漆，阅十月而告成，属记于余。余惟学校之设，以育贤才；忠义有祠，以励风俗。吾邑得山川形胜③清淑之气，磅礴郁积，往往多魁奇忠孝节义之士，载在邑乘，章章可考。愿过是祠者，爱之敬之，从而则效之。且地邻学宫，修士藉以熏陶德性，变化气质。处则为正士，出则为纯臣。建勋业于当时，流声名于后世。则今日之重建是祠，不特以慰舆人之思，实大有造于名教也。因书数语记之，以勒于石。

——录自嘉庆《潮阳县志》卷十九《艺文（中）》

重修始祖致庵公墓暨太安人吴氏墓碑记

陈　蕃

祖之有祠宇也，灵爽凭焉；祖之有丘墓也，灵魄藏焉。故修其祖庙，瞻扫封茔，为典最巨。

吾一世祖致庵公暨妣吴太安人有祠庙以妥神，有祭品以展祀，亦既申报本追远之诚矣。而瞻扫封茔，墓祭无所，春露秋霜，未尝不兴怀陨涕也。谱载祖葬惊霜岭，坐申向庚，祖妣别葬惊霜岭娘子山，坐坤向艮，墓右大石上刻“陈公墓道”为记。因明末扰乱，杀戮遍野。至国朝初年，又迁沿海居民尽入内地，流离颠沛，靡室靡家。展界后回乡者不满数十人，父老失传，故百馀年来，苗裔数千，俱疑惊霜岭在闽省地方，置之度外。

嘉庆壬申春，续修谱牒，细加稽查，见谱中三世祖妣有载明“葬本里惊霜岭”之文，触类旁通，心胸顿豁。于三月初八日，率胞侄有筠、族侄育嘉，带罗经谱牒至岭后咨访。幸祖灵赫濯，引至坟所，按谱坐向，不爽毫厘，益信谱中所载可据。遥望岭上旁陵，有修妆□名，应有娘子山在其左右，次日再就修妆旁陵搜寻，蒙祖灵默为指□，即到内阿荒冢上开经，果与谱中坐坤向艮毫厘不错。且闻此坟几被他人买迁，故坟身概被锄毁，仅馀两手，未尽压埋。派孙同时目击者俱悲填胸中，喜出望外，非仗天地祖宗福庇，何以二墓失修几二百年，□能连日寻得，今而后瞻扫封茔，墓祭有所，春露秋霜，皆子孙所日夜□心

① 原署为“四会教谕陈蕃，邑人”。

② 戊辰：光绪《潮阳县志》卷二十二于其前有“嘉庆”二字，即嘉庆十三年（1808）。

③ 形胜：光绪《潮阳县志》卷二十二缺此二字。

坠泪念不到此者也。

遂筮卜于三月念五日，开探二墓，果系单葬。即欲兴工修理，族大人多，或有忌克，未敢轻动。因请择吉于漳州杨趣□先生，延至甲戌年十月念六日兴工修祖墓，念九日午时竖碑；延至乙亥年八月十八日兴工修妣墓，念一日巳时竖碑。各加培补，以展孝思，以肃观瞻，以安灵魄。则入宗庙而生敬，履丘墓而生哀，为典最巨者，无不两得之矣。

嘉庆二十年乙亥仲秋十六世孙蕃记。

——录自民国重刊《豪山陈氏族谱》

《重修始祖致庵公墓暨太安人吴氏墓碑记》后跋①

陈　蕃

忆嘉庆壬申三月念五日，开探祖坟，果系单葬。再探妣墓，而棺木无有，乃探掘近南，即得妣坟，亦系单葬。灰圹微有毁伤，工人登时掩密。始知此坟被人侵占，贴近祖妣墓北，想祖灵显赫，令他家室不得安宁，故石碑石床自行迁去。较数年前几被买迁，又是第二回厄运矣。触目伤心，负罪曷极。欲俟合利才修，恐垂暮老人不及亲见。岁月荏苒，于今三年，幸二墓修理竣工，咸得稽首坟前，非赖祖灵福庇，未易致也。

窃叹先人葬穴，未尝不思深虑远，墓门不立石刻字，此系元朝风气，但墓右大石上刻有“陈公墓道”为记。祖之来龙初发脉，又立有“明壶山陈公墓”，窨堆后径大路旁，又立有墓道碑，深刻官衔，朝拱坑内。加以族谱记载，分金坐向甚明，随在俱可识认。无如明际末运，□夷海氛，相继陆梁，豪山寨毁，而族势稍散。清初斥地，靡室靡家。康熙七年展界，族中得旋归者不过数十人。时异世殊，土名俱易，老成凋谢，群疑丛生，非赖先人谱牒揭明“本里”二字，何由触发？墓既修复，如梦初醒，此理之彰明较著、无可狐疑者，乃有昏愦之人转以秦越视之，岂不深可慨哉！秉笔书此，为之三叹！

嘉庆乙亥年初冬十六世孙蕃跋，时年八十有五。

——录自民国重刊《豪山陈氏族谱》

《豪山续修族谱》序

陈　蕃

自三代以降，大宗、小宗之法既废，士大夫家各自为谱以纪世系、序昭穆，使历世虽远，子孙虽多，按谱而追原本始，恻然兴仁义之心，而笃尊祖敬宗之道于无穷焉，谱之有关于世教也审矣。然生育少壮老死，月异而岁不同，苟非续而修之，安能世代相承，尊卑不紊，克成完璧哉。

吾族自洪武八年乙卯观保公修立谱系，自为之序，盖溯开峰公自福之莆田来官于潮，因而家于潮阳之豪山，至公才三世耳，乃本源所自，久恐就湮，故追自迈公于唐武德间官

① 该跋原附于碑后，题为编者所拟。

莆田，因家莆阳，传至宋津公二十二世，合此三世，连为一谱焉。厥后嘉靖元年壬午，有宜昊、日昌、邦朔、复初诸公复行修谱，考时乡宦林公绍为之序云：“今三十四世，支派之远，旧皆有谱以载之，此又合在莆之谱而为一也。”两序俱在，可核视也。奈世远事湮，干戈扰攘，斯谱已失而难稽矣。今所传者，乃开峰公奉厥考津公创基于豪以来一十一世之谱也，以津公为始祖。修之者明教、熙文两公，于万历年间董厥事，序之者乡宦姚公东阳。虽不得溯本源之远以及莆，且九世、十世间父子相继，多莫指明生卒葬娶，字号多缺，谅扰乱之馀，未由稽考。顾向非两公，则我等自居豪以来，譬诸木本叶附枝连，譬诸水源支分派别者，焉得至今照人耳目哉？此皆二公职司其劳之所致也。

今则缺而未修者复十馀世矣。幸际升平之世，叔兄弟侄同处一乡，犹可认其血脉之一贯，倘离居别处，彼此各方，至亲不等秦越乎？乾隆四十年，先君东溪公参稽旧谱，略加补订，拟会众续修，迁延未果，今又隔三十馀年矣。是以会吾族人于嘉庆壬申年三月初六日，入祠告祖，虔仗祖灵，默相众志。延至戊寅而刻工始竣，用牲诣庙，告成于祖，而分藏之，使知流虽远，枝虽繁，而要不外于本源之一也。谱牒明则世代相承，尊卑不紊，恻然兴仁义之心，咸笃尊祖敬宗之道于无穷焉，子子孙孙勿替引之，是所愿也。

嘉庆二十三年岁次戊寅，十六世派孙、原任肇庆四会县儒学教谕梅林蕃谨序，时年八十有八。

——录自民国重刊《豪山陈氏族谱》

《（洋汾）陈氏族谱》赞[①]

陈　蕃

猗欤我宗，系出福漳（蓬山，聚于族始祖纯庵公）。太丘遗裔，紫绶蝉联。先公悠久，作宰于棉。羡潮仁里，择居处乡。螽斯衍庆，源远流长。更有从祖，为世名贤。叨中贤书，谒祖显扬。序厥系谱，世代昭然。南溪公胤，忠厚弥绵。肯堂肯构，荣名耀先。诚哉圣言，悠久无疆。

时乾隆五十八年癸丑十月之东，选拔进士吏部即选儒学教谕愚侄河浦蕃顿首拜撰。

——录自《（洋汾）陈氏族谱》抄本

《豪山续修族谱》序

陈光峡

盖闻谱牒之善，雅推重于欧阳图系之精，实尽法于司马。代远年湮，惟凭记载；支分派别，端赖简编。诚以族谱之不明，何由世次之莫紊。溯自史奏德星，发祥开颍川之绪；兵随大驾，创垂肇莆邑之基。一则兴于汉，再则盛于唐。居刺桐之巷，义门之比户可封；登大壶之山，西院之里闾堪表。衍四派之流传，以似以续；垂四院之房号，俾炽俾昌。

宋末运否，憺公在官，以甲科之进士，任刺史于潮州。避乱棉邑，卜宅豪山。户口有

① 该赞由陈新杰兄提供，题为编者所拟。

日增之势，子孙著辑睦之风。厥考尝判循州，尊为始祖；岳翁别置祠宇，荐以馨香。自宋开基，诒谋于兹甚远；绳莆奋迹，创业自此特隆。五房分序，四代谱修。嫡派倡于前，群孙踵于后。嘉靖登宝，林户部之彩笔增辉；万历改元，姚明府之文词彪炳。既遭隆庆寨毁，复值明季鼎迁。迨及国初，流氛未靖。令严清野，族苦离居。嗣幸周、王二公，视民如子。悯飞鸿之在野，蒿目时艰；偕血疏以具题，披肝奏复。收遗派于流离散失，开缔造于芒刺荆榛。经营已遂，生齿日繁。不藉谱牒以维持，谁明世代之秩叙。在昔於潜县公经参稽而补订，于今四会儒学始率众以续修。爰集绅士衿耆，告以按房录缴。喜人文之蔚起，族势将兴；务世系之详明，校正不忒。杀枣梨以昭来许，施剞劂以垂永年。上以缵先人之绪，下以启后贤之心。子子孙孙按是谱而遵守之，自历万世而不刊矣。

嘉庆二十三年岁次戊寅，十六世派孙、丁卯科副榜、庚午科举人翠峰光峡谨序，时年八十有七。

——录自民国重刊《豪山陈氏族谱》

《读白华草堂诗二集》序

陈作舟

溯韩江五百里而上梅州之镇平，有黄君香铁，予弱冠即耳其诗名，咸称为才子。比香铁以副贡留京师，公卿争欲以科第罗致之，香铁夷然不屑也。己卯①举京兆，嗣以充国史馆缮书，将次铨令，辞就教职。品既高，名益噪。郑邸者，今之河间也，读香铁诗，大叹赏，谓乾嘉之际，惟洪稚存庶几颉颃，欲延之课世子诗。时惠邸亦属程春海侍郎聘一记室，程致书愿为曹丘生，劝香铁往。香铁皆辞焉。予闻益慕之，神交且万里也。

道光丁酉②司铎吾棉，闻其来，始而喜，既而疑，意近今名士多难向迩，乃刺投，蒙倒屣迎，胸腑洞然，握手欢甚。长予二岁，遂兄事之，晨夕过从，得遍读所著《赋抄》《经馂》《史响》《铁庵丛笔》诸书，宏通博洽，匪特诗也，觉向所闻犹未足尽香铁也。而予之交香铁则仍以诗，得一句必走商，易一字长屡质，香铁不以予为烦；间敲香铁诗一二，香铁不以予为妄。莫逆于心，相视而笑。

己亥③春，予权广州郡博，属以《一集》诗十二卷校付手民，重命为《二集》序。夫以舟好香铁诗之笃，因校雠之役，快读十数遍，幸矣。学浅识陋，乌能序其诗哉？且香铁诗自有定评矣。端木鹤田中翰谓香铁诗精英在外，质实在内，尤有志于古烈隐迹，发挥其事，使生气在目，乃诗家龙门。潘四农解元谓香铁诗一气旁魄，五光陆离，由炼入工，以豪得健，大氐风华得之牧之、义山，爽直取之子瞻、鲁直两君，并深于诗，不轻许人者。其交推香铁诗如此。舟固毋庸赞一词也。

校刊斯集毕，爰略叙其生平，并舟得订交之故于简端，顾生长隔五百里，神交且万里，迨为我邑师，始得相过从，迭唱和。盖两人春秋俱五十馀矣。

---

① 己卯：嘉庆二十四年（1819）。
② 丁酉：道光十七年（1837）。
③ 己亥：道光十九年（1839）。

潮阳笠渔弟陈作舟。

——录自黄钊《读白华草堂诗二集》卷首

宁戚饭牛赋 以“崇朝饭牛薄夜半”为韵

陈作舟

昔齐之创霸，聿有宁戚，实佐桓公。构伟绩，树丰功。东海是表，南山比崇。稽良辅升庸之始，有古贤巷遇之风。齿真马长，牿岂牛童。短褐一肩，久伴垂髫之牧竖；后车十乘，终收种髮之英雄。方其怀才未遇，托业无聊。负椺岁岁，荷笠朝朝。狗盗鸡鸣，漫作朱门之客；驴呼马应，且偕绿野之樵。谁谓无牛，忽等五羊之自鬻；居然尔牧，畴能千驷以相招。时也旌旆来，郊圻晚。人已稀，牛初饭。莫问齐君送客，此别何如；请听宁子之歌，会心不远。夫固谓君王得我，朽驭何难；初不等贫贱骄人，背骑较稳。三章唱远，四野风秋。斜月欲堕，痴云欲流。老我生涯，暂茆屋之抱犊；使收天下，应桃林之放牛。公方驻听，从者迟留。知有齐相之术，羌同适野之谋。下莫与言，异歌风之过孔；命彼同载，若梦熊之翊周。相遇情殷，相逢暮薄。局量沈深，精神磊落。未展奇材，先明大略。高论纵横，壮怀开拓。待尔牛衣甫脱，便辞喘月之栏；毋令牛后同讥，用锡乘轩之爵。与子偕行，得时斯驾。昔也豹藏，今也龙化。不然者渺渺中原，漫漫长夜。书虽挂而焉求，鞭虽长而莫借。方且徘徊于栈豆之间，局促于短辕之下。是则出处何常，升沈顿判。蹉跎陇亩，虽宁子之能贤；物色风尘，实齐侯之善断。苟以此论得士之权舆，求为邦之贞干。譬诸庖丁解牛之智，目已无全；通乎伯乐相马之经，思应过半。

——录自《赋海大观》卷二十五

《韩江闻见录》评语二则

陈作舟

《辟谷翁》评语

旁门悉杜，众妙洞开，铸一字以千金，握片言于三宝。得吾儒守约之旨，自无难发彼教通玄之关矣。先生之邃于理，无往不彻如此。

世侄陈作舟谨识。

《脱水火灾数事》评语

此卷类皆仙鬼变怪、可惊可愕之事，而语语归合正宗，所谓以震世者觉世也。经心史才，并为妙论。

世侄陈作舟识。

——录自郑昌时《韩江闻见录》卷五

自题墓碣[①]

陈作舟

道光甲午权三水县训导，己亥权广州府教授，甲辰卜斯宅兆，遂勒衔竖碑焉。旋于乙巳奉旨加州同衔，丁未奉旨钦加五品衔，戊申选授罗定州训导，三者皆议叙也。戊申秋笠渔陈作舟自记并书。时年六十。

按：陈作舟墓位于河浦龙角墓山，该墓碣题于其墓侧石上，题为补纂者所拟。

诗编

潮州竹枝词[②]

陈敏捷

其二

韩山西畔凤凰台，台下梧桐四面栽。分付园丁勤爱护，昨宵亲见凤飞来。

其四

鳄溪五月斗龙舟，夺锦人争水上流。为语风波近来恶，好回头处便回头。

——录自光绪《潮阳县志》卷二十二《艺文（下）》、《潮州诗萃》乙编卷十九《清》

雨中过篷辣滩

陈敏捷

蓬辣之山上插天，蓬辣之水下重渊。山高水急石蹲伏，惊涛喷薄何茫然。篙工已说滩头险，况复雨箭攒前川。江峡闪烁雷霆斗，排山浊浪掀孤船。船头双桨船尾柁，转柁飞桨势倒悬。此身疑在箕上簸，闭目疑在水中眠。珠倾万斛乱跳跃，篷开四面皆云烟。周围山色浑难辨，但闻风雨水石声相连[③]。浪花沸腾蛟龙走，轻舟似隼落平田。又似强弓劲弩矢脱弦，骏马下阪快着鞭。乘风破浪本来惯，须臾帆挂凤台前。人生不从风波过，安得身到瀛州望若仙。

——录自《潮州诗萃》乙编卷十九《清》

① 此则为陈镇清君示知。

② 光绪《潮阳县志》卷二十二只载“其二”“其四”两首。

③ 原书将“相连”二字与“浪花沸腾蛟龙走”断为一句。然此处“连”字应为韵脚，径改。

舟过石龙

陈作舟

夹水皆墟市，迢迢数里长。窑烟通岸白，崦日满船黄。小泊缘沽酒，宵征恃薄装（江面时多夜劫）。江湖豪客辈，应不觊诗囊。

——录自陈昙《师友集》卷十四

癸巳秋海珠记游六首[①]

陈作舟

城下珠江水，江中珠寺浮。缭垣围水气，丛木聚江秋。鳞瓦参差出，文波左右流。仙山无远近，乘兴即瀛洲。

形胜盘孤屿，登临思渺然。一江人影杂，四面橹声圆。铁锈将军炮，金销蛋女船。可怜歌管乐，占断白鸥天。

珠石传南海，楼台往迹存。凌虚疑蜃吐，倒影与江吞。今古中流镇，寻常积潦浑。怀哉昏垫后（广肇被淹，今岁特甚），叠叠认潮痕。

侧闻李忠简，营建壮浮屠（宋李忠简公在此读书，登第重建慈度寺）。海月书灯影，栏花笔阵图。斯文今宛在，彼岸昔印须。为甚搜奇者，灵踪托贾胡（旧传，贾胡持珠至此，珠飞入水，遂成珠江）。

□今弦诵处，已作表贤祠（李公祠名）。俎豆馀芳洁，鱼龙肃渺泺。赐名堂额重（“久远堂”额，宋时御书），汲古井泉知（庭有一井）。读罢迎神曲（壁悬版书湛公《迎送神辞》），中洲恍翠旗。

堞树萧萧下，龛云冉冉香。兵闲环佛坐，客到觅诗忙。古刹忽金碧，远波摇夕阳。言随钟响渡，回望烟苍苍。

——录自陈昙《师友集》卷十四

① 潮学网友豪山西亭（陈镇清）君示知二首（其二、其三），复于陈昙《师友录》第五册（手抄本）得其全六首。

读苏诗戏作

陈作舟

公把西湖比西施，我道施兮乃公诗。公诗奇恣杂怒嬉，拟之粉黛闻者訾。请外牝牡忘黄骊，容予小子申管窥。淡妆浓抹谁见之？粗头乱服公在斯。落笔岂须矜与持，洒洒落落天人姿。左顾右盼生光辉，折还中矩周中规。正似浣纱溪水湄，旦遭物色披绣袿。登车□[1]去无忸怩，入宫仍娴礼与仪。无何流落随范蠡，五湖冷不闻歔欷。时或顾影颦双眉，旧恩犹念势则移。搴芙弄水娇且痴，尔贵尔贱心平夷。公亦迁谪凭人挤，岭南海外置固佳。有水即舟山即跻，有酒辄醉醒辄题。抚景间涉歌五噫，如秋风起令人凄。忽焉静寂和天倪，星月在天水不漪。世人苦学杜拾遗，杜诗自圣非我时。精深博大良当师，效为哀泣涕胡来。无病自呻壮杖藜，渐入膏肓病不治。忧郁法须疏肝脾，急翻苏集公良医。

——录自陈昙《师友集》卷十四

问罗浮

陈作舟

询客罗浮游，客笑茫莫答。云时游诸峰，拟遍四百卌[2]。望奢理难酬，插天空丛沓。处处云片生，随风忽凝合。山蹊迷重重，软不受践踏。措足防深崖，牢心护酒榼。隐闻泉水声，仍被松响杂。寺观虚无中，檐露影旋歙。释子与黄冠，如虱藏絮衲。又如钩画图，白纸铺未搨。闭极散郁蒸，丝雨霏飒飒。雨歇云亦开，林樾尚挂搭。方知途不歧，昧中枉数匝。冲虚礼真人，酥醪借草榻。佳获遗者多，仙佛意弗纳。劝君恣游探，占晴屐始蜡。

——录自陈昙《师友集》卷十四

游白云山蒲涧寺有作

陈作舟

需次闲无奈，寻山作胜游。山花如笑我，故里山更幽。图远劳何益，争名得亦浮。载瞻高岭上，千古白云留。

蒲涧仙人宅，千林匝晚烟。几通朝阙路，聊纪养生篇。身贱饶清福，官卑逊力田。思量消热念，一饮涧中泉。

——录自陈昙《师友集》卷十四

① 该字模糊，疑为“竟”字。

② 卌：同“卅”。

对月

陈作舟

不辞风露冷，月自故乡来。枕席流光满，轩窗彻夜开。鬓苍应莫照，衣薄正须回。定及山房里（家有叠石山房，详郡、邑志），黄昏□[①]倚梅。

——录自陈昙《师友集》卷十四

应蓉石先生属题《明贤诗社图卷》[②]

陈作舟

东南画角吹，百尔防正夷。展卷增长喟，宽闲彼一时。（道光壬寅春月书，应蓉石先生属题即正，笠渔陈作舟）

——录自方浚颐《梦园书画录》卷十五

题《中外群英会录》[③]

陈作舟[④]

朗吟寰海集衣冠，一一赓酬兴未阑。千古让翁诗境辟，径将重译置骚坛。

价重鸡林名不虚，还咱[⑤]剥啄响侨居。木难火齐平量斗，来换先生几部书（越南国使购先生文章游戏十部归国）。

一卷南音间粤音，将归岛国更题襟。公云海外存知己（先生于是集中戏改唐句云："海外存知己"），可动乘桴浮海心。

——录自缪艮编《中外群英会录》上卷《题词》[⑥]

饮卓锡泉忆大颠

陈作舟[⑦]

泉石犹存一味禅，泠泠碧涧锁寒烟。径携锡杖岩间去，不待杨枝叶上传。花落自随流

---

① 该字模糊，疑为"待"字。

② 题为补纂者所拟。此诗为潮学网友豪山西亭（陈镇清）君示知。

③ 该诗作于道光十四年《中外群英会录》付梓时。

④ 陈作舟：原署"潮海阳东作舟（笠渔）"，"东"为"陈"之误，径改。

⑤ 咱：此字疑误。

⑥ 转自王伟勇：《诗词越界研究》附录《中外群英会录集》，台北：里仁书局，2009年，第452页，"陈作舟"误作"东作舟"。此诗由陈镇清君示知。

⑦ 陈作舟：原署"国朝罗定训导陈作舟，字笠渔，邑人"。

水远，波澄疑有毒龙眠。夕阳古寺人何在，剩得跳珠个个圆。

——录自光绪《潮阳县志》卷二十二《艺文（下）》、《潮州诗萃》乙编卷十九《清》

潮阳竹枝词

陈作舟

邹鲁潮阳旧有名，城里弦歌城外耕。阿侬爱听西关口，一抹烟笼打麦声。

残烟漠漠练江湄，忙煞晚晴如画时。背树斜阳人影乱，行行都是趁墟期。

寒食家家扫墓还，相逢同过伏龙冈。空山日落晚风起，飞挂纸钱多白杨。

为赛灵神沸管笙，衣香人影簇春城。窥人恐被人窥去，扇底秋波半角明。

绣罢小姑绩纻忙，机声遥度女红墙。织成不向街头卖，待嫁郎时好衣郎。

捕鱼夫婿弄渔船，不事扶犁不种棉。到使儿家衣食足，真疑沧海是桑田。

海门波浪打城头，海门城中儿女愁。日斜风定海边望，遥指归帆杂片鸥。

卤地人家造卤宜，较将耕敛易农时。河东河西好晴日，晒得冰盐渍荔支。

后溪水比前溪清，前溪月共后溪明。处处蜑①船争向月，三更不断管弦声。

——录自光绪《潮阳县志》卷二十二《艺文（下）》、《潮州诗萃》乙编卷十九《清》

游罗浮（其二）

陈作舟

得意常慕仙，失意多学佛。予本懒散人，无得亦无失。信步随所之，偶先造禅窟。高高华首台，路入青松密。台后锦屏峰，天工幻画笔。有石合掌迎（中有合掌岩），延坐亭如笠。面亭挂飞泉，溅雪风拂拂（崖上刻飞云溅雪）。引我长短吟，清从肺腑出。吟声杂泉声，是二还是一。老佛闻之笑，本来无一物。

——录自光绪《潮阳县志》卷二十二《艺文（下）》、《潮州诗萃》乙编卷十九《清》

---

① 蜑：《潮州诗萃》作“蛋”。

和吕小伊羊城相见之作

陈作舟

岂知萍梗泛，珠海得相遭。语夏言尤雅，纫秋佩并骚。鳌看今吕钓（小伊时得超委），楼笑昔陈豪。却为同声应，催予染秃毫。

久恋园林乐，闲云出岫迟。绮窗吟烛伴，花坞喷壶持。来合敷文去，归偏给假驰。应怜闺里月，对影怅轻离。

——录自《潮州诗萃》乙编卷十九《清》

题小伊刻烛吟馆诗抄

陈作舟

一管江郎笔，天生绝点尘。妙参无碍法，闲属自由身。镂月玲珑影，胎花富贵春。年来桃李树，培植盼芳辰（小伊卸曲江训篆，今未出山）。

排日敞吟馆，联吟欢友朋。吻花齐刻烛，心镜独传灯。瀛海波澜大，骚坛壁垒增。久甘居压倒，搁笔记吾曾。

——录自《潮州诗萃》乙编卷十九《清》

以竹烟筒赠三水令附之以诗

陈作舟

冷暖节长在，操持心本虚。当教通气味，不用费吹嘘。

——录自《潮州诗萃》乙编卷十九《清》

自题罗浮看云图

陈作舟

商山曾备一囊收，碧玉老人今在不？好把我家传胜事，百年五代到罗浮。

——录自《潮州诗萃》乙编卷十九《清》

自题彩云洞墓（二首）

陈作舟

其一

自营窀穸甲辰年，岁遇龙蛇且听天。春问桃花秋访菊，此间行乐及生前。

其二

彩云洞口几徘徊，醉倚山屏海作杯。纵到百年幽室闭，蓬莱清浅我还来。

（大清道光二十四年岁次甲辰秋月，笠渔陈作舟题并书）

——录自彩云洞墓侧石刻

游翠峰岩

陈作舟

依旧群峰错犬牙，寻幽闲趁夕阳斜。青岩石屋仙姨庙，绿野烟林客子家。尽日登攀人似蚁，一秋祈祷雨如麻。还应觅句邀神助，五色笺披谷口霞。

——录自陈新杰《潮阳金溪〈刘氏家谱〉录存诗作》（见潮州地方志办主编《潮州》，2013 年）

按：诗题原文未录，兹据刘廷猷撰《甲寅汇辑先王父与陈、柳、欧、张诸子〈游翠峰岩〉诗于行状中，遂因其韵，别作七律一首，以志其后》拟题。

和平开渠之役，陈笠渔学博作舟以诗来颂，赋此奉答

黄钊

缝掖章甫冠，岂能躬耒耜。贤侯戒星驾，邀我看疆理。水从南山来，田自东洋始。歉收数百年，弥望馀卅里。汝民患旱卤，维侯审原委。溉汝东洋田，引彼南山水。川涂历横纵，耳目劳听视。蓄淡先堵咸，是在东溪矣。东溪须筑堰，村农更欢喜。经始正复难，畛域分彼此。侯曰予何心，瘠鲁以肥杞。经费若不敷，余且捐俸耳。我将奉功令，宣讲诏闾史。本业重农桑，圣训讫远迩。□民赖司牧，司牧体天子。兴锄已有泯，负耒亦有士。侯惟率作之，我但观成尔。方春在和平，沿村见桃李。《月令》笥箧中，《豳风》画图里。周视近原野，隔别远城市。浃辰返学舍，君诗置我几。蔿敖芍陂歌，朱邑桐乡祀。神明宰无惭，我佛恐遭毁（笠渔来诗有“谁把《豳风》图绩绘，貌君如佛宰如神”之句）。贪天功敢争，因人事堪耻。勉修治事□①，或以报知己。

——录自黄钊《读白华草堂诗·苜蓿集》卷二

笠渔需次羊城已匝月矣相见之下不能无诗

吕玉璜

秋水雄雌剑，何期意外遭。故人方干济，苍鬓各萧骚。官冷肠还热，情深话转豪。海珠潮正涌，合与涤吟毫（时以《游海珠寺》诗见示）。

① □：该字模糊不辨，疑为“齐”字。

十载不相见，幽忧阻宦迟（笠渔将就选人，即丁外艰）。海邦畴我与，风雅共君持。客邸怜鸥住，乡心逐雁驰（余时拟请假）。抽帆枫落后，又作一番离。

——录自《潮州诗萃》乙编卷十八《清》

晚泊三水有怀笠渔

吕玉璜

三十六江楼，楼前一叶舟。山城沉树暝，海月落帆秋。有客工吟咏，相思作鹭鸥。能来今夕梦，亦足抵淹留。

——录自《潮州诗萃》乙编卷十八《清》

酬陈笠渔广文作舟

张维屏

离乱君为客，萍蓬少定居。军声惊唳鹤，乡梦冷鳏鱼（君方悼亡）。赖有吟篇富，能将郁抱舒。扶衰无别物，我亦藉诗书。

——录自张维屏《张南山全集》第二册《松心诗集》壬集《花地集》卷三

潮阳荔枝词百首（选一）

谢锡勋

卤地人家卤汁咸，沿河随处晒冰盐。秀才饶有黄齑味，摘得荔枝当菜腌。（陈作舟，字笠渔，国朝潮阳人。官罗定训导。其《潮阳竹枝词》云："卤地人家造卤宜，较将耕敛易农时。河东河西好晴日，晒得冰盐渍荔枝。"）

——录自《潮州诗萃》乙编卷三十三《清》

八 著述（增补）

陈英猷《演周易》四卷，清乾隆十八年陈氏叠石山房刊本。

存，广东省立中山图书馆藏。

《潮州艺文志》卷一《经部·易类》著录：

“陈氏英猷《演周易》四卷（道光《广东通志·艺文略一》），未见。

乾隆《潮州府志》二十八《儒林传》（略）。

宗颐按（略）。”

《潮州志·艺文志·经部·易类》载：

“《演周易》四卷，清潮阳陈英猷撰，存，乾隆十八年刊本。

《阮通志·艺文》著录。《周府志·本传》：是书分为《说数》《说辞》，多夺邵氏之席，而翻程朱之白。

《自序》云（略）。

谢如式《序》略云（略）。”

按：是书《自序》作于乾隆十六年，翌年英猷卒。越十八年，其弟泰年为刊行。乾隆三十七年，李文藻知潮阳，先后刻惠定宇《易例》《周易古义》，殆以叠石之影响。然州人于汉《易》终无研治者，兴起乏人，为可叹也。

陈英猷《演周易》四卷，民国抄本。

存。

陈英猷《孙子兵法选注》。

已佚。

陈英猷《〈司马法〉删本会意解》。

已佚。

陈泰年《东溪文集》四卷。

已佚。

陈泰年《潜州信谳录》二卷。

已佚。

《潮州艺文志》卷八《子部·法家类》饶锷先生按：“此《潜州信谳录》及文集，《通志·艺文略》不著录。忆宣统初元，余至潮阳，曾与大令后人游，询以此书及叠石先生易学，云《信谳录》家有写本，当时匆匆未及借览，今沧桑屡易，又不知其稿尚存否。”

陈泰年修订、陈蕃重订《豪山陈氏族谱》，民国三十二年癸未重印本，六册。

存。

《潮州志·艺文志·史部·补遗》载：“《豪山陈氏族谱》，清潮阳陈泰年修订，民国癸未重印本，六册。”并录其自序云：“谱自洪武年间，适孙观保公笔之于前。嘉靖年间，又有宜昊、日昌、邦朔、复初等公笔之于后，皆合在莆之谱，连而续之。观观保公自为之序，及宜昊公等之请林绍公为之序，可知矣。然斯谱已不可得，今兹谱乃万历年间所集，为之序者姚东阳公，司厥事者明教、熙文两公。细按斯谱，详加考核，为之订正。序作于乾隆四十年乙未，又有嘉庆二十三年泰年子蕃序。不录。”

陈蕃纂辑《经史析疑》二十四卷，清嘉庆七年志道堂刻本。

存。

《潮州艺文志》卷九《子部·杂家类》著录：

“陈氏蕃《经史析疑》二十四卷（嘉庆《潮阳县志》十六《文苑传》）。存，嘉庆七年四会学署刊本。

陈蕃自序（略）。

五泰序（略）。

龚骖文序（略）。

洪书跋（略）。

嘉庆《潮阳县志》十六《文苑传·陈蕃》（略）。

锷按（略）。”

陈蕃撰《诗集古文辞》六卷。

已佚。

嘉庆《潮阳县志》卷十六《人物·文苑》：“遗《诗集古文辞》六卷、《经史馀闻》四卷。”

陈蕃撰《经史馀闻》四卷。

已佚。

《潮州艺文志》卷九《子部·杂家类》：“《经史馀闻》四卷（嘉庆《潮阳县志》十六《文苑传》）。未见。”

陈蕃等纂《叠石山房志》。

未见著录。存抄残本，不分卷。

《绥江伟饯集》二卷。

刻本，已佚。

光绪《四会县志》编五《宦绩》：“（陈蕃）十年致仕归，有《留别诗》四章，一时和者若而人，遂并各僚友送行诗成《绥江伟饯集》，邑人高超伦作序梓行。”卷八《艺文志·集部》：“《绥江伟饯集》二卷（已刻），国朝仁宗嘉庆间，为教谕陈蕃撰。蕃，潮阳人，见《职官志》。上卷皆僚友赠行，下卷为邑人饯送，汇而刻之，邑人高超伦为之序。(《序》略，详见《艺文》)”陈蕃同年冯敏昌亦有《〈绥江伟饯集〉序》(《小罗浮草堂文集》卷二)。

陈作舟撰《叠石山房诗草》。

刻本，未见。

《潮州志·艺文志四·集部·别集类二》：“《叠石山房试草》，清潮阳陈作舟撰，存，刻本。”

按：据陈昙《师友集》卷十四：“陈作舟，字笠渔，潮阳人，候选训导。著有《叠石山房诗草》。”《潮州志》作“试草”，当为“诗草”之误。

陈作舟撰《罗浮篇》。

未梓。已佚。

按：陈昙《师友集》卷十四录《问罗浮》，光绪《潮阳县志》卷二十二录《游罗浮(其二)》，《潮州诗萃》乙编卷十九录《自题罗浮看云图》，略尝鼎之一脔。

陈作舟撰《羊城杂咏》。

未梓。

《潮州志·艺文志四·集部·别集类二》：“《羊城杂咏》《同声集》，前人[①]撰。据《潮阳周志》本传，作舟号笠渔，罗定州训导，与镇平黄钊为诗友，乾嘉以后潮阳论诗推为领袖。”

按：《师友集》卷十四录有《癸巳秋海珠记游六首》《游白云山蒲涧寺有作》诸作，当为《羊城杂咏》集中诗。

陈作舟《同声集》。

未梓。已佚。

《潮州志·艺文志四·集部·别集类二》：“《羊城杂咏》《同声集》，前人撰。”

① 前人：指陈作舟。下同。

附　录

陈英猷暨弟泰年、侄陈蕃年谱

周修东

宋季

豪山陈氏始祖致庵，原籍福建莆田，以宋解元为循州判。二世祖开峰，以翰林侍讲知潮州，因择潮阳河浦家焉。族以蕃衍，诗书科第，代不乏人。

陈泰年《先兄行状》："其先祖号开峰，盖闽之莆田人，于宋季由翰林院侍讲来刺于潮，因择河浦家焉。其所谓宋解元、官循州府判、号致庵者，则其父也。是为始祖。"

萧重光《特授文林郎、知县东溪陈先生传》（下称"《东溪陈先生传》"）："系出闽之莆田，其始祖致庵公以宋解元为循州府判，二世祖开峰公以翰林侍讲知潮州府事，因择河浦家焉。"

冯成修《特授文林郎、知县陈东溪先生墓志铭》（下称"《东溪先生墓志铭》"）："世为潮州潮阳河浦乡人。陈于潮阳为著姓，自其始祖致庵公，以宋解元为循州府判，二世祖开峰公，以翰林侍讲官于潮，占籍于此，族以蕃衍，诗书科第，代不乏人。"

陈昌齐《四会县学教谕梅林陈公墓志铭》（下称"《梅林陈公墓志铭》"）："其始祖致庵公，闽之莆田人，以宋解元官循州，二世祖开峰公，以翰林侍讲刺潮郡，因家于潮阳之河浦乡。"

按：民国重刊《豪山陈氏族谱》及光绪《潮阳县志》称河浦陈氏二世祖开峰公即宋代潮州知州陈憺，然据《馆阁续录》卷八《官联二》所载，陈憺，字伯霆，兴化军莆田县人。淳熙十三年（1186）上舍释褐进士出身，治诗赋。嘉定七年（1214）十一月除秘书郎，八年正月为著作佐郎。十二月除著作郎，九年八月知潮州。而《豪山陈氏族谱》则载开峰生于南宋淳祐八年（1248）戊申，卒于元延祐五年戊午（1318），其年代相去近百年，或以为族谱生卒年有误，然证之其妻室及子息生卒年俱合，而与陈憺知潮州年月不符，则河浦陈氏二世祖开峰公自非陈憺，当另有其人。然遍查方志，尚未见宋季潮州知州有疑似者，详情如何，尚待再考。

明嘉靖、隆庆间

豪山（濠浦）乡筑堡，以防倭患。陈尚昭以宦以行谊为乡所推，闻于郡县，以从事于筑堡之役。堡成，其后寇至，不敢窥兵，乡人赖之。（林大春《井丹林先生文集》① 卷十二）

隆庆二年戊辰（1568）

四月二十日，海寇林道乾攻破豪山寨，死者百馀人，陈族荡析别徙者垂将十载。

《豪山陈氏族谱》卷首载姚东阳《豪山陈氏重修宗谱序》："运至中否，□夷海氛相继陆梁，豪山寨毁，实明隆庆二年也，陈族荡析别徙者垂将十载。"

《豪山陈氏族谱》八世四房三："（陈）玺，字世璇，号玉溪。遭寇攻寨，同族众戮力攻贼，环御日久，寨赖不破。乃被族内蠹贼贪财丧行，潜开寨门，致乡内叔侄等百馀人义勇死于非命。惜哉！生正德辛未正月初一，卒隆庆戊辰四月二十。"

《豪山陈氏族谱》十一世四房长："（陈）孝实，字大允，号素泉。有勇力，隆庆二年四月二十道乾寇破寨，奋力抵御，被贼所戕。"

万历元年（1573）

海氛潜消，陈氏乃复旧居，越九载而生业始遂。

《豪山陈氏族谱》卷首载姚东阳《豪山陈氏重修宗谱序》："海氛潜消，陈氏乃复旧居，越九载而生业始遂。"

清康熙元年（1662）

元年，迁斥近海乡村。三年再行续迁。时郑成功盘踞台湾，沿海骚动，故有是令。（光绪《潮阳县志》卷十三《纪事》）

康熙八年（1669）

广东巡抚王来任、两广总督周有德先后奏准复地。

来任血疏恳请，有德继之，得旨展复，惟达濠海岛仍为界外，各乡立长生位尸祝焉。（光绪《潮阳县志》卷十三《纪事》）

族中得旋归者不过数十人。

《豪山陈氏族谱》载陈蕃《〈重修始祖致庵公墓暨太安人吴氏墓碑记〉后跋》："康熙七年展界，族中得旋归者不过数十人。"

按：沿海展界在康熙八年，此作七年，当是误记。

---

① 民国二十四年乙亥冬月潮阳郭氏双百鹿斋刻本影印本，香港潮州会馆 1980 年编印《潮州文献丛刊》之三。

康熙十五年丙辰（1676）　石泉一岁

十二月初六日，陈英猷先生（下称“石泉”）生，字式霭，幼名福，书名瑞紫，号石泉，别称“叠石先生”。

陈泰年《先兄行状》：“先兄讳英猷，字式霭，姓陈氏，幼名福。七岁就塾，名瑞紫。世居粤东潮邑之河浦乡。……据康熙一十五年丙辰十二月初六日戌时生，享年七十有七。虑无所请以易其名者，偕生徒辈号之曰‘石泉’，亦别称曰‘叠石先生’。嫂郭氏，先三年卒。女四人，男三人。”

石泉曾祖时谟，字子显，号徽典。

陈泰年《先兄行状》：“曾祖号徽典，字子显。”

《豪山陈氏纂修旧谱补订·十二世》：“讳时谟，字子显，号徽典，生明万历甲辰四月二十日，为邦几公守夫公曾孙、向川公亲孙、赞东公次子。公当桑乱之后，祖遗产业殆尽，复被先伯叔等不克守，几不能家，公之兄弟协力同心，渐次恢复。卒清顺治辛丑二月二十二日，享年五十八岁，葬于浮洋讷轩公墓下南畔。娶朱氏，号勤顺，生明万历癸卯七月初七日，卒崇祯癸酉十一月二十一日，年三十一岁，别葬于铁鸟坑，穴坐酉向卯。子一：经宇。续娶郑氏，号继德，生年失，卒年庚失，在十月二十一日别葬于县城东水门外土名网地埔，穴坐甲向庚。子一：七。妾三人，曰阿文，曰阿姚，俱无子；曰大婆，产子一，名班。”

祖经宇，字其纯，号夐阳，祖母黄氏。

陈泰年《先兄行状》：“祖号夐阳，字其纯；祖母黄氏。”

萧重光《东溪陈先生传》：“传十三世曰夐阳公，敬贤好学，际国朝定鼎之初，乡多蛇虎，公为延师除虎患，施蛇药，乡人德之。”

陈昌齐《梅林陈公墓志铭》：“曾祖夐阳公，祖亨者公，俱有隐德，详《邑志·义行》。”

《豪山陈氏纂修旧谱补订·十三世》：“讳经宇，字其纯，号夐阳，生明天启丁卯五月二十七日，为向川公曾孙、赞东公亲孙、徽典公长子。读书明理。清康熙元年诏迁沿海居，尽入内地，避居邑城，流离颠沛。迨八年，诏民复界，多遭蛇虎之厄。公与众设法除虎患，施蛇药，人仰德之。六世祖有祭田九十馀亩在潮尾，被共房人盗卖，分金与公，公责以留祭，大义却而不受，其人哂之而去，公亦无如何也。卒清康熙丙戌七月十七日，享年八十岁。娶黄氏，号慈俭，生明天启乙丑二月初九日，卒清康熙甲申十一月十八日，享年八十岁。合葬于招收都龙潭寺右畔，即尖山、叠石交界之处，穴坐酉向卯。子一：喜。”

父喜，名文庆，字兆嘉，号亨者，母罗氏。

陈泰年《先兄行状》：“父号亨者，字兆嘉；母罗氏。”

萧重光《东溪陈先生传》：“子亨者公，仁孝醇朴，多隐德。”

《豪山陈氏纂修旧谱补订·十四世》：“讳喜，名文庆，字兆嘉，号亨者，生清顺治甲午十一月初五日，为赞东公曾孙、徽典公嫡孙、夐阳公之子。生质敦厚，与人无忤。当国初展界时，乡多蛇虺，被毒者日以数闻，公不论晦明风雨，觅药瘳之，绝不言谢。赋性孝亲，病笃割股以进，不令人知也。卒康熙甲申六月十三日，享年五十一岁，葬于浮洋七世讷轩祖墓下南旁。娶罗氏，系南塘乡人，号敬惠，生清顺治丁酉九月初七日。相夫子，事舅姑，能尽孝妇道。卒乾隆辛未七月初三日，享年九十五岁。葬在乾隆丙子年，安葬于浮洋，与公墓之左。子五：长福，次二福，三犇，四来，五芝。"

康熙十八年己未（1679）　石泉四岁

石泉三四岁时，其母避乱时携于邑城朱家，其堂中所粘字文颇多，抱而指教，悉认记不忘。

陈泰年《先兄行状》："闻之先母，三四岁时，携避乱于邑城朱家，其堂中所粘字文颇多，抱而指教，悉认记不忘。时有识者目之。"

三月二十日，石泉二弟瑞进生。

《豪山陈氏纂修旧谱补订·十五世》："讳二福，字瑞进。生清康熙己未三月二十日，为徽典公曾孙，复阳公亲孙，亨者公次子。"

祖母膺乱离之秋，致多饥疾，石泉时方数岁，时见其不食，辄与俱。笑泣孺慕之态，时露膝下。故其祖父母爱之甚笃。

陈泰年《先兄行状》："当幼挺淳，尚方汝郁，祖母膺乱离之秋，致多饥疾，兄可数岁，时见其不食，辄与俱。笑泣孺慕之态，时露膝下。所以祖父母爱之笃。"

其母罗氏偶疾，亦辄欷歔不食。

周硕勋《陈石泉先生本传》："陈英猷，字式霭，潮阳河浦乡人。天性至孝，甫四龄，母罗氏偶疾，辄欷歔不食。"

康熙十九年庚申（1680）　石泉五岁

官兵会剿达濠，邱辉下海遁，达濠平。

光绪《潮阳县志》卷十三《纪事》："（八月）官兵会剿达濠，邱辉下海遁，达濠平。辉据达濠，久为海边患，党与日炽。至是，决策剿除。水陆兵并进，鏖战于牛田、磊口。我师得胜，捣其巢，辉夜遁，投入台湾。因抚其胁从，置兵守焉。是役，游击周琬、秦可京功居多。达濠始收为内地矣。"

康熙二十一年壬戌（1682）　石泉七岁

石泉就塾，生而聪慧能记，正气洋溢。塾师器焉。

陈泰年《先兄行状》："七岁就塾，名瑞紫。世居粤东潮邑之河浦乡。生而聪慧能记，凡所读书，深入数层，不须屡习。"

陈泰年《先兄行状》："迨就塾，讲学厘然，试以文，辄无背者。其举止端庄，正气洋溢，截然有以自立，凛然不可犯。塾师器焉。"

康熙二十三年甲子（1684）　石泉九岁

夏，台湾平。

光绪《潮阳县志》卷十三《纪事》："二十三年夏，台湾平。"

康熙二十六年丁卯（1687）　石泉十二岁

六月初七日，石泉三弟瑞端生。

《豪山陈氏纂修旧谱补订·十五世》："讳爨，名瑞端，字式元，号仁波，生清康熙丁卯六月初七日，为徽典公曾孙、复阳公亲孙、亨者公三子。"

康熙三十四年乙亥（1695）　石泉二十岁

石泉甫弱冠，倜傥有大志，不羁尺度。廉于殖财，蓄德重义，矜志气，凛节概。

陈泰年《先兄行状》："甫弱冠，倜傥有大志，不羁尺度。廉于殖财，蓄德重义，矜志气，凛节概。"

周硕勋《陈石泉先生本传》："弱冠倜傥有大志，廉于殖财，重道义，矜气节。"

读书直探阃奥，不屑屑循章句。学通经传鉴史及释道诸子百家，多所备览。

陈泰年《先兄行状》："学通经传鉴史及释道诸子百家，多所备览。"

周硕勋《陈石泉先生本传》："弱冠倜傥有大志，廉于殖财，重道义，矜气节。读书直探阃奥，不屑屑循章句。"

康熙三十五年丙子（1696）　石泉二十一岁

正月十七日，石泉四弟瑞璋生。

《豪山陈氏纂修旧谱补订·十五世》："讳来，名瑞璋，字式瓒，号朴和，生清康熙丙子正月十七日，为徽典公曾孙、复阳公亲孙、亨者公四子。"

康熙三十六年丁丑（1697）至三十九年庚辰（1700）　石泉二十二至二十五岁

石泉深契陈白沙"以我观书，随处得益；以书博我，释卷茫然"之语，潜心默会，迥

出寻常蹊径之外。

周硕勋《陈石泉先生本传》："深契陈白沙'以我观书，随处得益；以书博我，释卷茫然'之语，潜心默会，迥出寻常蹊径之外。"

康熙四十年辛巳（1701）　石泉二十六岁　东溪一岁

八月十四日申时，陈泰年（下称"东溪"）先生生。适庭侧槐树产灵芝一茎，因名芝，字式瑞，号东溪，为石泉五弟。

冯成修《东溪先生墓志铭》："公姓陈氏，讳泰年，字式瑞，号东溪，世为潮州潮阳河浦乡人。……传十馀世而生亨者先生，仁孝醇朴，多隐德。公即亨者先生之季子也。……公卒于乾隆四十二年丁酉十二月初六日辰时，距生于康熙四十年辛巳八月十四日申时，享寿七十有七。"

萧重光《东溪陈先生传》："（亨者公）男四人，公即亨者公之季子也。"

《豪山陈氏纂修旧谱补订·十五世》："讳芝，名泰年，字式瑞，号东溪，生清康熙辛巳八月十四日，为徽典公曾孙、复阳公亲孙、亨者公五子。生之岁，庭侧槐树产灵芝一茎，因名芝。"

十月初四日，石泉二弟瑞进卒，年二十三岁。

《豪山陈氏纂修旧谱补订·十五世》："讳二福，字瑞进……卒康熙辛巳十月初四日，年二十三岁。葬于崩塘坑李湖田，穴坐□向□。无嗣，从父亨者公配享。"

康熙四十三年甲申（1704）　石泉二十九岁　东溪四岁

六月十三日，石泉父丧，享年五十一岁。

《豪山陈氏纂修旧谱补订·十四世》："讳喜，名文庆，字兆嘉，号亨者……卒康熙甲申六月十三日，享年五十一岁，葬于浮洋七世讷轩祖墓下南旁。"

其时二兄、二姐寸低尺高，琐尾甚，祖父母俱皤白，石泉抚事之厚。

陈泰年《先兄行状》："年二十九丧父，时泰年生甫四岁，呱呱在抱，二兄、二姊寸低尺高，琐尾甚，祖父母俱皤白，兄抚事之厚。"

时东溪甫四岁，呱呱在抱，赖母罗孺人与长兄石泉抚养教诲。

萧重光《东溪陈先生传》："四岁失怙，赖母罗孺人与长兄廪生石泉公抚养教诲。"

唐文藻《陈东溪先生本传》："陈泰年，字式瑞，号东溪。四龄失怙，赖胞兄英猷抚养教诲。"

《豪山陈氏纂修旧谱补订·十五世》："四岁失怙，事母孝，孺慕之态，时露膝下，友爱兄弟，人无间言。"

十一月十八日，祖母续丧，享年八十岁。

陈泰年《先兄行状》：“不数月间，祖母续丧。”

《豪山陈氏纂修旧谱补订·十三世》：“（夐阳）娶黄氏，号慈俭，生明天启乙丑二月初九日，卒清康熙甲申十一月十八日，享年八十岁。”

康熙四十四年乙酉（1705）　石泉三十岁　东溪五岁

在家守丧。

二月初七日，石泉长子明恭生。

《豪山陈氏纂修旧谱补订·十六世·石泉公之子》：“讳曾，号明恭，生清康熙乙酉二月初七日，为夐阳公曾孙、亨者公亲孙、石泉公长子。安分守己，潜玩载籍。”

康熙四十五年丙戌（1706）　石泉三十一岁　东溪六岁

七月十七日，祖父又丧，齐斩叠至，续连六载。

陈泰年《先兄行状》：“越二年，祖父又丧，齐斩叠至，续连六载。”

《豪山陈氏纂修旧谱补订·十三世》：“讳经宇，字其纯，号夐阳，生明天启丁卯五月二十七日，为向川公曾孙、赞东公亲孙、徽典公长子。……卒清康熙丙戌七月十七日，享年八十岁。娶黄氏，号慈俭，生明天启乙丑二月初九日，卒清康熙甲申十一月十八日，享年八十岁。合葬于招收都龙潭寺右畔，即尖山、叠石交界之处，穴坐酉向卯。子一：喜。”

康熙四十六年丁亥（1707）　石泉三十二岁　东溪七岁

在家守丧。

四月二十日，石泉次子愚（刚忠）生。

《豪山陈氏纂修旧谱补订·十六世·石泉公之子》：“讳愚，号刚忠，生清康熙丁亥四月二十日，为夐阳公曾孙、亨者公亲孙、石泉公次子。”

康熙四十八年己丑（1709）　石泉三十四岁　东溪九岁

在家守丧。

六月二十八日，石泉三子蒙（荣教）生。

《豪山陈氏纂修旧谱补订·十六世·石泉公之子》：“讳蒙，名荣教，字光财，生清康熙己丑六月二十八日，为夐阳公曾孙、亨者公亲孙、石泉公三子。太学生。”

康熙四十九年庚寅（1710）　石泉三十五岁　东溪十岁

石泉服阕，应童子试，以杨姓进澄海县学庠生，考试优等。

陈泰年《先兄行状》："服阕，应童子试，以杨姓进澄海邑庠，采芹奏最。"

时东溪以长兄外出读书，恒以年少以不能就学为恨。

陈泰年《先兄行状》："兄登庠时，年三十有五，而泰年方满十岁，恒以不能就学为恨。"

康熙五十年辛卯（1711）　石泉三十六岁　东溪十一岁

约于近年，石泉雅耽治平韬略、诸葛集中，制器调兵，深为留意。《孙子兵法》及《司马法》诸篇，悉为评注。然深自韬晦，不与人言，人亦不之知也。

陈泰年《先兄行状》："雅耽治平韬略、诸葛集中，制器调兵，深为留意。《孙子兵法》及《司马法》诸篇，悉为评注。其谈阵论机皆有方，视区区科举制艺，特其馀也。"

周硕勋《陈石泉先生本传》："淹贯经史，旁及释道诸子百家，嗜孙吴兵书及武侯阵法。然深自韬晦，不与人言，人亦不之知也。"

康熙五十一年壬辰（1712）　石泉三十七岁　东溪十二岁

正月十二日，石泉撰《〈《司马法》删本会意解〉后跋》。

陈英猷《〈《司马法》删本会意解〉后跋》："《司马法》推本仁义，正用兵之原，不以仁义兴师，自生民以来未有能济者也。若《定爵》以下三篇，其自治料人之术，可谓大包无外，小入微芒，简而该，奇而法，一切兵家者流，皆其范围也。窃谓古今名将，总不出此，但其中字句费解者多，难涩至不堪读，想日久讹错，亦所云"字经三写，乌焉成马"者。诵习之馀，因删之以从简易，而并其不切于用者，亦为刊去；其文义可晓者，则会意而注，令每读时可会意而解也。因书其概于后。康熙壬辰正月十二日。"

三月五日，石泉撰《〈吴子〉后跋》。

陈英猷《〈吴子〉后跋》："古今最称吴术，但间有粗浅者，非如孙子之神明变化，用各不同。故略为删取，以存简约。至《励士》一篇，莽率已甚，故概不采入，非敢意为去取也。文愈简则习愈易，惟以适吾便耳。因书其意于此。康熙壬辰三月五日。"

十月二日，石泉撰《〈孙子〉后跋》。

陈英猷《〈孙子〉后跋》："读《孙子》十三篇，可谓尽发千古之秘，非有戾于古也。伊吕兼见之事，已引而不发；孙子专垂之言，止是并与人巧耳。引而不发者，非上士不知；与人巧者，下士可学。然则此篇之在真经济之典也，且讲其事而知其事，知其事而慎重其事，正安国全军之道，所谓百年不言兵者，未有不由于此。故兵家者言，至孙子而极，而知兵之士，尤笃好之云。康熙壬辰十月二日。"

石泉复撰《〈孙子〉十三篇次序说》。

陈英猷《〈孙子〉十三篇次序说》："兵事尚谋，《传》曰：'见可而进，知难而退，武之善经也。'故先之以《始计》。计利矣，然后振作士气，用之以战，故次之以《作战》。然，兵，凶器也，战，危事也，争地争城，必万全而后动，故《谋攻》次之。欲其全胜也，但胜败自有定形，已预见于平时，故《军形》次之。至胜形见矣，而制胜亦必有势，故次之以《兵势》。兵之势实则胜，虚则败，故《虚实》次也。能灼知虚实，可以战矣。而两军战斗，必有所争，故次之以《军争》，争，争利也。争利有法，法亦可不拘，故次之《九变》。由是行军者，进止之法也；地形者，营叠之法也；九地者，因地用兵之法也。故《行军》次之，《地形》次之，《九地》次之，而法制尽矣。士气强矣，而火攻者以助我之兵力者也，故又次之以《火攻》。然兵事尚谋，战阵之法已无遗策，又必有以破坏敌国，敌国弱，则我愈强矣。间者，探敌之情，而因以乱之者也，而《用间》，故以终焉。"

康熙五十二年癸巳（1713）　石泉三十八岁　东溪十三岁

是年，偶于暇会，石泉摘"从游舞雩之下"章为东溪讲说，东溪性颖悟，胸襟潇洒，闻讲"春风沂水"，辄为之兴起。石泉以为可教。

陈泰年《先兄行状》："兄登庠时，年三十有五，而泰年方满十岁，恒以不能就学为恨。后三年，偶于暇会，摘'从游舞雩之下'章为年讲说，见其讲复井然，辄以手抚厥首曰：'是可教。'自是日夜勤督，不少休暇。"

萧重光《东溪陈先生传》："性颖悟，胸襟潇洒，闻兄讲'春风沂水'，辄兴起曰：'此即吾辈今日事也。'"

康熙五十三年甲午（1714）至五十六年丁酉（1717）　石泉三十九至四十二岁　东溪十四至十七岁

近年，石泉日夜勤督，东溪不少休暇。

陈泰年《先兄行状》："自是日夜勤督，不少休暇。佳辰胜会，不容借假。龇龎情迫，勉劝而舒徐以引，谆谆训诲之下，又以年属季子，体老母爱季之心，不忍令其离膝，以故，长得嬉戏笑弄、牵裾携手于萱堂之侧者，皆兄以师严而寓慈爱之仁也。"

东溪稍长博极群书，为人疏旷自喜，不乐营进，故胸中恒有洒然独得之趣。

冯成修《东溪先生墓志铭》："少聪敏，负意气。稍长，博极群书，为人疏旷自喜，不乐营进，其视人世穷通得失、可欣可愕之境，若浮云之过太虚。故胸中恒有洒然独得之趣。其天性然也。"

康熙五十七年戊戌（1718）　石泉四十三岁　东溪十八岁

东溪未弱冠时，读书家塾，适石泉午睡，梦诗四句，醒仅记其末句，随呼东溪取笔记之。

陈泰年《先兄行状》："初余未弱冠时，读书家塾，适兄午睡，梦诗四句，醒仅记其末曰：'蜘蛛虽有经纶巧，结网终非济世才。'随呼余取笔记之。"

康熙五十九年庚子（1720）　石泉四十五岁　东溪二十岁

东溪弱冠，通载籍，工诗文。

萧重光《东溪陈先生传》："弱冠博览群书。"

唐文藻《陈东溪先生本传》："淹通载籍，工诗文。"

雍正元年癸卯（1723）　石泉四十八岁　东溪二十三岁

正月，石泉始携东溪以出试，东溪受知于督学惠士奇，得补邑诸生。

陈泰年《先兄行状》："雍正元年正月，兄始携以出试，即幸进庠，时年二十有三，兄犹爱若婴儿然，见状不忍离母，往往为之呜咽。"

萧重光《东溪陈先生传》："弱冠博览群书，受知于督学惠半农先生，补邑庠，屡试拔前茅。"

按：惠士奇（1671—1741），字天牧，一字仲孺，号松崖，晚号半农，人称红豆先生，江苏吴县人。惠周惕子，惠栋父。康熙五十年（1711）进士，选翰林院庶吉士，授编修。康熙五十九年（1720）充湖广乡试正考官，寻提督广东学政，以经学倡多士。雍正间，以召对不称旨，罚修镇江城，以产尽停工削籍。乾隆初，再起为侍读。著有《易说》《礼说》《红豆斋诗文集》等。

其时东溪当几旁随读之际，见石泉博览群书，焚膏继晷，至老弥坚。

陈泰年《先兄行状》："忆当几旁随读之际，见兄博览群书，务尽陈农、河间之箧，焚膏继晷，至老弥坚。"

按：陈农，指代搜求遗书者。《汉书·艺文志》："至成帝时，以书颇散亡，使谒者陈农求遗书於天下。"司空曙《送李嘉祐正字括图书兼往扬州觐省》诗："儒官比刘向，使者得陈农。"河间，指西汉河间献王刘德。任昉《齐竟陵文宣王行状》："陈农所未究，河间所未辑。"杜甫《别李义》诗："子建文章壮，河间经术存。"则"河间"代指编辑经术文献者。

东溪屡试辄拔前茅，一时声称藉甚。

冯成修《东溪先生墓志铭》："弱冠后补邑诸生，屡试辄拔前茅，一时声称藉甚。所居有叠石山房，与昆仲互相砥砺。其伯兄廪生石泉翁，常以清操爱民为他日服官勖勉，故公少即毅然以当世之务为己任，论者方于范文正公之做秀才时云。"

石泉、东溪兄友弟恭，人以为兄弟二难。

萧重光《东溪陈先生传》：“事兄如事父，兄则尽其友，弟则致其恭，人以为兄弟二难。”

雍正五年丁未（1727）　石泉五十二岁　东溪二十七岁

二月廿七日，东溪长子椒（实馨）生。

《豪山陈氏纂修旧谱补订·十六世·东溪公之子》：“讳椒，名实馨，字政兰，号芳亭，生清雍正丁未二月廿七日，为夐阳公曾孙、亨者公亲孙、东溪公长子。”

雍正八年庚戌（1730）　石泉五十五岁　东溪三十岁

是年，石泉复姓归邑。

陈泰年《先兄行状》：“迨雍正八年间，复姓归邑。”

约于近年，石泉尤精于《易》，以为疑义殊多。观其象，玩其辞，有志于《周易》演绎。

谢如式《〈演周易〉序》：“自言苦心精思二十馀年，其数取诸河图，而以时说多错，尝自序以冠其首，而倩余续貂。”

周硕勋《陈石泉先生本传》：“尤精于《易》，以为疑义殊多，既观其象，玩其辞，当极其数。……著《演周易》四卷，分为《说数》《说辞》，多夺邵氏之席，而翻朱程之臼。”

按：谢如式《〈演周易〉序》约撰于乾隆十六年（1751），回推二十一年，大约在复姓归邑之时，故暂系于此。

雍正九年辛亥（1731）　石泉五十六岁　东溪三十一岁　梅林一岁

十月十六日未时，东溪次子蕃（后称“梅林”）生，字政林，号梅林。

陈昌齐《梅林陈公墓志铭》：“君讳蕃，号梅林……父东溪翁，乾隆丙辰经魁，授浙江於潜令，以廉介称。君其次子也。……距生于雍正九年辛亥十月十六日未时……”

《豪山陈氏纂修旧谱补订·十六世·东溪公之子》：讳蕃，字政林，号梅林。生清雍正辛亥十月十六日，为夐阳公曾孙，亨者公亲孙，东溪公次子。”

雍正十年壬子（1732）　石泉五十七岁　东溪三十二岁　梅林二岁

是年，石泉授潮阳县学廪膳生。

陈泰年《先兄行状》：“乾隆十年，授邑廪膳生。”

雍正十一年癸丑（1733）　石泉五十八岁　东溪三十三岁　梅林三岁

四月念二日，石泉又梦诗四句，亦仅记其末句。

陈泰年《先兄行状》："又于雍正十一年四月念二日，又梦诗四句，亦仅记其末曰：'勿使后栽稼，山花教苗疏。'及今绎之，以兄之览博探幽，充然有得，曾不得见用于世，以试才猷，特绍先圣，以补所未备而传之其后，前梦固已若告矣，后梦隐谶未知所解，姑以俟之识者。"

雍正十三年乙卯（1735）　石泉六十岁　东溪三十五岁　梅林五岁

是年，石泉、东溪兄弟尝游罗浮山，访僧侣、道人。

陈泰年《先兄行状》："乾隆三年九月乡试言旋，道湾罗浮山，重历寺观山水，再访僧释道人，盖雍正十三年，泰年随兄游至是，兄复寻其踪云。"

乾隆元年丙辰（1736）　石泉六十一岁　东溪三十六岁　梅林六岁

秋，东溪省试中举人第三人。

萧重光《东溪陈先生传》："乾隆丙辰举乡荐第三人。八上公车，荐而不售，时论惜之。而公处之泰然，不介于怀也。"

唐文藻《陈东溪先生本传》："既壮，登乾隆丙辰经魁。"

《豪山陈氏纂修旧谱补订·十五世》："弱冠进邑庠，乾隆丙辰科举乡荐第三人。八上公车，荐而不售。"

座主为山阳周蓼圃、归安章容谷先生，榜发后谒见两先生。

冯成修《东溪先生墓志铭》："乾隆丙辰，举乡荐第三人，予亦叨附谱末。座主为山阳周蓼圃先生、归安章容谷先生，榜发后谒见两先生，深以得人为快。"

《清高宗实录》卷十九："（乾隆元年丙辰五月庚戌）检讨周龙官、为广东乡试正考官，工部主事章有大为副考官。"

按：周蓼圃，名龙官，乾隆《淮安府志》卷三十三《仕绩》载："周龙官，字翼皇，号蓼圃，山阳人。性笃孝，工文章。雍正元年，会试榜后，奉旨续举进士十九人，龙官名第一。授翰林检讨。乾隆元年，充广东乡试正考官，清慎自持，不苟随流俗。时河道疲□，当事者议开毛城铺坝，泄河入湖，龙官持不可。而张相国廷玉持必行，龙官上谒面折之，坐是忤相国意。二年，遂乞休归。总河周学建，龙官同年生也，亟相亲慕，龙官恶其为人，谢弗通，游汶上以避之。未几，学健[①]获重遣，诸与交通者多得罪，世以是益服龙官。十六年，上南巡，迎谒河干，晋秩编修。家居四十年，未尝以己事干有司，而乡邑利病，侃侃陈当事，无所嫌避。年八十三卒。（《山阳县志》）"

章容谷，名有大，字容谷，一作客若，号佑庵，又号悔门，归安县（今湖州市吴兴

① 健：应为"建"。

区）人。雍正庚戌（1730）进士，尝任工部主事，乾隆元年五月，充广东乡试副考官。历官礼科给事中。著有《息畇诗文集》。（同治《湖州府志》）

邑人是科中举者尚有郑万铨、萧重光、陈万元、黄登庸、陈鸣阳、刘峰锐。

萧重光《东溪陈先生传》："与予同举于乡，知之最悉。"

按：郑万铨，潮阳县城平和人。乾隆元年乡试丙辰科经魁，丁巳明通。（光绪《潮阳县志》卷十《选举》）

萧重光，光绪《潮阳县志》卷十七有传："字邦清，号碧波，南桂坊人。幼聪颖，博览群书。未冠受知于学使王丕烈，拔冠军。年二十领乾隆丙辰乡荐，戊辰成进士。授定襄令，以爱民称。……寻以疾归，民饯送遮道。抵家修文庙，浚邑濠，捐赈谷，率为士大夫倡。乙卯重预鹿鸣筵宴，相国朱文正公适为是科监临，作诗以颂，有'扶杖儿孙看玉立，廿年琴鹤政声清'之句。（嘉庆）戊午卒于家，年八十二。"

陈万元，字其善，潮阳县城南桂坊人。乾隆七年（1742）进士，官邱县知县，改南雄府教授。（光绪《潮阳县志》卷十《选举》）

黄登庸，光绪《潮阳县志》卷十七有传："字开叙，桥头乡人。少颖异，经史过目辄成诵。年十六游泮。乾隆丙辰登贤书，任故城知县。先询民疾苦。……任满归，设教于贵山书院，从游者甚众，如进士吴凤章、孝廉黄振清辈，其卓卓者。年七十七卒于家。"

陈鸣阳，光绪《潮阳县志》卷十七有传："字尔朝，号梧亭，锦缠坊人。少孤，母孀守，伯父进升、天培俱诸生，鸣阳受教唯谨。弱冠试辄冠军，补弟子员。乾隆丙辰登乡荐。知鲁山县，深悉民间疾苦，凡有利于民者，知无不为。……寻署渚州知州，莅治数月，政声翕然。以终养乞归。年七十二卒。"

刘峰锐，潮阳县城平和人。乾隆元年（1736）乡试丙辰科举人，壬戌明通，官连平州学正。（光绪《潮阳县志》卷十《选举》）

约秋冬间，东溪首赴会试。东溪每公车北上，艰于资斧，性狷介，不肯向人告穷，行李萧然。尝独行八千里，备历艰辛，有人所不能堪者，而东溪进退从容。

萧重光《东溪陈先生传》："与予同举于乡，知之最悉。每公车北上，艰于资斧，性狷介，不肯向人告穷，行李萧然。尝独行八千里，备历艰辛，有人所不能堪者，而公进退从容，非所谓见其大则心泰，心泰则无不足耶？"

按：东溪八上公车，其"尝独行八千里"者年次不详，暂系于此。

是年，梅林配周氏生，为石泉门人周华锦之女。

陈昌齐《梅林陈公墓志铭》："君卒于嘉庆二十三年戊寅九月十五日申时，距生于雍正九年辛亥十月十六日未时，寿八十有八。孺人周氏，为邑增生涯西公女，贤能有德，现年八十有三。"

乾隆二年丁巳（1737）　石泉六十二岁　东溪三十七岁　梅林七岁

春，东溪会试落第，回乡后随石泉旷玩山水。

陈泰年《建叠石山咸虚斋记》："乾隆二年丁巳会试京旋，随兄旷玩山水。"

乾隆三年戊午（1738）　石泉六十三岁　东溪三十八岁　梅林八岁

石泉命工卜筑书斋于叠石山，不久，以石泉与门侄振肃若而人为乡试所羁，未遑竟业。

陈泰年《建叠石山咸虚斋记》："戊午，命工卜筑，兄与振肃若而人为乡试所羁，未遑竟业。"

按：陈振肃，陈英猷门侄（堂兄弟之子），与英猷首批卜筑叠石山咸虚斋者，并尝于乾隆三年（1738）与英猷等赴省乡试。（陈泰年《建叠石山咸虚斋记》）

九月，石泉赴省乡试，落第归，道经罗浮山，重历寺观山水，再访僧侣、道人。

陈泰年《先兄行状》："乾隆三年九月乡试言旋，道湾罗浮山，重历寺观山水，再访僧释道人，盖雍正十三年，泰年随兄游至是，兄复寻其踪云。"

石泉抵家，以染暑故，病卧三月。病中昏昧呻吟，辄以算数不直为言，叩之则曰数直即愈矣。如是者十馀夜日。

陈泰年《先兄行状》："底家以染暑故，病卧三月，死而复苏。病中昏昧呻吟，辄以算数不直为言，叩之曰：'数直即愈矣。'如是者十馀夜日，此于冥冥中有诱之耶？思久而通耶？天壤间必然呈露之道于斯而发其几耶？"

陈泰年《建叠石山咸虚斋记》："（戊午）九月兄旋，路湾罗浮山，经历炎道，染病将毙，受业门人唏嘘涕泣，以为哲人其萎矣，何有于兹土。"

十二月，东溪以石泉病渐愈，北上二赴会试。

陈泰年《先兄行状》："十二月，年以兄病渐愈，北就公车，会试礼部。"

陈泰年《建叠石山咸虚斋记》："越数月病愈。予复就公车。"

乾隆四年己未（1739）　石泉六十四岁　东溪三十九岁　梅林九岁

东溪二赴春试，仍落第归。

冯成修《东溪先生墓志铭》："乃连赴春官，未获一展骥足。"

按：东溪于乾隆三年十二月二赴京城会试，己未春试。

近年，东溪益锐志为文，博观史籍，尤长于诗。往来南北，辄有题咏，为海内知名士。

冯成修《东溪先生墓志铭》："而公益锐志为文，博观史籍，尤长于诗。往来南北，辄有题咏，风雅所播，盖久为海内知名士矣。”

按：以文中言及“往来南北，辄有题咏”，且次于“乃连赴春官，未获一展骥足”之后，故其锐志诗文，当在“连赴春官”稍后，故暂系于此。

三月，南向斋建成，斋曰咸虚，取山上有泽，以虚受人也。

陈泰年《先兄行状》：“乾隆三年九月乡试言旋……明年，兄乃筑斋于乡北之叠石山，迨旋，已告竣矣。依石构宇，拓险作架，容膝仅数椽，巍托巅岫，栖霞集雾，却四冈环合，独缺其东，隐然中藏。阶临清泉一泓，背列尖石双秀，门高户悬，似非外人可得而津问。面东以望，潮汐经前，渔舟梭织宫中，时作对伯而向若。宅幽势阻，匝木植花，颇仿佛应璩仲长庐也。”

陈泰年《建叠石山咸虚斋记》：“予复就公车，己未六月旋，见南向之偏斋已建，谓自三月告竣矣。仍其名曰叠石山，以巅上两石叠置也。斋曰咸虚，取山上有泽，以虚受人也。”

斋旁有泉眼，尽决其泥，彻底俱石，泉从石罅流出，甚清冽。饮用灌园，皆取于斯。

陈泰年《石泉记》：“乾隆四年己未，兄构偏斋于斯泉之北，南向，聚生徒讲学其中。于是，尽决其泥，彻底俱石，泉从石罅流出，甚清冽。周三四尺，深五六尺。饮于斯，浴于斯，浇花灌园，皆取于斯。”

五月六日，石泉有《祭叠石山房土地神文》。

陈英猷《祭叠石山房土地神文》：“维大清乾隆四年岁次己未五月朔丙午，越六日辛亥，沐恩信士陈英猷等，敢昭告于本山土地之神曰：维神作镇一方，高峰叠石。……卜筑中阿，傍神启迪。小子有造，实赖冥掖。艺成文章，尤先器识。教学惟正，简在幽默。”

同日，石泉有《祭叠石山门神文》。

陈英猷《祭叠石山门神文》：“维大清乾隆四年岁次己未五月朔丙午，越六日辛亥，沐恩信士陈英猷等，敢昭告于本斋司门之神曰：……兹维卜筑，设教诱掖。堂无方丈，室惟容膝。神司启闭，以御暴客。亦曰保护，呵禁邪慝。昼夜无虞，惟神之力。”

同日，石泉复有《祭叠石山甘泉神文》。

陈英猷《祭叠石山甘泉神文》：“维大清乾隆四年岁次己未五月朔丙午，越六日辛亥，沐恩信士陈英猷等，敢昭告于本阿甘泉之神曰：……储泽山巅，取象天池。满而不溢，渟而不淤。用而不竭，蓄而不滋。远取诸物，为学之师。筑馆山阿，实赖养颐。教诲饮食，维神之庇。”

聚生徒讲学其上，演《易》其中。

陈泰年《先兄行状》：“于焉习生徒其上，演《易》其中，徘徊林竹泉石间，胸襟潇洒，弄月吟风，凡所得之虑，笔之书，无非天真自然机缄。积是一十四载，《易辞》《易数》解算始就。”

河图石刻之《河图（并赞）》：“乾隆四年己未筑斋兹土，为演《周易》之所。”

周硕勋《陈石泉先生本传》：“晚年筑室乡北之叠石山，室依厂下岫，仅容一榻，终日危坐，或匝月不出。著《演周易》四卷，分为《说数》《说辞》，多夺邵氏之席，而翻朱程之臼。以诸生卒于家。”

石泉、东溪俱宗仰陈白沙学说，本静养以私淑。

萧重光《东溪陈先生传》：“与伯兄石泉公俱宗仰白沙先生，本静养以私淑。手不释卷，而淡于理财，故数十年食贫守约，爨火屡虚，晏如也。”

乾隆六年辛酉（1741）　石泉六十六岁　东溪四十一岁　梅林十一岁

约秋冬间，东溪三赴会试。

萧重光《东溪陈先生传》：“八上公车，荐而不售，时论惜之。而公处之泰然，不介于怀也。”

唐文藻《陈东溪先生本传》：“八上公车，卒不遇。家贫，屡不举火，晏如也。”

按：东溪三至八次赴京会试时间不详，若除去乾隆十八年（1753）以守母丧未赴及乾隆二十八年（1763）谒选授浙江於潜县知县外，适合“八上公车”之数，故暂系以年。

乾隆七年壬戌（1742）　石泉六十七岁　东溪四十二岁　梅林十二岁

二月十三日，东溪三子令（翠岚）生。

《豪山陈氏纂修旧谱补订·十六世·东溪公之子》：“讳令，名翠岚，字政南，号南村，生清乾隆壬戌（七年）二月十三日，为复阳公曾孙、亨者公亲孙、东溪公三子。”

乾隆八年癸亥（1743）　石泉六十八岁　东溪四十三岁　梅林十三岁

此年前后，石泉与河西盐大使黄藻多有交游及书信往还。

黄藻《与陈石泉先生书》：“墨汁本少，重盐搅混，竟成咸腹。遥企老先生日与高徒讲学论文，于高山佳谷中，领取清风明月，乐何如也。时思玄度，幸勿遐弃，不日抵署，言谈开豁胸次。伫望伫望。走役布闻，并候近祉。不一。”

按：黄藻书中称“老先生日与高徒讲学论文”，则其时在乾隆四年（1739）陈石泉筑咸虚斋讲学之后，且其时石泉母尚在世（详下则），故暂系于此。

黄藻尝与石泉借《皇极经世书》，石泉属其子弟讨取，黄藻回书倩人抄完，正逐字检阅。

黄藻《与陈石泉先生书·又》之篇：“不扰尘务，每静坐时，俨然道范在心目中，非弟多情，实由老先生笼盖人上人之水镜，有使人不能不思者也。《皇极经世书》阿哥讨取，未便不归，倩人手抄，个中必有讹错。抄完奉来，逐字检阅，方免谬误，预先达知。际此杨柳影疏，梧桐叶落，易闷心肠。缅想府中，自有一种融融洩洩，当不复知秋之可悲也。肃此布闻，并候近祉。老伯母祈呼名请安，令弟先生均此致候。”

按：据此知其时石泉母尚在世。

乾隆九年甲子（1744）　石泉六十九岁　东溪四十四岁　梅林十四岁

八月廿四日，东溪四子都（周京）生。

《豪山陈氏纂修旧谱补订·十六世·东溪公之子》：“讳都，名周京，号鲁馀，生清乾隆甲子（九年）八月廿四日，为夐阳公曾孙、亨者公亲孙、东溪公四子。”

约是年秋冬间，东溪四赴会试。

萧重光《东溪陈先生传》、唐文藻《东溪先生传》[详见“乾隆六年辛酉（1741）”条]。

乾隆十年乙丑（1745）　石泉七十岁　东溪四十五岁　梅林十五岁

是年初，夏之蓉就任广东学政。

按：夏之蓉（1697—1784），字芙裳，号醴谷，江苏高邮人。雍正十一年（1733）中式癸丑科第二甲进士。乾隆元年（1736），召试博学宏词，授翰林院检讨。乾隆三年（1738），任一统志馆纂修官。乾隆九年（1744）五月任福建甲子科乡试正考官，九年十二月授广东学政。（《清乾隆实录》卷二百十七、二百三十一）在翌年初到任。乾隆十三年（1748）改湖南学政。著有《读史提要录》十二卷，《半舫斋偶辑》四卷，《半舫斋诗文集》、《半舫斋古文》八卷，《半舫斋诗诗抄》二十卷等，主修《高邮州志》、《通州志》。《清史稿》有传。

夏之蓉按潮时，石泉科试卷为其取录。

黄藻《与陈石泉先生书·又》：“捧读佳章，别有一种古貌古韵，非老先生不能做，非夏文宗不能取。文章遇知己，信哉！”

乾隆十一年丙寅（1746）　石泉七十一岁　东溪四十六岁　梅林十六岁

今年或明年新春之际，黄藻有函致石泉，誉其文章古貌古韵，为夏之蓉所取，实为知己之遇，策问越见老手，并请手录赐示。

黄藻《与陈石泉先生书·又》：“捧读佳章，别有一种古貌古韵，非老先生不能做，非夏文宗不能取。文章遇知己，信哉！策问越见老手，何吝而不教我也。倘未付刻，祈手录赐下，专此布渎，并候新禧。馀言不既。”

按：信中“并候新禧”，则致函在新春之时，以夏之蓉任广东学政在乾隆十年至十三年，则该函在乾隆十一年、十二年新春，故暂系于此。

乾隆十二年丁卯（1747）　石泉七十二岁　东溪四十七岁　梅林十七岁

二月廿五日，东溪五子郡（光府）生。

《豪山陈氏纂修旧谱补订·十六世·东溪公之子》："讳郡，名光府，生清乾隆丁卯（十二年）二月廿五日，为夐阳公曾孙、亨者公亲孙、东溪公五子。"

约是年秋冬间，东溪五赴会试。

萧重光《东溪陈先生传》、唐文藻《东溪先生传》[详见"乾隆六年辛酉（1741）"条]。

乾隆十四年己巳（1749）　石泉七十四岁　东溪四十九岁　梅林十九岁

八月初三日，东溪公六子邵（政邵）生。

《豪山陈氏纂修旧谱补订·十六世·东溪公之子》："讳邵，号政邵，生清乾隆己巳（十四年，1749）八月初三日，为夐阳公曾孙、亨者公亲孙、东溪公季（六）子。"

乾隆十五年庚午（1750）　石泉七十五岁　东溪五十岁　梅林二十岁

约是年秋，东溪六赴会试。

萧重光《东溪陈先生传》、唐文藻《东溪先生传》[详见"乾隆六年辛酉（1741）"条]。

乾隆十六年辛未（1751）　石泉七十六岁　东溪五十一岁　梅林二十一岁

春，东溪在京会试，晤谢如式于京邸，为丙辰举人大同年友。

谢如式《〈演周易〉序》："辛未试春官，晤粤东陈子式瑞于京邸，陈子盖登丙辰贤书，与予大同年友也。"

是科东溪复落第归。

萧重光《东溪陈先生传》："八上公车，荐而不售。"

石泉、东溪兄弟事母至孝，务得欢心，孺慕之态，时露膝下。

陈泰年《先兄行状》："事母情挚，外出离侧，时恒廑于怀。"

萧重光《东溪陈先生传》："事母至孝，左右就养，务得欢心，孺慕之态，时露膝下。"

五月，石泉所撰《演周易》稿成，有《自序》。

陈英猷《演周易》自序："余自稚齿，窃尝疑之，恨孤陋寡闻，无有能解，然博征旧说，偶有省领，即附记之，要以孔子之辞解文王、周公之辞，期于不至相背而止，时用观玩而默会焉。今老矣，倘一旦先朝露，则平日辛勤而仅之者，将复尘埋，故并刊而存之，颜之曰"演周易"，分为《说数》《说辞》二篇，共四卷。"

七月初三日，石泉、东溪之母罗氏卒，享年九十五岁。石泉擗踊哀戚，克尽所以。

陈泰年《先兄行状》："去岁送终，以七十六年之孤子，丁九十五年之母丧，擗踊哀戚，克尽所以。"

萧重光《东溪陈先生传》："及送终，哀殷尽礼，附身附棺，鲜有贻悔。"

《豪山陈氏纂修旧谱补订·十四世》："（亨者公）娶罗氏，系南塘乡人，号敬惠，生清顺治丁酉九月初七日。相夫子，事舅姑，能尽孝妇道。卒乾隆辛未七月初三日，享年九十五岁。葬在乾隆丙子年，安葬于浮洋，与公墓之左。子五：长福，次二福，三犇，四来，五芝。"

桃源举人谢如式入潮访其河西盐场亲戚，闻石泉为邃学之士，亟造其庐。适逢其母丧，斩然哀戚中，如式吊唁毕，询以著述，石泉乃出示其手注《演周易》四卷。

谢如式《〈演周易〉序》："及来粤，闻伯氏式霭先生邃学士也，亟造其庐。时昆季居太孺人丧，斩然哀戚中，吊唁毕，询以著述，伯氏乃出手注《演周易》四卷……自言苦心精思二十馀年，其数取诸河图，而以时说多错，尝自序以冠其首，而倩余续貂。"

按：据谢如式《与陈石泉先生书》："在盐场中，每日只闻掂觔播两，与铜臭气尘闷，真不能堪。"《又与陈东溪老年先生书》："舍亲不日回署，弟即整装北上。"可知如式是时暂住河西盐场，盐场"舍亲不日回署"，则盐场有如式亲戚，且该亲戚为盐场署中头领，疑即河西盐大使黄藻。据黄藻《与陈石泉先生书》，知黄藻尝向石泉借阅《皇极经世书》，谢如式《与陈石泉先生书》亦称："兹将《易》序及承借《皇极经世书》八本敬璧还赵，乞为查收。"则借阅《皇极经世书》一事，借者黄藻，还者如式，或可作佐证。

石泉自言苦心精思二十馀年，其数取诸河图，而以时说多错，尝自序以冠其首，并倩谢如式撰序。

谢如式《〈演周易〉序》："自言苦心精思二十馀年，其数取诸河图，而以时说多错，尝自序以冠其首，而倩余续貂。"

谢如式应邀游叠石山房。

谢如式《游叠石书斋记》："予来粤之潮，访孝廉陈子于河浦，遥望其居之左，山势巃嵸，怪石峨列。陈子曰：'此予读书山房也。'遂往游焉。"

谢如式见书斋后枕两石，突高二寻，山道旁诸石面，片片光莹，若有神工磨就，谓他日斋成，必借文人品题，始开生面，以与峄山碑同勒。

谢如式《游叠石书斋记》："（书斋）后枕两石，突高二寻，面平如镜。予谓他日斋成，宜刻诗文于上，以与峄山碑同勒可乎？……观道旁诸石面，片片光莹，若有神工磨就，拟镌鸟篆虫书而未及者，因思造化巧设，必借文人品题，始开生面，岂可使岣嵝文隐而泰山有没字之碑哉？"

此行，如式并题赠“旋螺”墨宝，刻于旋螺洞（小洞）口巨石。

旋螺洞（小洞）口巨石题刻一则：“旋螺，武陵桃源县谢如式题。”该刻在旋螺洞口上方巨石摩崖。“旋螺”二字，径可及尺，行楷横列。又右侧勒“武陵桃源县”，左侧勒“谢如式题”，“武陵”二字行楷横列，大三寸许，馀七字正书直行，大二寸许。

约八月，门人周华锦有《吊陈石泉先生书》，以立秋后其次儿忽婴重疾，不能离步者两月馀，未前往吊唁，而石泉已经卒哭。致歉并劝石泉少杀其哀毁等礼，以安泉原之愿。

《吊陈石泉先生书》：“太君辞养，先生以七十馀为孝子，素敦孺慕之诚，当此大故之至，其哀痛不知何似？锦以素沐呴濡，不得稍效奔走，更不得一吊先生之哀。罪歉！自立秋后，次儿忽婴重疾，濒于死者数矣。只为舐犊，故不能离步者两月馀，已经先生卒哭。后抚衷自责，莫逃负心。窃有献，以老先生年临斋丧不及之境，愿少杀其哀毁等礼，以安泉原之愿，或以当祈祝之私云尔。”

其后，东溪往盐场答拜谢如式。

谢如式《与陈东溪老年先生书》：“侧闻老年先生抱棘人之戚，不早策嵇驴携酒唁慰，抱愧多矣。且吊丧而弗能赙，于礼殊阙，而猥蒙答拜，且辱嘉贶，铭佩何既。敬此登谢。”

谢如式《与陈石泉先生书》：“在盐场中，每日只闻掂觔播两，与铜臭气尘闷，真不能堪。……前蒙令弟先生枉顾，未尽款洽，天末良友，缅怀如何。”

按：书中称“令弟”，与谢如式交往者当是东溪。

谢如式有书寄东溪，附所撰《游叠石书斋记》及诗作数首呈教。

谢如式《与陈东溪老年先生书》：“自游贵斋后，无时不有一副佳山水遥挂胸头，固不止阅辋川而神游也。勉索枯肠，构成一记，并俚诗数首呈教。深惭笔拙，远逊柳州小品，得无使山灵笑我、着粪佛头乎？外附旧作一卷，兼求郢政为感。”

乾隆十七年壬申（1752） **石泉七十七岁 东溪五十二岁 梅林二十二岁**

三月谷雨后四日，谢如式应请撰成《〈演周易〉序》。

谢如式《〈演周易〉序》：“（石泉）自言苦心精思二十馀年，其数取诸河图，而以时说多错，尝自序以冠其首，而倩余续貂。嗟夫！余于诸家之《易》，莫不备览而求其端，然世无硕师，尝每苦于扣槃扪籥之所云，今得是编而详绎焉，乃知吾儒于《易》，实有蹑天根而探月窟者，特其藏之名山，不克传诸其人，世遂无从而知之耳。昔杨子云草《太元》，谓百世之下有子云者，当复知之。余于式霭先生之《易》亦云。时乾隆壬申岁谷雨后四日，楚桃源年家眷弟谢如式卜百甫拜手书。”

按：谷雨为二十四节气之六，即春季节气之末，时在三月。

谢如式有书与石泉，称捧读《易》注数卷，直抉天根，觉程朱之解，尚有遗义，故撰成《演周易》序，及将所借《皇极经世书》八本归还，并请石泉之侄将《易》本圆图抄付来人带回。

谢如式《与陈石泉先生书》："捧读《易》注数卷，直抉天根，觉程朱之解，尚有遗义，不揣谬妄，漫为续貂，岂曰能文，亦欲借此以附名不朽耳。前蒙令弟先生枉顾，未尽款洽，天末良友，缅怀如何。敝亲不日回署，即当北上，临行请再登龙拜别。兹将《易》序及承借《皇极经世书》八本敬璧还赵，乞为查收。临池眷切，耑候近禧，并祈令侄将《易》本圆图抄付来人，为感。"

按："令侄"当为东溪之子，为梅林兄弟之一。

稍后，谢如式又有书寄石泉，称所示《演易》图象及所剖析后天卦位与节序分配之故，其理确不可易。以前日所作《演周易》序未能窥其万一，特删补数语以请教。

谢如式《与陈石泉先生书·又》："承示《演易》图象及所剖析后天卦位与节序分配之故，其理确不可易。展玩数日，愈究愈精，殊愧前所作序未能窥其万一也。兹特删补数语，仰质高明，尚祈郢斫，使皇甫微名得附《三都》，以垂不朽也。"

谢如式在与石泉、东溪书中，称其亲戚不日回署，彼即整装北上谒选。

谢如式《又与陈东溪老年先生书》："舍亲不日回署，弟即整装北上，后会有期，敢预订为北道主人，何如？昨阅邸报，去冬选单已届壬子科，我辈定当截取，年先生服阕后，即当谒选。"

谢如式《与陈石泉先生书》："敝亲不日回署，即当北上，临行请再登龙拜别。"

石泉自隐居咸虚斋以来，博览群书，焚膏继晷，至老弥坚。关闽濂洛会其源，太玄、皇极造其蕴，于三传、两国、《史记》、《周礼》、秦汉等书，皆有删本评选，而尤浸淫于《易》，数十年间如一日。

陈泰年《先兄行状》："忆当几旁随读之际，见兄博览群书，务尽陈农、河间之箧，焚膏继晷，至老弥坚。未殁之前月，犹夜三四起，间或潜心默会，危坐构思，优游涵泳，疑义顿释。盖数十年间如一日。恒云其学老而日进，深契白沙子'以我观书，随处得益；以书博我，释卷茫然'之语，于是而知胸有定握，欲罢不能矣。关闽濂洛会其源，《太玄》《皇极》造其蕴，于三传、两国、《史记》、《周礼》、秦汉等书，皆有删本评选，而尤浸淫于《易》，以为疑义殊多，且谓既观其象，玩其辞，当极其数，盖四十馀年于兹矣。"

梅林志学以来，追随石泉问学。

陈泰年《刻〈演周易〉识言》："男蓍函丈追随，箕裘初学。"

按：梅林从游时间不详，暂系于此。

七月，石泉病，犹夜三四起，间或潜心默会，危坐构思，优游涵泳，疑义顿释。

陈泰年《先兄行状》："未殁之前月，犹夜三四起，间或潜心默会，危坐构思，优游涵泳，疑义顿释。”

是月，石泉病剧，时《演周易》之《易辞》《易数》解算始就。

陈泰年《先兄行状》：“积是一十四载，《易》辞、《易》数解算始就。一旦病剧，曰：‘尔兄命尽于此。’年泪以应曰：‘兄向死复生，想必有未了事业。’兄顾曰：‘此书已成，是即兄之事业。’既又以此书恐未全宽解，其必未死。曰：‘全矣。’又曰：‘世间岂有全书乎？’”

八月十八日未时，石泉以疾病二十八日而卒。

陈泰年《先兄行状》：“疾病二十八日而卒，时乾隆十七年壬申八月十八日也。”

《河图（并赞）》：“乾隆四年己未筑斋兹土，为演《周易》之所。乾隆十七年壬申书成，八月十八日未时卒。”

弥留之际，犹执东溪手，叠画“演易”二字。

陈泰年《刻〈演周易〉识言》：“兄当大渐，遵嘱尤殷。顾残牍之帙篇，命整修而汇辑。及既弥留，言难脱口，犹复伸兄指而作笔，执弟掌以为笺。画其字以明心，假之手而传语。遗稿是念，寸晷再三；刻板频书，一日数四。泰年涕泗交颐，代赎末自。死生决别于俄顷，挽留难假以须臾。气寂音沉，号呼莫应。山颓木坏，仰放安从。骨肉惨伤，幽明异地。悲有终极，痛有穷期耶？”

周硕勋《陈石泉先生本传》：“弥留之际，犹执母弟泰年手，叠画‘演易’二字。既殁，门人为镌板藏所居之石室，号曰‘叠石先生’。”

周华锦有《祭陈石泉先生文》。

周华锦《祭陈石泉先生文》：“维某年月日，门人周华锦等，谨以香帛酒馔之仪，致祭于石泉陈先生之灵曰：……先生应山川之钟孕，树海澨之孤标。抗志传薪，希心著述。蹂躏经史子集，独辟头巾之瞽说；不拾牙后之腐谈，只求本来之面目。历自秦汉马、班、孙、吴、司马，自注解说删驳，不作纸上谈。间及元凯之解左知兵，旁证申韩之识变制治，皆简明的确，直以吸子之奥，抉经之心，未尝以秕糠而眯其目也。至论道学，不睥睨于良知，又于新会、增城之师承，独印证自然之旨，与体认天理之真。……尤以河经为经子统会，既探经世之包罗，上参延寿、京生之传解，积分数以准阴阳，变方位以合象数，勒有成书。经纬造化，消息万物，谕令杀青，以俟后人。尝谓后有作者，邵氏当之。盖其意念深远矣。揆先生之才，出其经术以经世，本足以辖轹宇内，乃仅盛年首采冠军之泮藻，白首食饩于穷庐。别构山居，以翱翔讲学，反出谫谫拘拘、博取人间富若贵者下，人谓数不足而道有馀。乃先生手不释卷，年弥高而道弥进，历数十寒暑而志不衰，如一日也。……凡在承学，自趋庭近居，发箧请业外，或世仰德以追门风，或依山结庐而领亲炙。即先兄请业后，锦犹多膺面命而发蒙，虽远不能窥其门径，窃私淑其风规。今哲人其逝，将皇皇其安归？”

石泉卒后，东溪将咸虚斋泉眼以其兄号名之，盖珍之也。

陈泰年《石泉记》："壬申，兄卒，予以石泉易兄名，盖珍之也。"

葬于浮洋，穴坐庚向申。后以孙谦光貤赠儒林郎，累赠朝议大夫。

光绪辛丑新镌《豪山陈氏纂修旧谱补订·十五世》："葬于浮洋，穴坐庚向申。以孙谦光貤赠儒林郎，累赠朝议大夫。娶郭氏，号良封，生清康熙丙辰九月初四日，卒乾隆己巳七月十四日，享年七十四岁，别葬于楼华村后土名大围西迹巷，穴坐辛向乙。以孙谦光貤赠太安人，累赠太恭人。子三：长曾，次愚，三蒙。"

乾隆十八年癸酉（1753）　东溪五十三岁　梅林二十三岁

是年，东溪与黄正位等门人将石泉遗作《演周易》四卷付梓，东溪有《刻〈演周易〉识言》。

陈泰年《刻〈演周易〉识言》："兹兄殁已经岁，荒径三秋，中山之草木犹是；颓墉四望，内室之杖屦已非。想像已杳之音容，挥洒无及之涕泪。哀缘情感，事因物兴。集先兄之门人，杀枣梨以镌刻。非敢问之于世，效萤火之飞空。但以藏之其山，妥兄灵于不殁云尔。"

黄正位《呈请陈石泉先生入府志文》："遗嘱镌河图并赞于兹山石上。位等体其苦心，集及门将所遗《演周易》四卷，登之枣梨。原属蠡测蛙鸣，不敢公于世好；惟是束板藏山，聊以妥其幽魂。"

《潮州志·艺文志》之《经部·易类》："陈氏英猷《演周易》四卷。道光《广东通志·艺文略一》，未见。……按：是书《自序》作于乾隆十六年，翌年英猷卒。越十八年，其弟泰年为刊行。乾隆三十七年，李文藻知潮阳，先后刻惠定宇《易例》《周易古义》，殆以叠石之影响。然州人于汉《易》终无研治者，兴起乏人，为可叹也。"

按：广东省立中山图书馆今藏有清乾隆十八年陈氏叠石山房刊本《演周易》四卷，殆门人黄正位等所刻者。"遗嘱镌河图并赞于兹山石上"则在乾隆三十八年（1773）仲夏，由梅林书，东溪镌。详见本年谱"乾隆三十八年癸巳（1773）"条。

同年，东溪于叠石书斋巨石上题刻"叠石井，癸酉年建"。

详见第四部分《石刻》。

乾隆十九年甲戌（1754）　东溪五十四岁　梅林二十四岁

春试，东溪或以守母丧及长兄石泉之丧而未赴。

按：东溪母卒于乾隆十六年七月初三日，至十八年十月初三日守丧已满二十七个月。若东溪赴乾隆十九年春试，则十八年秋冬月间便要束装起程。且适逢十七年八月其长兄石泉复卒，东溪或以此未忍遽离而未赴试。

十二月初九日，石泉四弟瑞璋卒，享年五十九岁。

《豪山陈氏纂修旧谱补订·十五世》："讳来，名瑞璋，字式瓒，号朴和，生清康熙丙子正月十七日，为徽典公曾孙、复阳公亲孙、亨者公四子，卒乾隆甲戌十二月初九日，享年五十九岁。葬于铁鸟坑，穴坐丙向壬。娶郑氏，号慈福，生清康熙乙亥四月二十六日，卒雍正甲戌二月初七日，年三十岁，别葬于崩塘，穴坐丑向未。继娶郑氏，号绍德，生清康熙乙酉十月十九日，卒乾隆乙丑十月初四日，年四十一岁，别葬于狗眠北坑，穴坐艮向坤。子三：笑、颖、亮。"

乾隆二十年乙亥（1755）　东溪五十五岁　梅林二十五岁

今年以来，一旱经岁，或连七八越月不雨，或连五六越月不雨，即雨，又不过数日而止。

《石泉记》："自乙亥以来，一旱经岁，或连七八越月不雨，或连五六越月不雨，即雨，又不过二三日，或四五日而止，求如往时之越旬经月，无有也。"

五月二十日，石泉长子明恭卒，享年五十一岁。

《豪山陈氏纂修旧谱补订·十六世·石泉公之子》："讳曾，号明恭，生清康熙乙酉二月初七日，为复阳公曾孙、亨者公亲孙、石泉公长子。安分守己，潜玩载籍。卒乾隆乙亥五月二十日，享年五十一岁，葬于大山兜，穴坐坤向艮。以子谦光诰赠儒林郎，累赠朝议大夫。娶姚氏，号顺德，生清康熙丁亥十月二十四日，卒嘉庆丁巳正月初十日，享年九十一岁，别葬于砂浦都土名军船头，穴坐亥向巳。以子谦光诰赠太安人，累赠太恭人。子四：同、浑、深、谦。"明恭墓在河浦蜈蚣山兜，曰"蜈蚣吐珠"。碑文为"大清十六世祖墓，考处士明恭陈公，妣孺人顺德姚氏"。

七月二十三日，石泉次子刚忠卒，年四十九岁。

《豪山陈氏纂修旧谱补订·十六世·石泉公之子》："讳愚，号刚忠，生清康熙丁亥四月二十日，为复阳公曾孙、亨者公亲孙、石泉公次子。重然诺，敬祖先。卒乾隆乙亥七月二十三日，年四十九岁，葬于铁鸟坑，穴坐申向寅。娶郑氏，号循□，生清康熙辛卯七月初六日，卒乾隆庚子八月二十八日，享年七十岁，别葬于浮洋，穴坐庚向甲。子四：仔、佑、佃、僖。"

冬，山房石泉四周小石易以蜃灰。

《石泉记》："或曰：'向周围砌以小石，乙亥冬易以蜃灰，筑之故竭。'"

乾隆二十一年丙子（1756）　东溪五十六岁　梅林二十六岁

是年，石泉之水忽竭，或以为载松之故，或以为周围筑以蜃灰之故，东溪以为天旱之故。

《石泉记》："岁丙子，斯泉忽竭，或曰：'山向无木，今多载松，松长根深，汲之故竭。'或曰：'向周围砌以小石，乙亥冬易以蜃灰，筑之故竭。'予曰：'非也，天久不雨耳。向之不雨，不过一越月，二三越月，甚至四五越月已耳。自乙亥以来，一旱经岁，或连七八越月不雨，或连五六越月不雨，即雨，又不过二三日，或四五日而止，求如往时之越旬经月，无有也。夫泉出于地而实由于天，天既限之，地又焉能滋乎？所以山坑谷堑间水泉之小者竭，所在多有，岂独叠石山泉然哉？'"

八月朔日，东溪与族长德大、宗子士贤等同立豪山陈氏辈序，有《立辈序小引》。

《豪山陈氏族谱》载陈泰年等《立辈序小引》："吾族始祖通判公以贺为字，二世祖知府公以伯霆为字，厥后产五子，其字俱以卿字同，其名俱以真字同，各取一字附之，使人闻一字之同，即知其为一本同辈之兄弟也。自始祖至今，同一振字辈者为十八世。按家谱所载，虽一世取有一字以同之，间亦不能一辙，谅因兵燹散处，不及相谋故也。……今十八世上已然矣，嗣自十九世起，则取'忠厚传家端统绪，义方垂训自绵长'十四字，为一世各依一字，以约其同。童蒙就塾，其所命名，亦必示以画一。十九世起，取'育士论升基敬业，官贤定位起亲师'，亦为每世各依其一。俾后孙支既免蹈厥先辈，又称一字之同，即知其为一本之兄弟，称众字之贯，即知其为一本之叔侄，溯而上之，世代昭昭矣。至十四字满，松茂竹苞，绵绵复续云。乾隆二十一年丙子八月朔日，族长德大、族宦泰年、宗子士贤等同立。"

按：此文落款为"族长德大、族宦泰年、宗子士贤等"，但撰文者意为泰年，姑以"陈泰年等"署名。

约是年秋冬间，东溪七赴会试。

萧重光《东溪陈先生传》、唐文藻《东溪先生传》［详见"乾隆六年辛酉（1741）"条］。

乾隆二十四年己卯（1759）　东溪五十九岁　梅林二十九岁

约是年秋冬间，东溪八赴会试。

萧重光《东溪陈先生传》、唐文藻《东溪先生传》［详见"乾隆六年辛酉（1741）"条］。

是年或明年，梅林以院试冠军选为县学生员。

《豪山陈氏纂修旧谱补订·十六世·东溪公之子》："以县冠军进邑庠，旋食饩。"

按：明清时代科举制度由地方主持的初级考试办法，包括童试、院试、岁试、科试等步骤，清代康熙年间方更为完备。童试又称小考，由各府、州县长官主持，考选本地的童生。考试分四场举行，对考生逐场淘汰，最后被录取的童生名册被送往本县儒学署，然后送督学院，等中央所派的督学使者（又称学政）来监即举行院试。被录取者即成为所在地县学（州学或府学）的生员，初学的称附学生，逐步升为增广生和廪膳生，他们统称为秀才。梅林此次考试当属院试，被选为县学附学生，即生员。以明年十二月陈蕃与黄正位等《呈请陈石泉先生入府志文》时署衔为“生员陈蕃”，翌年《呈请叠石山入府志文》则署衔“廪膳生员陈蕃”，与《豪山陈氏纂修旧谱补订》所言“旋食饩”互证，则梅林“以县冠军进邑庠”疑在乾隆二十四年或乾隆二十五年，故暂系于此。

乾隆二十五年庚辰（1760）　东溪六十岁　梅林三十岁

十二月十五日，生员黄正位、增生周华锦、廪生陈光岐、新进童生王祚昌、生员陈蕃、生员陈凝道等呈请石泉入府志文。

黄正位《呈请陈石泉先生入府志文》：“具呈潮阳县生员黄正位等，为遵示明叩恩收录事。位已故业师廪生陈英猷，乃潮邑河浦乡人。……且不以淡薄介怀，孳孳嗜学。通经传鉴史，及释道诸子百家，言必勘□本根，不袭剿说，于三传、两国、《史记》、《周礼》、秦汉等书，及《孙子兵法》《司马法》诸篇，皆有评选注释，而尤浸淫于《易》。暮年筑室于邑东叠石山，为演《周易》之所。……于焉观其象，玩其辞，复极其数，以补四圣所未详，增画大圆图，以发后天所从略。山居一十四年，无间寒暑，《易》辞、《易》数解算颇就，稿成身逝，年七十有七，遗嘱镌河图并赞于兹山石上。位等体其苦心，集及门将所遗《演周易》四卷，登之枣梨。原属蠡测蛙鸣，不敢公于世好；惟是束板藏山，聊以妥其幽魂。兹恭逢文宗宪天，具铁石梅花之气概，兼山川香草之风流，修辑志书，光发潜德，示谕各属，得自陈情。位等不揣冒昧，敢摅业师实行，并其遗书，上献斧削，伏乞收录，庶显微阐幽，励节寒士，得附不朽，点铁成金，增光泉壤，不胜惶恐感激！为此连书上呈。乾隆二十五年十二月十五日具呈，生员黄正位、增生周华锦、廪生陈光岐、新进童生王祚昌、生员陈蕃、生员陈凝道。”

乾隆二十六年辛巳（1761）　东溪六十一岁　梅林三十一岁

三月十五日，乃于旧泉之南丈许凿井，深五尺辄石，工人束手。

陈泰年《石泉记》：“是年三月十五日，乃于旧泉之南丈许凿井，深五尺辄石，工人束手，但石性不甚坚确。……时盖乾隆二十六年辛巳也。”

二十七日，另以厚锄凿下复六尺，即有二泉从石罅涌出，越宿，积水数尺，生徒住者惧怍无已。东溪有《石泉记》以志。

陈泰年《石泉记》：“是年三月十五日，乃于旧泉之南丈许凿井……念七日另工，以厚锄凿下复六尺，即有二泉从石罅涌出，越宿，积水数尺，生徒住者惧怍无已。乃叹旧泉出自石，兹新泉又出自石，周环彻底皆石，无相接之痕，无片泥之杂，石泉之号不虚，品斋之义仍有取也。天久不雨，泉以深得，岂栽松易灰之咎哉？遂为文以志。时盖乾隆二十六年辛巳也。”

四月初十日，梅林时为县学廪膳生员，有《呈请叠石山入府志文》，知府周硕勋批准录送。

陈蕃《呈请叠石山入府志文》：“具呈廪膳生员陈蕃为遵宪呈报恳恩录送事。……潮之东山行十馀里，有俗呼为叠石山者，以巅上两石叠置，故名。山之南可三里，则为河浦乡，盖蕃族居也。山之阴巍峨，巅上四合如环，独东稍缺。胞伯廪膳生员陈英猷，孝友笃学，乾隆四年于此中拓险，依石构屋数椽，以为演《周易》之所。背列尖石，如雁行状，耸峻特奇。尖石下作石洞，幽静如屋。近案内山数重，远案南澳诸峰。阶临清泉，四围皆石，泉从石出，绝无片泥。西北上百步有大石，石面平，方广丈馀，如帐。英猷命镌河图并赞斯石。东下四百馀步，又一洞，上盖下底，四面俱石，光莹清旷，水声潺潺。此则叠石山之巨概也。英猷演《周易》兹山一十四载，书成，适湖南桃源县孝廉谢如式，乃蕃父举人陈泰年同为丙辰乡荐，学行之交，流寓此山，与英猷契合，心理同源，故序其书，又作叠石山记并诗数首于其上。时伯年七十七卒，其书并记乃付之梓。恭奉上宪纂修府志，搜罗藏书，去年十二月十五日，蕃同受业生员黄正位等，遵将遗书进呈，但其本山胜概未尝详及。兹读宪颁条例内‘一拳奇秀，在所不遗；流寓诗文，皆勤采择。’是则宪台彰微显幽之雅，蕃何敢蹈匿璧沉光之嫌，爰敢绘图并记，及前赴府宪献书原词，一齐粘察，叩准录送。倘得藉以不朽，实叨明镜馀光。至其遗书，蕃又就本年正月初四日同试卷恭呈宪天斧削，合并声明。为此上呈宪天太老爷台前，恩准录送施行。计开：连粘献书原词、山图各一纸。乾隆二十六年四月初十日具呈，廪膳生员陈蕃。批：准录送，粘抄山图俱存。”

乾隆二十八年癸未（1763）　东溪六十三岁　梅林三十三岁

是年东溪谒选，授浙江於潜县知县。

冯成修《东溪先生墓志铭》：“谒选，得浙江之於潜令。”

萧重光《东溪陈先生传》：“癸未谒选，得浙江之於潜令。”

《於潜县志》卷十二：“陈泰年，潮阳人，举人，（乾隆）二十八年任。张奕，潜江人，（乾隆）三十二年任。”

东溪四子都（周京）弱冠之父任，参办幕事，钱谷漕务秩如。

《豪山陈氏纂修旧谱补订·十六世》：“（都）太学生，性宽和，重伦行，弱冠之父任，参办幕事，钱谷漕务秩如。”

按：陈都生于乾隆九年（1744），至乾隆二十八年年适弱冠，故系于此。

於潜为杭之僻邑，地瘠民贫，东溪至则察民疾苦，劝农桑，严保甲，勤抚字，民赖以安。

冯成修《东溪先生墓志铭》：“於潜为杭之僻邑，地瘠而贫，素称难治。”

萧重光《东溪陈先生传》：“於潜为杭州僻邑，地瘠民贫，至则察民疾苦，劝农桑，严保甲，勤抚字，民赖以安。”

时适荒田滩涨有新议起征之例，东溪虑为编民日后之累，因力持不可，申详凡数，上始准列为额外，潜民尸祝之。

冯成修《东溪先生墓志铭》：“公下车伊始，适荒田滩涨有新议起征之例，公虑为编民日后之累，因力持不可，申详凡数，始准列为额外，潜民至今尸祝之。”

萧重光《东溪陈先生传》：“新恳起征，详准列为额外，年岁荒歉，即为展限缓征。”

尤礼贤好士，治事之暇，与诸生讲学论文，文风丕变。其先后为生员、举人而进士者，接踵而起，皆其造就之力。翰林黄瀛元，其尤著者。

冯成修《东溪先生墓志铭》：“尤礼贤好士，治事之暇，即为诸生讲学论文，务鼓舞而振兴之，邑中之风翕然丕变。其先后赋采芹、歌鹿鸣而捷南宫者，接踵而起，皆公造就之力。太史黄君瀛元，其尤著者也。”

萧重光《东溪陈先生传》：“尤礼贤好士，治事之暇，与诸生讲学论文，鼓舞而振兴之，文风丕变。”

按：黄瀛元，字葭塘，一字汝调，号洲侣，浙江於潜县人。乾隆三十六年（1771）辛卯科进士，选庶吉士，散馆授编修，历官江南监察御史。博通经史，书法见称于时。俱见《於潜县志》卷十三。

东溪仕宦后，掌管叠石山房者为其次子梅林，集生徒其中，日肆力于经传史鉴及诸子百家，靡不悉心宣究。梅林兼长于诗，弄月吟风，陶然自得。

陈昌齐《梅林陈公墓志铭》：“生有至性，内行纯笃，渊然而静。凡动作周旋，造次必于儒者。家贫，舌耕以养，不规规于进取。所居有叠石山房，具林泉之胜，集生徒其中，日肆力于经传史鉴及诸子百家，靡不悉心宣究。兼长于诗，兴则登高峰，望海舶，乘潮出入，听时鸟变声，弄月吟风，陶然自得。山居垂二十年，几不知人世间穷通得丧之境为何如也。”

是年，番禺举人曹达有《陈石泉先生赞》。

曹达《陈石泉先生赞》：“于戏先生，学贯天人。深心河洛，独得其真。龙马之图，实本于数。后之圣贤，以此为据。直至有宋，数义并传。古今易理，程朱则宣。于戏先生，说辞最精。羽羲翼文，窔奥阐明。即今其书，实堪启后。自维梼昧，行将研究。”

乾隆三十年乙酉（1765）　东溪六十五岁　梅林三十五岁

六月初四日，东溪六子邵（政邵）卒，年二十七岁，以兄令之三子海为后。

《豪山陈氏纂修旧谱补订·十六世·东溪公之子·邵（政邵）》：“卒嘉庆乙未六月初四日，年二十七岁，葬于本里波浪坑，穴坐坤向艮。子一，以兄令之三子海为后。”

是年，於潜值大荒歉，贫民多采蕨糊口，东溪为之缓征展限。

冯成修《东溪先生墓志铭》：“岁乙酉，值大荒歉，贫民多采蕨糊口，公为之缓征展限。”

萧重光《东溪陈先生传》：“年岁荒歉，即为展限缓征。”

时境内脱逃要犯，值童试，东溪授意士子，旋即拿获。列宪会审得其故，谓其得士心可知。尤善劝化，有兄弟争产集讯，剖析伦常以开导之；有村民欲弃妻而妻不服，惩治之。

唐文藻《陈东溪先生本传》：“时境内脱逃要犯，值童试，授意士子，旋即拿获。列宪会审得其故，谓考试衡文，缘此获犯，其得士心可知。尤善劝化，有兄弟争产，集讯剖析伦常以开导之，各感激垂泪，释争而去。有村民欲弃妻而妻不服，时来控告，讯无可出之条，吓之以威，喻之以情，后察出煽惑之人，惩治之，夫妇遂和好如初。每日收词，随审随结，谆谆劝诫如家人父子，县无冤狱，囹圄一空。”

东溪明于折狱，故案无留牍，虽刁黠者无所逞。县无冤狱，囹圄一空。

冯成修《东溪先生墓志铭》：“明于折狱，故案无留牍，虽刁黠者无所逞。古之所谓神君者，殆不过是。”

唐文藻《陈东溪先生本传》：“每日收词，随审随结，谆谆劝诫如家人父子，县无冤狱，囹圄一空。”

闰二月，乾隆南巡至杭州，东溪办差西湖，诚慎称职，蒙恩加一级，缎一端。

《豪山陈氏纂修旧谱补订·十五世》：“乙酉圣驾南巡，公办差西湖，诚慎称职，蒙恩加一级，缎一端。”

按：据《乾隆实录》卷七百三十，乾隆三十年乙酉闰二月壬子，乾隆“是日驻跸杭州府行官。翼日如之。”至是月“甲子，上奉皇太后自杭州回銮。”则东溪办差西湖，当在此时。

是年，广东学政翁方纲奉朝命开拔萃科，按潮时，试经古，取梅林为拔贡，以冠一郡，称其经学有心得。

陈昌齐《梅林陈公墓志铭》：“乾隆乙酉，吾粤膺拔萃科者八十有八人……顾膺是选者，类多辞章之学，而梅林君独专治经学，使者翁覃溪先生按潮时，试经古，取冠一郡，称其经学有心得。”

《豪山陈氏纂修旧谱补订·十六世·东溪公之子》：“登乙酉拔贡。”

经翁方纲悉心甄录，广东入选拔萃科者（拔贡）八十八人，梅林与大埔饶庆捷、钦州冯敏昌、海康陈昌齐、澄海陈名仪等入录。梅林归里候选。

冯敏昌《〈绥江伟饯集〉序（乙丑）》：“当乾隆乙酉之岁，学使者北平翁覃溪先生奉朝命开拔萃科，悉心甄录，与者八十有八人，而大埔饶君庆捷为之冠，余时年方十九，亦得与焉，以年最少，故诸君弟畜之。于时同年多雄骏君子，若苏朝阳、陈名仪、邱青藜、张应□、唐汝风、林润庄、欧焕舒、徐昭而外，指不胜屈，而诸君子皆心折吾陈君梅林之为人，以为堪称祭酒。顾廷试榜发，以前列获授县令及广文者不一，而陈君则以本班归里候选，众共惜之。

陈昌齐《梅林陈公墓志铭》：“乾隆乙酉，吾粤膺拔萃科者八十有八人，而吾宗陈姓得其七，总覆后序齿，惟柳君恒森、王君梦瑞年最长，次则推吾梅林君，诸同年皆以兄事之。……诸同年又以通经致用期之，乃廷试榜发，同年生多获隽去，君则以本班归里候选。从此南北睽违，不得合并，盖五十馀年于兹矣。”

按：饶庆捷（1739—1813），字德敏，号漫塘，大埔县人。乾隆三十年（1765）拔贡。翌年廷试优等，授广州府从化县教谕。三十五年（1770）省试第五名，调琼州府感恩县教谕。俸满保举知县。四十年（1775）四月成进士，五月改翰林院汉书庶吉士，四十三年（1778）四月散馆，授翰林院检讨。与纂《四库全书》，任缮书处分校官。五十年（1785）二月初翰林院詹事府官员考试，以“缮写违式”免职。五十五年（1790）春授内阁中书舍人。六十岁致仕后，曾掌教韩山、端溪书院。嘉庆九年（1804），大埔知县洪先焘修纂《大埔县志》，特聘庆捷主理其事。庆捷工于诗文，著作甚丰，有《桐阴诗集》八卷传世。

冯敏昌（1747—1807），字伯求，号鱼山，广东钦州（今属广西）人。乾隆四十三年（1778）进士，改翰林院庶吉士。散馆，授编修。大考改官主事，补刑部河南司主事。性至孝，父丧，服阕，遂不复出。前后主讲端溪、越华、粤秀三书院，学者称鱼山先生。著《小罗浮草堂集》《河阳金石录》《华山小志》。敏昌工诗，与张锦芳、吴亦常齐名，称“岭南三子”。

陈名仪，字道来，号讷士，澄海县人。乾隆三十年（1765）拔贡，授仁化教谕，调万州学正，三十九年（1774）丁艰归。越七年举乾隆庚子（1780）亚魁。授仁化教谕后，益肆志于古文词，一时士皆从游。识者谓之不独文章迥出流辈，其才气且可大用。辛丑年（1781）京试落第，都门名公，咸惋惜焉。乾隆乙己（1785）掌教于澄海景韩书院，来学之众，为数十年所未有。年五十一，据案拈毫，忽含饴而逝。著有《慎余堂诗集》《榕荫堂文集》及制艺试帖等集，行世一时，文人皆宗之。（嘉庆《澄海县志》）

乾隆三十一年丙戌（1766）　东溪六十六岁　梅林三十六岁

夏，东溪捐资重梓康熙版《於潜县志》，有跋。

陈泰年《重刻〈於潜县志〉跋》：“县之有志，犹国之有史，贵随时纂修，凡足以表扬入乘者，无不当胪列备载，此守土者职也。《潜志》自康熙十二年重修以来，迄今几及百载，泰年初莅斯邑，即欲率我绅士搜罗一葺，因潜地山陬，并屡年秋收稍薄，有志未逮。惟是蠹鱼剥落，字画缺残，几几存什一于千百，倘竟置诸高搁，将来是书必致不可复问，是益滋咎也。爰广觅原刻旧本，捐资重刻，用备参稽。镂版成，聊志数言于卷末，后之君子其谅之。是为跋。旹乾隆三十一年夏月，知於潜县事岭南陈泰年谨跋。”（康熙《於潜县志》）

按：乾隆三十一年东溪重刻本现藏于北京大学图书馆，选入《北京大学图书馆藏稀见方志丛刊》。

夏秋前，东溪汇於潜县任上信谳案牍为《潜州信谳录》二卷。至民国初，其后人尚藏有写本。

《潮州艺文志》卷八《子部·法家类》载饶锷《〈潜州信谳录〉按语》：“此《潜州信谳录》及《文集》，《通志·艺文略》不著录。忆宣统初元，余至潮阳，曾与大令后人游，询以此书及叠石先生易学，云《信谳录》家有写本，当时匆匆未及借览，今沧桑屡易，又不知其稿尚存否?”

秋，以去年大荒歉而缓征展限，尚悬旧条未楚，虽大吏催督，东溪弗顾。

冯成修《东溪先生墓志铭》：“岁乙酉，值大荒歉，贫民多采蕨糊口，公为之缓征展限。至丙戌秋，尚悬旧条未楚，虽大吏催督，弗顾也。”

是秋，东溪以病乞归，观察刘纯炜、知府邹应元深知其廉介，恐不给，各赠白金十两。

萧重光《东溪陈先生传》：“丙戌秋，以病乞归，潜民遮道攀辕，绅士赋诗赠别。非实心实政，德化入人之深，何以得此。观察刘公讳纯炜、府宪邹公讳应元，各赠白金十两，盖廉知两袖清风，恐其不给也。”

唐文藻《陈东溪先生本传》：“宰潜三载，以病乞归，观察刘纯炜、府宪邹应元各赠白金十两，盖深知其廉介，恐不给也。”

《豪山陈氏纂修旧谱补订·十五世》：“丙戌告归，绅士攀辕赋诗纪绩，观察刘公纯炜、府宪邹公应元各赠白金十两，素知其廉，恐不给也。”

东溪有《潜州咏怀（十首）》志别，潜民遮道攀辕，绅士赋诗赠别，裒然成帙，同官荣之。

光绪《於潜县志》卷十六载陈泰年《潜州咏怀》（十首）：

“岝崿峰高淑气蒸，潜川潦尽素波澄。卷帘饱玩溪山趣，曾见青云映玉冰。

山崇地瘠少嘉禾，忍向滩头问税科。一十二乡苏困乏，敢辞苦口救偏颇。

两两三三采蕨薇，用宽牙税扣柴扉。催征莫笑予居拙，秋稔输公总不违。

踏网无知最可哀，呼号触耳动灵台。纵然三尺难全泯，绝处犹求一面开。

妍媸进退主司衡，屡破松烟肆品评。自古文章称定价，选期努力振西京。

老病难亲庶务繁，话留宪谕霭春温。床头案牍无沈滞，野鹤还飞请细论。

端午亲栽柳一株，临行计护竹竿扶。三年植养疏枝干，雨露长沾菀不枯。

隔院丹枫落地飞，深山绿竹吐芽肥。半肩行李秋声壮，携得清风两袖归。

咸虚（叠石山房先家兄演《易》处，颜其堂曰“咸虚”）宅畔足烟霞，旧坐春风长道芽。欲寄江湖遥问讯，白云深处是吾家。

荡桨冲波漫扣舷，海门风急雁行偏。石尤作恶崇潮退，直下韩江月满船。”

冯成修《东溪先生墓志铭》：“未几，以病乞归，士女遮道攀辕，不可胜数；赋诗赠行，裒然成帙。非公之实心实政，沦浃于小民之肤髓，其何以得此耶?”

萧重光《陈东溪陈先生本传》：“丙戌秋，以病乞归，潜民遮道攀辕，绅士赋诗赠别。

非实心实政，德化入人之深，何以得此。”

唐文藻《东溪先生传》：“远近绅士攀辕涕泪，赋诗赠行，同官荣之。”

乾隆三十二年丁亥（1767） 东溪六十七岁 梅林三十七岁

春，东溪抵家，仍设教于叠石山房，徜徉于山水之间，以读书课子为乐，足迹不至公庭。

陈泰年《建叠石山志道堂记》：“余宰潜三载，告病回籍。乾隆丁亥底家，四方之学徒踵至。”

冯成修《东溪先生墓志铭》：“归而徜徉于山水之间，以读书课子为乐。故后起者亦皆策对大廷，蜚声庠序。”

萧重光《东溪陈先生传》：“丁亥春底家，仍设教于叠石山房，筑志道堂以处学者。公之教授生徒也，以孝弟忠信为本，先品行而后文艺，凡事务躬行实践，不肆口谈。与伯兄石泉公俱宗仰白沙先生，本静养以私淑。手不释卷，而淡于理财，故数十年食贫守约，爨火屡虚，晏如也。”

唐文藻《陈东溪先生本传》：“抵家仍设教叠石山房，建志道堂以处学者。杜门却轨，足迹不至公庭。”

乾隆三十三年戊子（1768） 东溪六十八岁 梅林三十八岁

是年，建叠石山朝东讲堂一厅二房一拜亭，为课学之所，题曰“志道堂”。

陈泰年《建叠石山志道堂记》：“戊子，建叠石山朝东课讲堂一厅二房一拜亭，为课学之所，题之曰‘志道堂’。”

东溪有《建志道堂落成祭土地神文》。

陈泰年《建志道堂落成祭土地神文》：“维乾隆三十三年岁次戊子十二月乙卯朔，越十五日己巳，沐恩信士陈泰年等，敢昭告于本山土地之神曰：……宰浙倦飞，爰还逸翮。卜筑朝东，正凝地脉。堂名志道，室蓑三益。养正圣功，端基诱掖。夙夜孳孳，敬共朝夕。石峰耸秀，甘泉澄液。惟神有灵，磅礴郁积。”

东溪又有《祭志道堂门神文》。

陈泰年《祭志道堂门神文》：“维乾隆三十三年岁次戊子十二月乙卯朔，越十五日己巳，沐恩信士陈泰年等，敢昭告于本斋司门之神曰：惟神阖辟是职，监察宣力。迎禧纳祥，呵禁邪慝。日司分阴，夜司漏刻。”

重修石泉乾隆四年所建朝南咸虚斋八间，以处学者。

陈泰年《建叠石山志道堂记》：“复重修先兄己未所建朝南咸虚斋八间，以处学者。”

十二月，重修河浦后径雨亭，东溪及同年冯成修、陈振先及乡人陈丕谟各有题联。

潮阳河浦后径雨亭对联四则："古径萦纡凝气紫，高峰崱屴拥云青。乾隆戊子年腊月重修，东溪陈泰年题。（其一）绵亘千峰蟠势远，氤氲一气入望长。豪山居士陈丕谟原题。（其二）山辉泽媚人文蔚，日暖风清物色新。古榕陈振先原题。（其三）地近名邦环崒嵂，亭盘峻岭接风云。南海太史冯成修题。（其四）"

按：后径雨亭柱取今存，据柱取石刻入录。

陈丕谟，字其莨，号豪山居士，潮阳濠浦人。通经传鉴史，及诸子百家言，尤工制艺，深契金正希先生文，圈点批评至十三易稿。弱冠补邑庠。康熙丙子（1696）举于乡，文义深刻，为房考赏识，卜为名下士，发榜谒见，年仅二十六。凡所为文，脍炙人口。卒年三十有七，未竟其用，时论惜之。子朝阳，邑廪生，鸿渐，邑增生，克绍家学。（嘉庆《潮阳县志》卷十六《文苑》）

陈振先，惠来县大坭都人（一作揭阳县人）。康熙三十五年丙子科举人第十八名。（乾隆《潮州府志》、雍正《惠来县志》）

乾隆三十五年庚寅（1770）　东溪七十岁　梅林四十岁

八月廿七日，梅林长子敏捷生。

《豪山陈氏纂修旧谱补订·十七世》："讳苗，名敏捷，字绍学，号逊斋，别号月三，生清乾隆庚寅八月廿七日，为亨者公曾孙，东溪公亲孙，梅林公长子。"

十一月，以濠浦乡人陈政泰牵头捐建水吼桥，行人称便，东溪为撰《建水吼桥碑记》。

嘉庆《潮阳县志》卷十九陈泰年《建水吼桥碑记》："河浦乡，乃潮阳县城之东，突起高山，曰东山，巉岩层叠，复东一十馀里，始下平原而乡也。中间诸山之辅来脉者，幅员一十馀里。脉之南厥水南流，脉之北厥水北流。吾始祖创基于此，成两径以通县。南曰前径，南流之水旧已桥焉，行不病涉。北曰后径，北流之水，盖高山自南奔注，悬瀑十数丈。又东西旁坑会流而北。有声潨然能吼，故俗名水吼。久旱时犹可依石步越，若骤霖雨，水涨数尺，行者苦之。乡有陈政泰者，能体舆情，爰集众金，鸠工取石。以成斯桥。东西往来绝无褰裳之苦，人称便焉。是其有功于行者，因为之记，以垂不朽。旹乾隆庚寅冬月。"

乾隆三十六年辛卯（1771）　东溪七十一岁　梅林四十一岁

六月十五日，梅林长子艾儿染痢，误投药而卒，年仅十一岁。葬于河浦铁鸟坑。

陈蕃《陈子艾儿墓表》："呜呼！此於潜邑侯之孙、四会学教谕之长男也，生质岐嶷，祖、父俱器重之。因染痢，误投药。于乾隆辛卯年六月十五日午时卒，距生于乾隆辛巳年十一月初五日子时，年仅十一岁，急葬于此，触目伤心。至嘉庆五年庚申仲夏之月，始竖碑刻铭。铭曰：青山埋嫩骨，白日起悲风。铁鸟坑侧，为子幽宫。时虽久而痛靡穷。父梅林居士题。"

十一月十九日，石泉三弟瑞端卒。

《豪山陈氏纂修旧谱补订·十五世》："讳彝，名瑞端，字式元，号仁波，生清康熙丁卯六月初七日，为徽典公曾孙、复阳公亲孙、亨者公三子。卒乾隆辛卯十一月十九日，享年八十五岁。娶翁氏，号宽柔，生清康熙戊辰六月初三日，卒乾隆辛卯八月初一日，享年八十四岁。合葬于御史岭，穴坐丁向癸。子四：望、偶、季、栗。"

是年，监院张致仁延主河东书院，东溪教授生徒，以孝弟忠信为本，先品行而后文艺，凡事务躬行实践，不肆口谈。

萧重光《东溪陈先生传》："辛卯，监院张公讳致仁延主河东书院，年盖七十有一矣。公之教授生徒也，以孝弟忠信为本，先品行而后文艺，凡事务躬行实践，不肆口谈。"

按：张致仁，山东人，监生。乾隆三十五年（1770）任潮阳招收场大使。时为河东书院监院（书院主持者）。（光绪《潮阳县志》卷十四《职官》）河东书院在达濠埠。乾隆二十八年（1763）里人陈耀振倡建，并置租银一百二十两为士人膏火。（光绪《潮阳县志》卷六《学校》）

乾隆三十八年癸巳（1773）　东溪七十三岁　梅林四十三岁

五月，东溪镌石泉《河图（并赞）》于山房后巨石上，为梅林所书。

河图石刻之《河图（并赞）》："先生姓陈，讳英猷，字式霭，号石泉。康熙十五年丙辰十二月初六日戊时生，充潮阳学廪生，孝友积学。乾隆四年己未筑斋兹土，为演《周易》之所。乾隆十七年壬申书成，八月十八日未时卒。命勒河图并赞于斯石。先生赞曰：天地之数，五十有五；天地之象，奇耦分部。龙马出河，象数以睹。圣人则之，道昭三古。大哉斯文，圣圣攸祖。乾隆三十八年癸巳仲夏，丙辰科经魁授浙江於潜县知县，胞弟泰年东溪镌。乙酉科拔贡、胞侄梅林书。"

《叠石山房志》（手抄残稿）中《凡例》（残）："《河图赞》系先伯遗嘱，连河图镌于兹山石上者，先严已于癸巳夏命工勒就，故连《赞》编入。"

是年，东溪于山巅叠石上题刻"海阔天空"四大字。

叠石山巅石刻："海阔天空。乾隆癸巳陈泰年题。"

东溪复于日月洞上方右侧石壁题刻"九曲径"三大字。

叠石山日月洞上方题刻："九曲径。乾隆癸巳，陈泰年题。"

题刻在日月洞上方右侧摩崖，坐东南面西北。"九曲径"三字，径大尺二，行楷横列。又右侧勒"乾隆癸巳"，左侧勒"陈泰年题"，正书直行，大五寸许。

东溪晚年家居，倡行族规，捐俸一百两，付侄蒙（荣教）凑祖蒸尝，修建七世祖祠"永思堂"。

萧重光《东溪陈先生传》："晚年家居，倡行族规，以约束乡人；留心族谱，追溯本原。考订详核，以族繁未能续辑，流连不置。祖有薄蒸，维持调护，务使春秋祭享，必致丰洁。近代遗存古屋，墙垣剥蚀，筮仕得禄，遂割清俸，凑建‘永思堂’，以妥先灵。治家俭朴，不乐纷华，夙兴夜寐，课督子侄，则曰‘必尽人力’，至遇之得失，则曰‘顺其自然’。”

《豪山陈氏纂修旧谱补订·十五世》：“底家倡行族规，以约乡人，率建祠屋，以妥先灵。”

《豪山陈氏纂修旧谱补订·十六世·石泉公之子》：“讳蒙，名荣教，字光财，生清康熙己丑六月二十八日，为敻阳公曾孙、亨者公亲孙、石泉公三子。太学生，以叔东溪公付银一百两，凑祖蒸，建七世祖祠，克著勤劳。”

唐文藻《陈东溪先生本传》：“末年倡行族规，以约束乡人。”

东溪自解组归林下一十一载，足迹不至公门，知县李文藻以不获见为憾。

萧重光《东溪陈先生传》：“公自解组归林下一十一载，足迹不至公门，邑侯李公讳文藻以不获见为憾。”

乾隆四十年乙未（1775）　东溪七十五岁　梅林四十五岁

五月初一日，东溪修订该族旧纂族谱毕，并撰《纂修旧谱补订序》。

民国重刊《豪山陈氏族谱》载陈泰年《纂修旧谱补订序》：“谱自洪武年间，适孙观保公笔之于前；嘉靖年间，又有宜昊、日昌、邦朔、复初等公笔之于后，皆合在莆之谱，连而续之。观观保公自为之序，及宜昊公等之请林绍公为之序，可知矣。然斯谱已不可得，今兹谱乃万历年间所集，为之序者姚东阳公，司厥事者明教、熙文两公。细按斯谱，详加考核于九世、十世间，名字之脱漏者补入之，生卒葬娶之可稽者补载之，无可稽者缺焉。至抄写有鱼鲁亥豕之讹，序文有遗漏脱落之谬，悉为订正，以俟后人再加续辑，务使世代相承，尊卑不紊，萃涣收族克成完璧，是所望也。……乾隆四十年乙未五月初一日，十五世孙泰年书。”

乾隆四十二年丁酉（1777）　东溪七十七岁　梅林四十七岁

十二月初六日，东溪卒，年七十有七，葬于砂浦都土名鹤头山之原。

萧重光《东溪陈先生传》：“丁酉十二月初六日，终于正寝，年七十有七。”

冯成修《东溪先生墓志铭》：“公卒于乾隆四十二年丁酉十二月初六日辰时，距生于康熙四十年辛巳八月十四日申时，享寿七十有七。”

《豪山陈氏纂修旧谱补订·十五世》：“卒乾隆丁酉十二月初六日，享年七十七岁。葬于砂浦都土名鹤头山之原，穴坐辛向乙。”

德配萧孺人，生子二人；继配郑孺人，生子四人。长子馨，次蕃，三萃岚，四周京，五光府，六政邵。女三人。

萧重光《东溪陈先生传》："子六人，长实声馨，太学生；次蕃，乙酉科拔贡，即选儒学教谕；三萃岚，邑庠生；四周京；五光府；六政邵，邵先公卒。孙敏捷，邑庠生。公自解组归林下一十一载，足迹不至公门，邑侯李公讳文藻以不获见为憾。杨公讳任，旌其闾曰'太邱遗范'，潮人高之。"

冯成修《东溪先生墓志铭》："德配萧孺人，生子二人；继配郑孺人，生子四人。长子馨，次蕃，三翠岚，四周京，五光府，六政邵，邵先公卒。女三人。孙男十六人，孙女八人；曾孙男二人，曾孙女二人。"

《豪山陈氏纂修旧谱补订・十五世》："娶萧氏孺人，号顺隐，生清康熙壬午正月初五日，卒雍正乙卯正月二十五日，年三十四岁，葬于北面宝峰岩之左，穴坐丑向未。子二：椒、蕃。继娶郑氏孺人，号勤德，生清康熙戊戌七月廿四日，卒乾隆戊申正月十八日，享年七十一岁，别葬于本里鸡鸣山，穴坐乾向巽。子四：令（萃岚）、都（周京）、郡（光府）、邵（政邵）。"

著有《东溪文集》四卷、《潜州信谳录》二卷，藏于家。

唐文藻《陈东溪先生本传》："著有《文集》四卷、《潜州信谳录》二卷，藏于家。"

门人王玉树等有《祭於潜县知县东溪陈夫子文》。

王玉树《祭於潜县知县东溪陈夫子文》："缅维师范，盛德靡涯。生长名邑，望隆巨家。钟灵秀于叠峰，才充八斗；穷搜罗于石室，学富五车。孝养为心，戏莱公之斑服；友恭成性，茂田氏之荆花。西席擅名，久作士儒瞻仰；东山设教，大开桃李英华。登贤书而有耀，作明府而非夸。异政著於潜之邑，闾阎来邵杜之嘉。仰清风之满袖，钦霁月之无瑕。奉义方者游辟雍而称玉笋，承教泽者膺贡举而长兰芽。出则宣猷布化，入则崇俭黜奢。……树等仰止维殷，嗟典型之凋谢；追随有素，悲模范之沦亡。奠耆勋于泉壤，献微款于豆觞。庶来歆而来格，俨在上而在旁。呜乎！哀哉！伏惟尚享！"

东溪卒后，梅林隐叠石山房，性恬淡，不规进取，经学懿行，信从日众，以身立教，寒暑不辍者垂二十年，士林庆得师焉。

嘉庆《潮阳县志》卷十六《人物・文苑》："性恬淡，不规进取，隐叠石山房，即英猷演《易》处也。经学懿行，信从日众，以身立教，寒暑不辍者垂二十年，士林庆得师焉。"

乾隆四十三年戊戌（1778）至四十五庚子己亥（1780）　梅林四十八至五十岁

期间，潮阳知县杨任旌表东溪门闾曰"太邱遗范"，潮人高之。

萧重光《东溪陈先生传》："杨公讳任，旌其闾曰'太邱遗范'，潮人高之。"

按：光绪《潮阳县志》卷十四《职官·国朝潮阳知县》载："杨任，长垣人，拔贡，乾隆三十三年任。杨觐光，桐城人，举人，乾隆三十五年任。……杨任，乾隆四十一年回任。何钟，山阴人，监生，乾隆四十五年任。"以东溪致仕回乡在乾隆三十二年（1767），而杨任初任潮阳知县在乾隆三十三（1768）至三十五年（1770），东溪"足迹不至公门，邑侯李公讳文藻以不获见为憾"，则杨任其时未必能获见于东溪，且旌表其间在"邑侯李公讳文藻以不获见为憾"之后，故系其旌表事在其回任期间。

乾隆四十八年癸卯（1783）　梅林五十三岁

是年，浙江人全璠来任潮阳招宁司巡检。

夏秋间，全璠尝造访梅林，并游叠石山胜景。

全璠《复陈梅林先生书》："日前晋谒鳣堂，饫聆教益，探奇抉胜，心赏目游，竟日之欢，如坐春风。十载别后，尘氛满面，寤寐萦怀，翘首名山，不啻云泥迥隔也。"

按：书称"十载别后"，则梅林与全璠尝相识于十年前，详情暂不可考。

中秋，梅林有函致全璠，并赠藏书，全璠有《复陈梅林先生书》。

全璠《复陈梅林先生书》："届兹天中佳节，遥企老先生文襟聿畅，正切驰颂，忽奉华翰，并领藏书，兼荷惠锡珍品，拜登之下，倍深感愧。仅对使申谢，专泐布复。"

今年或明年，广东乡试副考官、编修朱绂尝游叠石山，有诗，梅林属其门人赓和之。朱绂有《复陈梅林先生书》。

朱绂《复陈梅林先生书》："名山胜水，得尽游观，殊畅生平之乐。归后勉谐声韵，正如小儿学语，窃呈大匠之前，所谓班门弄斧，不自知其鲁拙也。乃蒙奖誉过情，并邀高弟诸先生赐和，佳章频锡，读之不尽，抛砖引玉，何幸如之。承惠藏书，已对使敬领，容当面请训迪。"

乾隆四十九年甲辰（1784）　梅林五十四岁

三月廿一日，梅林兄弟葬东溪于砂浦都鹤头山之原，并请东溪同年、贵州学政冯成修为撰《特授文林郎、知县陈东溪先生墓志铭》。

冯成修《东溪先生墓志铭》："公卒于乾隆四十二年丁酉十二月初六日辰时……卒之后七年甲辰三月念一日寅时，其子卜葬于砂浦都鹤头山之原，坐辛向乙兼戌辰三分，辛卯分金，而属予为之志。夫予于公为同年契好，交且垂数十年矣。惟公知予最深，亦惟予知公最悉，则其志公也，固莫予宜；而宿草兴悲，松楸致慨，一旦搦管而志公之墓，其能勿泫然出涕也乎？爰为之铭。铭曰：鹤头之山，蜿蜒若龙。万年窀穸，閟此幽宫。诒厥孙谋，蕴隆其崇。既新其垅，将大其封。"

十月廿九日，东溪五子郡（光府）卒，年三十八岁。

《豪山陈氏纂修旧谱补订・十六世・东溪公之子・郡（光府）》："卒乾隆甲辰（四十九年）十月廿九日，年三十八岁，葬于北面莿乾，穴坐南向北。娶姚氏，号良玉，生清乾隆戊辰七月廿一日，卒嘉庆庚辰七月廿八日，享年七十三岁，葬于崩坑蜘蛛山，穴坐丁向癸。子四：婢、姣、姸、娍。"

乾隆五十一年丙午（1786）　梅林五十六岁

是年或稍后，梅林与长沙僧人寄尘互有音问，然未谋面。

陈蕃《与寄尘禅师书》："两载知音，未经半面。"

按：据乾隆五十三年寄尘于叠石山题刻："虎穴，乾隆戊申秋，长沙寄尘书，梅林陈蕃勒石。"知梅林《与寄尘禅师书》作于是年秋季之前，书中言及"兹择于七月初八日，祈践前约。"则该书作于七月八日之前，书中称"两载知音"，则在乾隆五十三年前两年，梅林与寄尘已互有音问，倒推二年，则为乾隆五十一年；虑及二年未必为实数，故应于乾隆五十一年或稍后。

十月，以梅林与族长经常翁、岁贡西院翁等前经谋议，动工重建四世祖祠，董其事者族长之子文声，房老兆科、志明等，而文声实总其成。

民国重刊《豪山陈氏族谱》载陈蕃《重建四世祖思源堂记》："……而四世旧祠墙垣屹立者无力重新。升平日久，生育滋多，派下之贫困者一十馀家，斩木架屋，倚祠墙环住。历年既久，积有馀资，便欲建楼为久安计。余与族长经常翁、岁贡西院翁等力阻，始谋重建，以妥先灵。识理者正言劝之，穷乏者捐资助之，不数时咸择吉移徙，而后聚祖蒸，佥题借，同心协力，极费周章。董其事者族长男文声，房老兆科、志明等，而文声实总其成。经始于乾隆丙午初冬，至戊申冬而诸工报竣，共费金二千五百有奇。"

乾隆五十二年丁未（1787）　梅林五十七岁

秋，寄尘入潮，梅林尝邀其来游，因寄尘行程已定，不果。

陈蕃《与寄尘禅师书》："去秋，尝请大驾贲临，因行旌已建，不果。兹择于七月初八日，祈践前约，弟并邀衍师、林师作伴，共挹世外风光，宿宿信信，为山房增一段佳话，乐何如也。专此布闻，言不尽意。"

按：以《与寄尘禅师书》作于乾隆五十三年，书中称"去秋"，则寄尘入潮当在今年秋季。

八月二十一日，石泉三子蒙卒，享年七十九岁。

《豪山陈氏纂修旧谱补订・十六世・石泉公之子》："讳蒙，名荣教，字光财……卒乾隆丁未八月二十一日，享年七十九岁，葬于二港山，穴坐乾向巽。娶郑氏孺人，号妙敬，生清乾隆癸巳闰五月初十日，卒乾隆乙巳三月二十二日，享年七十三岁，别葬于铁鸟坑，与朱氏祖妣之墓左。子二：见、觐。”

乾隆五十三年戊申（1788）　梅林五十八岁

正月十八日，梅林继母郑氏卒，梅林丧葬尽礼，孝友之风感动乡邑。

《豪山陈氏纂修旧谱补订·十五世》：“（东溪）继娶郑氏孺人，号勤德，生清康熙戊戌七月廿四日，卒乾隆戊申正月十八日，享年七十一岁，别葬于本里鸡鸣山，穴坐乾向巽。”

嘉庆《潮阳县志》卷十六《人物·文苑》：“及丁父与继母艰，丧葬尽礼，孝友之风感动乡邑。”

上半年，梅林尝往访寄尘，适寄尘为当道所邀，梅林旋以小儿抱恙而归。

陈蕃《与寄尘禅师书》：“日前造谒，又适当道延邀，旋以小儿抱恙告面，何伊人之难即也。”

按：详见“乾隆五十二年丁未（1787）”条。

稍后，寄尘为梅林祖祠书写堂匾，该匾雕刻竣，陈蕃有函与寄尘，并邀其于七月初八日来游叠石山泉石之趣。

陈蕃《与寄尘禅师书》：“嗣蒙挥翰，锡之扁额，真令祖宇生辉。今已雕刻告竣，但不知米老丰神，工人可能传出否也？敝斋泉石竹木扶疏，际此夏天，席地岩阴，濯足涧侧，别具幽趣。去秋，尝请大驾贲临，因行旌已建，不果。兹择于七月初八日，祈践前约，弟并邀衍师、林师作伴，共挹世外风光，宿宿信信，为山房增一段佳话，乐何如也。专此布闻，言不尽意。”

七月初八日，寄尘来游叠石山，梅林并邀衍师、林师作伴，寄尘书“虎穴”二字。

陈蕃《与寄尘禅师书·又》：“昨辱宠顾，兼惠品题，真令山川生色，乃遽尔还驾，不获畅叙幽怀，至今犹怅怅也。承赐扁额，法书工妙绝伦，与前所书‘三山’等字，均非近今所有，命工人刻而宝之，将高人手迹，其为敝地光也多矣。特过费神力，令弟殊深不安耳。至委问易卦，已于十五、十六致诚处卜，今据鄙见，依理推占，未知果有一得否也。录稿呈览，馀容面叙。不尽欲宣。”

虎穴题刻一则：“虎穴。乾隆戊申秋，长沙寄尘书，梅林陈蕃勒石。”

冬，四世祖祠工报竣，共费金二千五百有奇，题之曰“思源堂”。

民国重刊《豪山陈氏族谱》载陈蕃《重建四世祖思源堂记》：“经始于乾隆丙午初冬，至戊申冬而诸工报竣，共费金二千五百有奇。溯祠之焚毁百有馀年，一旦庙貌改观，规模宏整，皆众人所念不到此也。祖既无现项可支，故鸠工庀材，必苦心缔造，非饮水思源、孝思团结，未易有志竟成，题之曰‘思源堂’，本众志也，喜董成者之胜任也。”

十二月，梅林为撰《重建四世祖思源堂记》。

民国重刊《豪山陈氏族谱》载陈蕃《重建四世祖思源堂记》："余惟祠宇废兴，关于气运，亦关于礼教，礼教明则尊祖敬宗，而报本追远之义具焉。《易》之《萃》曰'王假有庙'，岂特上聚祖考之精灵，亦下聚子孙之涣散也。登斯堂者，能知昔人创造之勤劳，又知今日重建之不易，而睦族刑家，式好无尤，不外此而得之矣。祠既落成，因综其颠末而为之记。乾隆五十三年戊申腊月十六世孙蕃敬书。"

乾隆五十四年己酉（1789） 梅林五十九岁

是年，陈浑有题刻于冠尖岩桐泽斋。

冠尖岩洞（亦称"芭蕉洞"）题刻："墓室辟雨所芨憩，衡经披史暂休暇。乾隆己酉年陈浑题书于冠尖岩。桐泽斋。"

乾隆五十六年辛亥（1791） 梅林六十一岁

是年，日月洞内有题刻一联，题刻者不详，或为陈浑所题。

日月洞右侧摩崖题刻："营窟尧咨时雍民，陶穴古公开周家。乾隆辛亥一之日。"

乾隆五十八年癸丑（1793） 梅林六十三岁

十月，梅林为撰《〈（洋汾）陈氏族谱〉赞》。

抄本《（洋汾）陈氏族谱》载陈蕃《〈（洋汾）陈氏族谱〉赞》："猗欤我宗，系出福漳（蓬山，聚于族始祖纯庵公）。太丘遗裔，紫绶蝉联。先公悠久，作宰于棉。羡潮仁里，择居处乡。螽斯衍庆，源远流长。更有从祖，为世名贤。叨中贤书，谒祖显扬。序厥系谱，世代昭然。南溪公胤，忠厚弥绵。肯堂肯构，荣名耀先。诚哉圣言，悠久无疆。时乾隆五十八年癸丑十月之冬，选拔进士吏部即选儒学教谕愚侄河浦蕃顿首拜撰。"

乾隆六十年乙卯（1795） 梅林六十五岁

是年，梅林谒选，授四会县教谕。

冯敏昌《〈绥江伟饯集〉序（乙丑）》："至乾隆乙卯岁，而陈君则年已六十有五矣，乃得选四会县学官，则君之于宦途，亦可谓晚遇者乎？"

《豪山陈氏纂修旧谱补订·十六世·东溪公之子》："乙卯授四会县教谕。"

是年，萧重光撰《特授文林郎、知县东溪陈先生传》。

萧重光《东溪陈先生传》："陈明府讳泰年，字式瑞，号东溪，潮阳河浦乡人。……乾隆六十年岁次乙卯年愚弟萧重光顿首拜撰。"

嘉庆元年丙辰（1796）　梅林六十六岁

是年，抵四会县教谕任。见县学东庑坍塌，先贤露居，遂鸠工完葺。

陈昌齐《梅林陈公墓志铭》："嘉庆丙辰，选授四会教谕。抵任，见东庑坍塌，先贤露居，遂鸠工完葺。"

光绪《四会县志》编二上《廨署》载教谕陈蕃、训导林学岱《祀张、李二公碑记》："嘉庆元年八月，余承乏教谕。"

《豪山陈氏纂修旧谱补订·十六世·东溪公之子》："在任修葺圣庙两庑。"

梅林查县学中产业，并参考案籍，知前教谕张亮、训导李遇辉创设塘租产业原委，慨然怀之，思欲祭祀，而未便独力举行。

陈蕃《祀张、李二公碑记》："追康熙五十一年，奉宪饬查，召民承垦，通邑里民各皆呈承，剩有新涌、长沥、落博老荒之处，无人愿承。时前教职张公亮、李公遇辉因学内月课生员粘补衙署等费，俱无公项可支，乃令家丁张昌隆、李长茂照民间垦例承垦升科，赴前任余太爷承垦，经前县丈明，共计税二十二顷二十二亩九分于户名，在县完粮，同地征一并征解。该塘地势低洼，不堪种植禾稻，用工筑基种草蓄鱼。当时是，每年每亩收租银五分八厘七毫，共收银一百三十两，除完纳孔圣田户内粮银六十□两八钱七分二厘、色米四石一斗七升八合外，馀则留为月课生员面食奖赏花红及粘补衙署岁科送考之用，历任相沿，由来已久。是该塘系前教谕等照民间报垦之例给照承升，与业主无异，虽官有去留，塘仍交代与寻常入官田塘、官官办召细者迥别，历来发批召佃，悉听教官主持，即或可以加租，其盈馀银两亦为寒毡少佐薪水，从无拨充别项公用。故两堂输粮米外，得稍留馀以办公项者，皆张、李二公之赐也。历代递传，经八十馀年矣，官斯学者不一其人，而二公之精诚贻留遗泽，从未有起念恩报者。嘉庆元年八月，余承乏教谕。查学中产业，并参考案籍，知其原委，慨然怀之，思欲于春秋丁祭后少荐馨香，以将诚虔，而未便独力举行。"

按：据光绪《四会县志》编五《职官志·文职》，康熙朝教谕有："张亮，花县籍，顺德人。四十八年任。祀教谕署。"康熙朝训导有："李遇辉，增城籍，南海人。岁贡。四十四年任。教谕署。"

建绥江书院于明伦堂东偏，捐俸薪为绅士倡。

陈昌齐《梅林陈公墓志铭》："嘉庆丙辰，选授四会教谕。……邑之义学，旧在两庑，君以宫墙不肃，非尊崇圣贤之道，且学舍无多，何以宏其乐育。乃谋之绅士，建绥江书院于明伦堂东偏，捐俸薪为绅士倡。"

《豪山陈氏纂修旧谱补订·十六世·东溪公之子》："在倡建绥江书院。"

是年，主持叠石书房者当是梅林三弟翠岚。其为邑廪贡生，祗父恭兄，身忘处约，老犹笃学，守正不阿。戚里构争，每赖解释，都邑翘秀，多出其门。

嘉庆《潮阳县志》卷十六《人物·文苑》："（翠岚）游庠后，舌耕自给，继设教叠石山房，训迪尤以敦实为务，从游者成名卓立。子侄辈亦联翩鹊起，铮铮然至今未艾也。晚年膺廪贡，屡疏财尚义，排难解纷，得一言而辄释。其起人敬畏类如此。”

《豪山陈氏纂修旧谱补订·十六世·东溪公之子》：“邑廪贡生，祗父恭兄，身忘处约，老犹笃学，守正不阿。戚里构争，每赖解释，都邑翘秀，多出其门。乙亥邑侯续修《县志》，职司采访，无滥无遗，众共称之。”

按：嘉庆《潮阳县志》称其“晚年膺廪贡”，因“廪贡”不属“选举·五贡”之列，故光绪《潮阳县志·选举·五贡》未录。梅林出仕四会，叠石书房须有主持者，据嘉庆《潮阳县志》翠岚“继设教叠石山房”，则此时继梅林主持者非翠岚莫属。

嘉庆三年戊午（1798） 梅林六十八岁

是年，绥江书院落成。梅林教诸生务崇实学，月课而旬会之，循循善诱，蔼然可亲。

陈昌齐《梅林陈公墓志铭》：“建绥江书院于明伦堂东偏……戊午落成，多士欣欣然乐肄业之得所者，君之力也。教诸生务崇实学，月课而旬会之，循循善诱，蔼然可亲。一时嗜学之士，质疑问难，户外屦满。为之条分缕析，俾各得其意以去。”

嘉庆四年己未（1799） 梅林六十九岁

是年，梅林于教谕署大堂东建柱厅三间，颜曰“志道堂”，又于头门东建朝厅三间为书房。

光绪《四会县志》编二上《廨署》：“教谕署在县学西北。……仁宗嘉庆四年己未，教谕陈蕃于大堂东建柱厅三间，颜曰‘志道堂’，又于头门东建朝厅三间为书房。志道堂楣上设龛，祀前教谕张亮、训导李遇辉。”

署训导谭正坤莅任，梅林遂与酌议，设张、李二公神位于志道堂楣上，八月初六日致祭，每年春秋二祭。

陈蕃《祀张、李二公碑记》：“嘉庆四年，署训导谭寅翁正坤来官斯土，每与酌议，意见相同，遂设张、李二公神位，于八月初六日致祭，并议自今以后，每年春秋二祭，每祭正副堂，各捐银一两，洁办祭品，丁祭后择吉将事，亦饮水思源，以申报德意也。”

秋，梅林长男敏捷回郡岁试。九月朔，梅林将数年中与诸生经史剖析者，合从前所课授生徒者，汇而为《经史析疑》一书。

陈蕃《〈经史析疑〉自序》：“己未秋，男敏捷以诸生回郡岁试，署中相对，仅老仆二人，难消永日，遂于九月朔，将数年中与诸生剖析者，合从前所课授生徒者，汇而书之，非有别务紧要，不敢闲旷度日。其诠解经书，多博综先儒旧说，而参以管见，期不背于御纂意旨。其评论史事，昔人多有先得我心，无庸另赞一辞者，必指明其人以实之，不敢掠美也；有己见稍殊，必据前论驳正之，不敢雷同也。至零金碎玉，耳目所经，默识于心，自以为可备一说，以广见闻者。随问而答，亦不能记所自来，总期意义透畅条达，议论正大光明而止，亦通经致用、论世知人之一助，所谓述而不作也。”

是年覃恩，请貤本身封，封其兄实声（馨）如其官。

陈昌齐《梅林陈公墓志铭》：“己未覃恩，请貤本身封，封其兄实声馨如其官。”

石泉曾孙音、畅、田、丕同修其祖书斋。

叠石山旋螺洞内题刻：“乾隆已未年祖建斋避暑处。嘉庆己未年曾孙音、畅、田、丕仝修。”

嘉庆五年庚申（1800）　梅林七十岁

正月，石泉孙陈浑游居于叠石山之石城山，勒石于宗海亭。

山洞内题刻：“父明恭公，教浑耕读。予犹质钝，耕无积粟，读无试文，苟为人也。子衡好学，去世已久。予年七旬，游居石城山以守志，述泉祖家训以自序。嘉庆庚申春正一旦勒石宗海亭。家训云：耕读惟愿子孙德。”

按：明恭为陈石泉长子。据陈镇清君示知，其墓在河浦蜈蚣山兜，曰“蜈蚣吐珠”。碑文：“大清十六世祖墓，考处士明恭陈公，妣孺人顺德姚氏。”

三月，梅林与训导林学岱撰《祀张、李二公碑记》，勒石于志道堂左。

陈蕃《祀张、李二公碑记》：“礼既成，因纪其颠末，勒于石，用垂永久。后之官斯学者，吾知必有同心也。嘉庆五年三月吉日。”

光绪《四会县志》编二上《廨署》：“教谕署在县学西北。……仁宗嘉庆四年己未，教谕陈蕃于大堂东建柱厅三间，颜曰‘志道堂’，又于头门东建朝厅三间为书房。志道堂楣上设龛，祀前教谕张亮、训导李遇辉。五年庚申，勒碑堂左。”

五月，梅林为殇男艾儿竖碑刻铭。其时梅林当是回乡省亲。

陈蕃《陈子艾儿墓表》：“至嘉庆五年庚申仲夏之月，始竖碑刻铭。铭曰：青山埋嫩骨，白日起悲风。铁鸟坑侧，为子幽宫。时虽久而痛靡穷。父梅林居士题。”

是年，梅林于叠石山题刻“仙踪”。

叠石山石刻：“仙踪。庚申岁，梅林。”

嘉庆六年辛酉（1801）　梅林七十一岁

三月初，陈浑于石城山有题刻《山记》及诗一首。

石城山题刻：“豪山乡北，有山一座，名曰叠石，祖读书处。东面突峰，累石罗列，即石城山。予攸归所，前临石壁，下势深坑，有壶池焉。放畜小鱼，沙鲍争斗，金鲤和游，茔耳岩洞，左右中塘，有粮园焉。栽植花果，禽兽呈声，四时物色，以爽目悦心，致神入胜，无职思远虑，瞿瞿近忧。（山记）续诗四句：登高一览海潮水，来往芒渺毋觉知。竹杖草履放下地，且寻野味烹充饥。嘉庆辛酉暮春之初，山人题书。”

按：陈浑别号“豪山人”，石城山题刻称“豪山人”“山人”者，俱为陈浑所题。

陈作舟丱角时，尝随梅林司铎四会，因从南海蔡孝廉廷栢家得见陈昙诗作。

陈昙《师友集》卷十四：“陈作舟，字笠渔，潮阳人，候选训导。著有《叠石山房诗草》。笠渔自言丱角时，随大父梅林先生司铎四会，因从南海蔡孝廉廷栢家得见鄙作，即知世间有是人，故每赴乡试，必相过从。”

按：作舟随其大父梅林司铎四会岁月不详，以梅林去年尝返乡探亲，作舟或许其时随行，故暂系于此。

嘉庆七年壬戌（1802）　梅林七十二岁

八月十二日，梅林于四会县县学刊刻《经史析疑》二十四卷，有自序。

陈蕃《〈经史析疑〉自序》：“嘉庆七年岁次壬戌中秋前三日，肇庆府四会县儒学教谕陈蕃书于学署之志道堂，时年七十有二。”

陈昌齐《梅林陈公墓志铭》：“复著《经史析疑》二十四卷，嘉惠后学，经师、人师，当之良不愧矣。”

《豪山陈氏纂修旧谱补订·十六世·东溪公之子》：“纂《经史析疑》廿四卷，宗人府丞龚公骖文、观察五公泰为之序，现刻行世。”

十月初一，从化县儒学教谕陈洪书为撰《〈经史析疑〉后跋》。

陈洪书《〈经史析疑〉后跋》：“旹嘉庆七年十月朔，戊申科亚魁、吏部候选知县、辛酉挑选二等、特授广州府从化县儒学教谕、愚侄洪书拜手跋。”

嘉庆八年癸亥（1803）　梅林七十三岁

六月二十日，履道次子应昴生。

《豪山陈氏纂修旧谱补订·十八世》：“讳昴，名应昴，号嘈星，生清嘉庆癸亥六月二十日，为东溪公曾孙，梅林公亲孙，吉堂公次子。于姿明敏，执笔成文，书法尤妙，交友必诚。”

十一月，宗人府府丞龚骖文为撰《〈经史析疑〉序》。

龚骖文《〈经史析疑〉序》：“嘉庆八年岁次癸亥葭月穀旦，赐进士出身、通奉大夫、宗人府府丞、加一级、前光禄寺卿、通政使司副使、顺天府府丞、提督顺天学政、光禄寺少卿、掌江西道监察御史、江南道监察御史、礼部主客司郎中、刑部浙江司员外郎、贵州司主政、翰林院检讨、年家眷弟龚骖文顿首拜撰。”

嘉庆九年甲子（1804）　梅林七十四岁

正月十六日，陈浑题刻于叠石山桐泽斋。

叠石山石刻：“予忆春夜睡，梦觉罔两惊。反侧不得眠，鹞鸣催完更。朦胧芒蚤起，三顾山石城。诗非唐人律，音类是夫声。甲子春正望旦山夫题。桐泽斋。”

十月，雷州知府五泰撰《〈经史析疑〉序》于羊城贡院介慎堂。

五泰《〈经史析疑〉序》：“嘉庆九年甲子阳月吉旦，赐进士出身、知雷州府事三韩五泰书于羊城贡院之介慎堂。”

嘉庆十年乙丑（1805）　梅林七十五岁

是年初，梅林念弟年老，不克晨夕欢聚，遂以年老告归，绅士饯别，留恋不置。梅林有《留别诗》四章，一时和者若而人，遂并各僚友送行诗成《绥江伟饯集》。

陈昌齐《梅林陈公墓志铭》：“在任十年，以年老告归，绅士赋诗饯别，留恋不置。然则君之践履笃实，足以信今而传后，岂惟吾党之光，吾同宗与有荣焉。”

嘉庆《潮阳县志》卷十六《人物·文苑》：“在任十年，念弟年老，不克晨夕欢聚，遂决意告归。阖邑绅士若有所失，赋诗饯别，裒然成集。”

光绪《四会县志》编五《宦绩》：“嘉庆十年春三月，陈蕃以年老告归，绅士饯别，留恋不置。蕃有《留别诗》四章，一时和者若而人，遂并各僚友送行诗成《绥江伟饯集》，邑人高超伦作序梓行。”

按：梅林告老去职在嘉庆十年三月，而申呈致仕则当在三月之前，故暂系于此。

约于正月，先生同年冯敏昌时为广州粤秀书院山长，梅林子敏捷为其门下生，敏昌应四会县人士之请，为撰《〈绥江伟饯集〉序（乙丑）》。

冯敏昌《小罗浮草堂文集》卷二《〈绥江伟饯集〉序（乙丑）》：“至乾隆乙卯岁，而陈君则年已六十有五矣，乃得选四会县学官。则君之于宦途，亦可谓晚遇者乎？……今君之为人，端静深粹，和平乐易，而又循循善诱，蔼然可亲，士以为如坐春风矣。至其学则于《易》、《书》、《诗》、《春秋》三传、三礼、四书、《孝经》、《尔雅》，皆覃思殚精，生平耽玩，备得群经精意。至其疑义，则又旁引曲喻，平心静气，为之条分缕析，厘然有当于人之心，而于诸史积疑，亦举其大者晰焉。书成凡二十四卷，付之剞劂，名之曰“经史晰疑”，而吉林伍观察坦园先生泰暨高要龚宗丞简庵先生骖文为之序。吁！岂非人师、经师合而为一者耶？宜乎绥江人士爱之、敬之、效之、法之！于其归也，乃相与咏歌而饯送之，且思之慕之而不置也。……唯余自入史馆后，以非才改官，兹借讲院以作枝栖，政事文章一无所就，则亦对君而滋愧耳。况君今行年七十有五，而精神矍铄，视听不衰，且闻还家有叠石山房之胜，教子课孙之外，其所得尤有进焉者乎？君令子茂才敏捷克承家学，亦及余门，且善承君意，然则君此之归致足乐也，而都人士之饯别，抑亦甚盛事也，饯别诗凡□百首，共名之曰“绥江伟饯集”，且介人以求余序。余披读之次，窃见好贤好德之诚不异古人，而又娴于声律，古今体各擅其胜，可以行远而传后，则于君之为人，不又有相得益彰焉者哉！故乐得而为之序，且并和君《留别寅友诗二首》韵以政焉。”

按：据《小罗浮草堂文集》卷首伊秉绶《清故奉政大夫前翰林院编修冯先生墓志铭》：“嘉庆十一年二月十一日，吾友冯鱼山先生以疾终于广州越秀书院。……（鱼山）以乡大夫之职，历主讲端溪、粤华、越秀书院院长。”上文自称“兹借讲院以作枝栖”，且冯敏昌于嘉庆十一年二月十一日逝于越秀书院院长任上，则此序当作于嘉庆十一年二月去世之前。

或于其时，冯敏昌有题赠梅林“寿”字墨宝。

“寿”石刻一则：“寿。预祝梅林年大兄期颐。鱼山冯敏昌敬书，元孙士标绘，时岁次丙辰，年七十加一。”

按：右刻在“幽涧泉”石左侧巨石背面摩崖。该“寿”字墨宝疑为题赠寿幛，至民国五年（1916）其玄孙士标将该墨宝刻于巨石上以志不朽。

三月，邑人高超伦为作《〈绥江伟饯集〉序》以梓行。

高超伦《绥江伟饯集》序：“外翰梅林陈先生名高俊选，品重圭璋。……幸兹秉铎绥江，快睹垂规州序。陶成有本，教首重乎彝伦；启迪多方，义必原夫经术。……叨赠言于赋别，珠玑一一，倍蒙衷曲之投；酬惠好于临歧，篇什盈盈，莫罄缠绵之绪。念识荆之匪易，将追昔款以摅辞；怅忆李之为劳，亦盼后期而拂翰。东都盛事，欣再纪乎诗歌；南郭休声，冀并垂夫家乘。附赓雅韵，薄表葵诚。时嘉庆十年春三月。”

光绪《四会县志》编五《宦绩》：“嘉庆十年春三月，陈蕃以年老告归，绅士饯别，留恋不置。蕃有《留别诗》四章，一时和者若而人，遂并各僚友送行诗成《绥江伟饯集》，邑人高超伦作序梓行。”

梅林抵家后，兄姊年八十馀，弟妹亦届古稀，一堂白发，坐立必偕，欢笑如孩童。

嘉庆《潮阳县志》卷十六《人物・文苑》：“抵家后，兄姊年八十馀，弟妹亦届古稀，一堂白发，坐立必偕，欢笑如孩童，虽孝友家传，亦天性然也。”

嘉庆十二年丁卯（1807）　梅林七十七岁

正月廿九日，东溪长子椒（实馨）卒，享年八十一岁。

《豪山陈氏纂修旧谱补订・十六世・东溪公之子》：“讳椒，名实馨，字政兰，号芳亭，生清雍正丁未二月廿七日，为复阳公曾孙、亨者公亲孙、东溪公长子。太学生。性质敦厚，友爱弟侄，与人无忤。卒嘉庆丁卯正月廿九日，享年八十一岁，葬于狗眠后涂坑，穴坐子向午。以弟蕃貤封修职郎，嗣以孙良辅以赠儒林郎。娶姚氏，号淑贵，生清雍正辛亥十月初四日，卒嘉庆甲戌十一月廿六日，享年八十三岁，以叔貤封孺人，嗣以孙良辅貤封太安人，别葬于砂浦都鹤头山公之墓下南旁。子四：鹏、鹤（殇）、鸠、鹏。”

五月，陈浑于叠石山日月洞内有题刻。

叠石山日月洞题刻五则，其一："窗前浦潮通豪港，门径崎岖达墓岩。豪山人浑题石城山之洞，十一月十八日书。"该题刻在日月洞正对洞口摩崖处。八行直书，行楷，字径二寸许。

其二："丁卯赋季夏：畏日避暑岩石下，开卷吟咏仰古风。短夜宿卧鸡唤醒，气静细省心未通。"该题刻在前刻左侧，字大寸许，直行三行，首行"丁卯赋季夏"为题，后两行各十四字。

是年，梅林族弟光峡登嘉庆丁卯科钦赐副榜。

光绪《潮阳县志》卷十五《选举·举人·国朝》："嘉庆十五年庚午：张泽，港头人。陈光峡，濠浦人。……以上俱恩赐。"

嘉庆十三年戊辰（1808）　梅林七十八岁

三月廿一日，东溪四子都（周京）卒，享年六十五岁。

《豪山陈氏纂修旧谱补订·十六世·东溪公之子》："卒嘉庆戊辰三月廿一日，享年六十五岁。……子三：长简、次策、三笷。"

八月，梅林偕其弟翠岚游罗浮，日步行四五十里，遍历名山。

陈昌齐《梅林陈公墓志铭》："戊辰，偕其弟翠岚游罗浮，日步行四五十里，遍历名山。"

陈蕃《祭南村弟文》："久栖迟于叠石，思寄兴于罗浮。岁在戊辰，序属仲秋，余将探胜，弟也同游。登华首，看合掌，陟黄龙，坐石楼。盼万丈之瀑布，历实积、延祥而上白鹤之峰头。探朱明、葛仙之灵迹，望飞云、铁桥而神留。赋诗写景，跌宕夷犹。佥谓胸襟潇洒，可以忘老，可以添筹。虽艰难备历，乐天知命复何忧。"

冬，潮阳岁贡王锡章、武庠郑国瑛等谋佥题重建忠义祠。

陈蕃《重建忠义祠记》："雍正三年，始奉旨建忠义祠于儒学之西南隅，祀乡先生殁而可祭于社者。……嘉庆戊辰冬，岁贡王君锡章、武庠郑君国瑛等谋佥题重建。乃鸠工庀材，施黝垩，饰丹漆。"

嘉庆十四年己巳（1809）　梅林七十九岁

秋冬间，忠义祠重修工竣，梅林应请，为撰《重建忠义祠记》。

陈蕃《重建忠义祠记》："阅十月而告成，属记于余。余惟学校之设，以育贤才；忠义有祠，以励风俗。吾邑得山川形胜清淑之气，磅礴郁积，往往多魁奇忠孝节义之士，载在邑乘，章章可考。愿过是祠者，爱之敬之，从而则效之。且地邻学宫，修士藉以熏陶德性，变化气质。处则为正士，出则为纯臣。建勋业于当时，流声名于后世。则今日之重建是祠，不特以慰舆人之思，实大有造于名教也。因书数语记之，以勒于石。”

是年，梅林自营生圹，潮阳学司训廖承维为择葬地。

陈昌齐《梅林陈公墓志铭》：“以乙酉年五月二十八日卯时葬于叠石山房志道堂之右，坐丁向癸，兼未丑、庚午、庚子分金，盖己巳年君所自营生圹也。择葬地者，潮阳学司训廖君承维，电白县人，例得附书。”

嘉庆十五年庚午（1810）　梅林八十岁

十月，立“瘗仙犬墓”墓石，有碑文。

瘗仙犬墓，位于叠石山，碑文为：“瘗仙犬墓。嘉庆庚午年阳月立石。”

是年，梅林族弟光峡登庚午科举人。

光绪《潮阳县志》卷十五《选举・举人・国朝》：“嘉庆十五年庚午。张泽，港头人。陈光峡，濠浦人。杨载岳，淳化人，有传。赵天球，西港人。陈光远。以上俱恩赐。”

嘉庆十七年（1812）壬申　梅林八十二岁

春，梅林续修《豪山陈氏族谱》。

陈蕃《重修始祖致庵公墓暨太安人吴氏墓碑记》：“嘉庆壬申春，续修谱牒。”

陈昌齐《梅林陈公墓志铭》：“抵家后，邑侯唐公文藻聘修县志，复率其宗人纂修族谱。”

《豪山陈氏纂修旧谱补订・十六世・东溪公之子》：“抵家倡行族规。”

梅林以其一世祖墓年久亡佚，稽查旧谱，知原葬本里惊霜岭，与三世祖妣葬惊霜岭同，触类旁通，心胸顿豁。

陈蕃《重修始祖致庵公墓暨太安人吴氏墓碑记》：“吾一世祖致庵公暨妣吴太安人有祠庙以妥神，有祭品以展祀，亦既申报本追远之诚矣。而瞻扫封茔，墓祭无所，春露秋霜，未尝不兴怀陨涕也。谱载祖葬惊霜岭，坐申向庚，祖妣别葬惊霜岭娘子山，坐坤向艮，墓右大石上刻‘陈公墓道’为记。因明末扰乱，杀戮遍野。至国朝初年，又迁沿海居民尽入内地，流离颠沛，靡室靡家。展界后回乡者不满数十人，父老失传，故百馀年来，苗裔数千，俱疑惊霜岭在闽省地方，置之度外。嘉庆壬申春，续修谱牒，细加稽查，见谱中三世祖妣有载明‘葬本里惊霜岭’之文，触类旁通，心胸顿豁。”

三月初八日，梅林率胞侄有筠、族侄育嘉，带罗经谱牒至岭后咨访。喜获一世祖致庵、妣吴氏二墓。

陈蕃《重修始祖致庵公墓暨太安人吴氏墓碑记》：“于三月初八日，率胞侄有筠、族侄育嘉，带罗经、谱牒至岭后咨访。幸祖灵赫濯，引至坟所，按谱坐向，不爽毫厘，益信谱中所载可据。遥望岭上旁陵，有修妆□名，应有娘子山在其左右，次日再就修妆旁陵搜寻，蒙祖灵默为指□，即到内阿荒冢上开经，果与谱中坐坤向艮毫厘不错。且闻此坟几被他人买迁，故坟身概被锄毁，仅馀两手，未尽压埋。派孙同时目击者俱悲填胸中，喜出望外，非仗天地祖宗福庇，何以二墓失修几二百年，□能连日寻得，今而后瞻扫封茔，墓祭有所，春露秋霜，皆子孙所日夜□心坠泪念不到此者也。”

三月廿五日，开探二墓，果系单葬，与旧谱记载相符。

陈蕃《重修始祖致庵公墓暨太安人吴氏墓碑记》：“遂筮卜于三月念五日，开探二墓，果系单葬。”

陈蕃《〈重修始祖致庵公墓暨太安人吴氏墓碑记〉后跋》：“忆嘉庆壬申三月念五日，开探祖坟，果系单葬。再探妣墓，而棺木无有，乃探掘近南，即得妣坟，亦系单葬，灰圹微有毁伤，工人登时掩密。始知此坟被人侵占，贴近祖妣墓北，想祖灵显赫，令他家室不得安宁，故石碑石床自行迁去。较数年前几被买迁，又是第二回厄运矣。”

嘉庆十九年（1814）甲戌　梅林八十四岁

十月念六日，兴工修祖墓，念九日午时竖碑。

陈蕃《重修始祖致庵公墓暨太安人吴氏墓碑记》：“即欲兴工修理，族大人多，或有忌克，未敢轻动。因请择吉于漳州杨趣□先生，延至甲戌年十月念六日兴工修祖墓，念九日午时竖碑。”

嘉庆二十年乙亥（1815）　梅林八十五岁

春初，梅林率邑中缙绅呈请续修《潮阳县志》，重建文光塔。

《豪山陈氏纂修旧谱补订・十六世・东溪公之子》：“乙亥，率邑中缙绅呈请续修县志，重建文光塔。”

按：《豪山陈氏纂修旧谱补订》称乙亥年而不及月，以下则唐文藻《重修潮阳县志序》称“乙亥春，余集诸贤士辑修邑志”，则呈请事当在春初。

春，潮阳县知县唐文藻集诸贤士修纂《潮阳县志》，梅林受聘为总修，翠岚职司采访。

嘉庆《潮阳县志》卷首载唐文藻《重修潮阳县志序》：“乙亥春，余集诸贤士辑修邑志，并择端方有才能者旁搜远览，显微阐幽，凡一切有关风教，裨益地方者，莫不罗而致之，以备记载。……时嘉庆二十四年岁在己卯首夏，知潮阳县事即用同知豫章唐文藻序。”

陈彝《呈请入〈潮阳县志〉文》：“硕德耆儒如原四会学陈公蕃与弟廪贡生陈公翠岚者，品行久为邑里所推，而招、砂两都接壤比邻，尤加详悉，可不体宪台彰瘅之意，亟请补入传纪乎？陈公前膺总修之聘，厥弟亦任采访之司，老成典型，久入洞鉴。”

陈昌齐《梅林陈公墓志铭》：“抵家后，邑侯唐公文藻聘修县志。”

《豪山陈氏纂修旧谱补订・十六世・东溪公之子・翠岚》：“乙亥邑侯续修县志，职司采访，无滥无遗，众共称之。”

按：《梅林陈公墓志铭》称梅林“抵家后，邑侯唐公文藻聘修县志”，其参与纂修当在嘉庆二十年（1815）春唐文藻设局修志之时。据《豪山陈氏纂修旧谱补订》，唐文藻纂修《潮阳县志》乃为梅林“率邑中缙绅呈请”，始有修志之举。

八月十八日兴工修妣墓，念一日巳时竖碑。

陈蕃《重修始祖致庵公墓暨太安人吴氏墓碑记》：“延至乙亥年八月十八日兴工修妣墓，念一日巳时竖碑。各加培补，以展孝思，以肃观瞻，以安灵魄。则入宗庙而生敬，履丘墓而生哀，为典最巨者，无不两得之矣。”

八月，梅林撰《重修始祖致庵公墓暨太安人吴氏墓碑记》。

陈蕃《重修始祖致庵公墓暨太安人吴氏墓碑记》：“嘉庆二十年乙亥仲秋十六世孙蕃记。”

十月，梅林以一世祖墓修复，然尚昏愦之人转以秦越视之，乃撰《〈重修始祖致庵公墓暨太安人吴氏墓碑记〉后跋》以舒感慨。

陈蕃《〈重修始祖致庵公墓暨太安人吴氏墓碑记〉后跋》：“窃叹先人葬穴，未尝不思深虑远，墓门不立石刻字，此系元朝风气，但墓右大石上刻有‘陈公墓道’为记。祖之来龙初发脉，又立有‘明壶山陈公墓’，窨堆后径大路旁，又立有墓道碑，深刻官衔，朝拱坑内。加以族谱记载，分金坐向甚明，随在俱可识认。无如明际末运，□夷海氛，相继陆梁，豪山寨毁，而族势稍散。清初斥地，靡室靡家。康熙七年展界，族中得旋归者不过数十人。时异世殊，土名俱易，老成凋谢，群疑丛生，非赖先人谱牒揭明‘本里’二字，何由触发？墓既修复，如梦初醒，此理之彰明较著、无可狐疑者，乃有昏愦之人转以秦越视之，岂不深可慨哉！秉笔书此，为之三叹！嘉庆乙亥年初冬十六世孙蕃跋，时年八十有五。”

十月十三日，知县唐文藻重建文光塔，绅士姚凤鸣、郑科斌、陈彝等劝题董修，以原任来宾令郑世兰总其成。

嘉庆《潮阳县志》卷七《寺观·文光塔》：“康熙二十八年秋七月十四夜亥时，雷震文光塔，其塔内火药发，倾圮（时守备张凤起贮火药于塔内），知县支森重建，甫及两层，未能竟工，冀后有续成之者，仅存旧基而已。嘉庆二十年，知县唐文藻重建，绅士即用同知姚凤鸣、进士郑科斌、前署连平州学正陈彝、解元洪遇春、举人马韶华、恩贡生林乔、岁贡生王锡章、武举黄万年、例授州同姚肇基、例贡生姚日显、郑科先、姚开榜、廪生萧山、增生萧宸、黄荣光、武生郑璧彩、监生陈为命、职员郑开祉、陈庆先等劝题董修，以原任来宾令郑世兰总其成。经始于乙亥年十月十三日丑时，阅三载而工始告竣。”

按：《豪山陈氏纂修旧谱补订》称梅林“乙亥，率邑中缙绅呈请续修县志，重建文光塔。”然嘉庆《潮阳县志》罗列绅士至二十人而不及梅林，殆以梅林仅为倡议而致力于总修县志欤？系此待考。

嘉庆二十一年丙子（1816）　梅林八十六岁

十月十八日，梅林三弟翠岚卒。

嘉庆《潮阳县志》卷十六《文苑》：“陈翠岚，字南村，於潜令泰年三子也。性孝友，遭父母丧，哀毁骨立，常恨不得遂孺慕之私。敬事诸兄，怡怡愉愉，老而弥笃。是能以事亲之诚，移于事长者。初苦家贫，励学不辍。于《毛诗》更征心得，凡所诠释其经解，人推重之。游庠后，舌耕自给，继设教叠石山房，训迪尤以敦实为务，从游者成名卓立。子侄辈亦联翩鹊起，铮铮然至今未艾也。晚年膺廪贡，屡疏财尚义，排难解纷，得一言而辄释。其起人敬畏类如此。卒年七十七，世以儒学传家。”

《豪山陈氏纂修旧谱补订·十六世·东溪公之子》：“讳令，名翠岚，字政南，号南村……卒嘉庆丙子十月十八日，享年七十五岁。葬于鹤头山东溪公墓下南旁。娶萧氏孺人，号阃则，生清乾隆甲子十月初七日，卒七月十三日，别葬于松仔山后，穴坐寅向申。子四：潜、汉、海、渤，以海出承季弟政邵为后。”

梅林有《祭南村弟文》。

陈蕃《祭南村弟文》：“呜乎！茫茫大块，悠悠高旻。大钧播物，坱圠无垠。惟弟南村，不愧为人。秉元精之耀，安时命之贫。诱掖奖劝者，修道之教；和宗睦族者，孝弟之仁。想生平之清风亮节，能不拭泪而沾巾。少岩栖而谷汲，长行歌而负薪。为儒门之宦嗣，作廪饩之席珍。商古榷今，疲精劳神。翳翳柴门，老我宵晨。……其教生徒也，必先器识。行可为表，言可为则。经师人师，刚克柔克。得其指授者，凤翙鸾翔，均堪羽仪于王国。所以闾里称其象贤，士林奉为矜式者也。……岂意川有逝水，壑无藏舟。靡清疢決，厥疾不瘳。夜台水隔，冥路长幽。招魂何处，聚首未由。余辞有尽，余悲曷休。呜乎哀哉！”

翠岚门人陈彝有《祭业师南村先生文》。

陈彝《祭业师南村先生文》：“呜乎！吾师竟舍彝等而逝耶？……七十六年之岁月，此生齿德俱优；三十馀载之追随，今日音容曷在耶？化雨虽流，春风已息。吁嗟悲哉，曷其有极耶？吾师之生，名门宦嗣。清风遗两袖，忍枵腹以穷经；德星聚一门，能整躬以继志。天性孝友，闻风景慕于遐方；素履节廉，鄙吝克消夫侪类。待及门也，情逾于犹子比儿；处邻里也，道准诸正心诚意。释争解忿，群服至公之德言；负笈担簦，共沐无穷之教思。志道堂上，境虽逆而倍切勤修；叠石山中，教有方而必严义利。文多为富，常葄史而枕经；口不言贫，每轻财而重义。政仅施于家庭，风堪师夫叔季。怅江河之日下，回澜望砥夫中流；意模范之犹存，名教长依于乐地。胡乃乘鸾竟归去，思寄傲于蓬壶；竟令招魂不来，纵遥情于仙辔。……但彝等怅亲炙依归之无主，难禁感伤于中情。偕同门而痛哭，如踯躅于两楹。世日非兮老成复逝，独立苍茫兮涕泪交横。跪陈辞而奠酒，神歆格兮鉴此不尽之哀诚。呜呼哀哉！尚飨！”

按：文称“三十馀载之追随”，则陈彝等从学于陈翠岚已达三十馀载。

嘉庆二十三年戊寅（1818）　　梅林八十八岁

是年，梅林率众续修《豪山陈氏族谱》成，梅林和族弟光峡有《〈豪山续修族谱〉序》各一。

民国重刊《豪山陈氏族谱》卷首载陈光峡《〈豪山续修族谱〉序》："宋末运否，憺公在官，以甲科之进士，任刺史于潮州。避乱棉邑，卜宅豪山。户口有日增之势，子孙著辑睦之风。厥考尝判循州，尊为始祖；岳翁别置祠宇，荐以馨香。自宋开基，诒谋于兹甚远；绳甫奋迹，创业自此特隆。五房分序，四代谱修。嫡派倡于前，群孙踵于后。嘉靖登宝，林户部之彩笔增辉；万历改元，姚明府之文词彪炳。既遭隆庆寨毁，复值明季鼎迁。迨及国初，流氛未靖。令严清野，族苦离居。嗣幸周、王二公，视民如子。悯飞鸿之在野，蒿目时艰；偕血疏以具题，披肝奏复。收遗派于流离散失，开缔造于芒刺荆榛。经营已遂，生齿日繁。不藉谱牒以维持，谁明世代之秩叙。在昔於潜县公经参稽而补订，于今四会儒学始率众以续修。爰集绅士衿耆，告以按房录缴。喜人文之蔚起，族势将兴；务世系之详明，校正不忒。杀枣梨以昭来许，施剞劂以垂永年。上以缵先人之绪，下以启后贤之心。子子孙孙按是谱而遵守之，自历万世而不刊矣。嘉庆二十三年岁次戊寅，十六世派孙、丁卯科副榜、庚午科举人翠峰光峡谨序，时年八十有七。"

民国重刊《豪山陈氏族谱》卷首载陈蕃《〈豪山续修族谱〉序》："嘉庆二十三年岁次戊寅，十六世孤孙、原任肇庆四会县儒学教谕梅林蕃谨序，时年八十有八。"

九月十五日，梅林卒。

陈昌齐《梅林陈公墓志铭》："君卒于嘉庆二十三年戊寅九月十五日申时，距生于雍正九年辛亥十月十六日未时，寿八十有八。孺人周氏，为邑增生涯西公女，贤能有德，现年八十有三。子三人，长艾，早卒；次敏捷，甲申岁贡，分发训导；三履道，贡生。女三人，一适姚，早卒；一适郑君绍联外孙郑镇，邑庠生；一适王君之谦，甲子科副榜贡，外孙王荣桐，邑庠生。孙男六人，作舟，廪贡，分发训导；呈材，邑庠生。孙女六人，曾孙男五人，曾孙女八人。"

《豪山陈氏纂修旧谱补订·十六世·东溪公之子》："卒嘉庆戊寅九月十五日，享年八十八岁。娶峡山都周氏孺人号淑庄，生清乾隆丁巳五月三十日，孝事舅姑，兼睦妯娌。卒道光辛巳六月十七日，享年八十五岁。乙酉五月合葬于叠石山房，癸卯八月重迁安葬于右旁。穴坐丁向癸。子三：艾（觞）、苗、蕫。"

梅林卒前，纂有《叠石山房志》稿。

按：《叠石山房志》（手抄残稿）有"梅林居士识"几字，知该志稿为梅林所纂，纂稿时间不详，暂系于此。

邑人、举人赵天球有《祭陈梅林先生文》。

赵天球《祭陈梅林先生文》："惟公德行彪炳，著述辉荧。盖渊源于庭训者深，而率由于叠石先生之教者闳，所以生则可羡，殁亦留馨。……是以秉铎绥江，士钦模范；荣归梓里，人祝升恒。鉴人伦，董修邑志；睦宗族，爰纂家乘。擅儒林之誉望，为邑里之典型。念兹吉人，天锡遐龄。年登耄耋，世仰岁星。胡为长逝，竟尔杳冥。”

族弟光峡有《祭族兄梅林先生文》。

陈光峡《祭族兄梅林先生文》：“缅维我公，庭训是遵。束发受书，师儒林之伯父；成人有德，资廉吏之严君。左图右史，五典三坟。莫不讲习讨论，而见人所未见，闻人所未闻。以故，少应童试，辄冠其军；壮逢拔科，辄超其群。……和睦乡党，矜式里邻。立族规，请禁示……一部《析疑》，作津梁于后学；十年教泽，荣桃李之缤纷。及解组而归，靡不爱敬思慕；赋诗饯别，乐道盛德而津津。优游林下，十有三春。经传肖子，饴含曾孙。敬祖宗，维风教，老而弥殷。寻始祖之墓，封茔复旧；承先人之志，谱牒增新。应邑侯[①]修志之聘，矢公矢慎，司冰鉴于人伦。此皆暮年事业而关于世道人心者也。峡等与公朝夕相亲，综公生平，不尽所云……”

门人陈彝有《祭梅林夫子文》。

陈彝《祭梅林夫子文》：“惟师之生，阀阅名支。叠石先生犹子，於潜邑宰佳儿。承清风而甘淡泊，敦至谊而叶埙篪。弱冠而文雄庠序，壮年而策对丹墀。讲道谈经，拥皋比[②]而廿年不倦；澡身浴德，隐石室而九邑同师。望重儒林，起膺广文之职；教敷绥邑，咸钦木铎之司。本身心以作矩，抉经史而析疑。十载鳣堂，桃李栽盈学舍；一门燕喜，花萼念切连枝。解组绶以归田，敦慰留于当道……惟彝等怅芳型之既远，痛世道之多非。偕同人而奠祭，荐薄酒于灵帏。叹息于维挽指示之无从兮，益难禁痛哭而嘘唏。呜乎哀哉！”

十一月二十三日，陈彝等有《呈请入〈潮阳县志〉文》，请将梅林及弟翠岚传记补入《潮阳县志》。知县唐文藻批示补列。

陈彝《呈请入〈潮阳县志〉文》：“夫前此者尚旁搜博采，以发其幽光，则现在耳闻目见其人其行，足以超今，足以启后，硕德耆儒如原四会学陈公蕃与弟廪贡生陈公翠岚者，品行久为邑里所推，而招、砂两都接壤比邻，尤加详悉，可不体宪台彰瘅之意，亟请补入传纪乎？陈公前膺总修之聘，厥弟亦任采访之司，老成典型，久入洞鉴。今俱仙逝，一似冥冥之中，迟以相待。故值此校刻未完之志，即属盖棺论定之时，彝等谨述其行谊之昭然于人耳目者，呈请补入传纪，庶不负宪台彰善瘅恶之盛心，亦邑人士观感兴起之资也。为此上呈宪台察核，恩准施行。嘉庆二十三年十一月二十三日呈。批：陈蕃等品行端正，本县素所深知，堪入志乘，饬局补列可也。事实册附。”

---

① 侯：误作“候”，径改。
② 比：误作“此”，径改。

谱　后

嘉庆二十四年己卯（1819）

四月，《潮阳县志》修成，唐文藻有《重修〈潮阳县志〉序》，志中入录叠石山及石泉、东溪、梅林及翠岚四人传记。

嘉庆《潮阳县志》卷首载唐文藻《重修〈潮阳县志〉序》："乙亥春，余集诸贤士辑修邑志，并择端方有才能者旁搜远览，显微阐幽，凡一切有关风教，裨益地方者，莫不罗而致之，以备记载。……时嘉庆二十四年岁在己卯首夏，知潮阳县事即用同知豫章唐文藻序。"

是年，梅林冢孙作舟赴省乡试，时梅林同年陈昌齐主修《广东通志》，作舟为乞《墓铭》。

陈昌齐《梅林陈公墓志铭》："岁己卯，余修志省垣，其冢孙作舟来省乡试，具述君已仙逝，卜葬有期，乞余志墓。呜乎！余与君同年契好也，且同宗兄弟也，铭幽之文，谊何敢辞，谨按其状而铭之。"

作舟有《宁戚饭牛赋　以"崇朝饭牛薄夜半"为韵》。

《赋海大观》卷二十五："陈作舟《宁戚饭牛赋　以"崇朝饭牛薄夜半"为韵》"。（详见《补纂叠石山房志》卷七《文苑·别录》）

按：疑为科试之文，当作于应试之时，暂附于此。

或于省试途中，作舟尝游罗浮山，有《问罗浮山》诗。

陈昙《师友集》卷十四有陈作舟《问罗浮》。（详见《补纂叠石山房志》卷七《文苑·别录》）

按：作舟游罗浮时间不详，且不止一次游历，兹以其省试途经罗浮，故暂系于此。道光二十二年壬寅（1842）春作舟有《文文水画检书图》题跋，钤印"五世罗浮客"，则至迟于其时登罗浮山。

其后作舟尚有《游罗浮》《自题〈罗浮看云图〉》诸诗，并汇罗浮诸诗为《罗浮篇》，未梓。

光绪《潮阳县志》卷二十二《艺文（下）》："陈作舟《游罗浮（其二）》。"（详见《补纂叠石山房志》卷七《文苑·别录》）

《潮州诗萃》乙编卷十九陈作舟《自题罗浮看云图》："商山曾备一囊收，碧玉老人今在不？好把我家传胜事，百年五代到罗浮。"

光绪《潮阳县志》卷十七《文苑列传》："存有《罗浮篇》《羊城杂咏》《同声集》，未梓。"

按：作舟《自题罗浮看云图》有句"百年五代到罗浮"，《文文水画检书图》题跋钤印“五世罗浮客”，自其曾祖东溪、祖梅林、父敏捷至作舟为四世，唯东溪父亨者未闻与科举业，且年五十一而卒，则未必游罗浮，如此，则“五世罗浮客”当计及作舟之子念祖、光祖辈，详情待考。

作舟每赴乡试，于省城必往访陈昙。陈昙友人潮阳人林龙，其时已逝，陈昙感慨使林龙而在，当为之倾倒。

陈昙《师友集》卷十四《陈作舟小传》：“故每赴乡试，必相过从。所作诗以子美、子瞻为宗主，而出入于中唐诸家。潮郡向称海滨邹鲁，铁笛盛推饶平张万仞、澄海余湘侯为诗人，而笠渔则其邑子也，使铁笛而在，当何如倾倒耶？”

嘉庆二十五年庚辰（1820）

四月十五日，履道五子娄早世，年三岁，葬于叠石山坑仔九曲径。

《豪山陈氏纂修旧谱补订·十七世·梅林公之子》：“兹者娄早世，生嘉庆戊寅八月初四日，卒庚辰年四月十五日，年三岁。葬于坑仔九曲径，坐北向南。”

嘉庆年间（1796—1820）

郑昌时在《韩江闻见录》中记及潮阳叠石山房陈氏以《易》世其家，并称陈刻已成。

《韩江闻见录》卷十《韩江〈易〉学》：“近今潮阳叠石山房陈氏之以《易》世其家也。有《易数》。……陈刻已成。”

道光元年辛巳（1821）

作舟参校郑昌时所撰《韩江闻见录》，并有《辟谷翁》《脱水火灾数事》评语二则，该录为道光四年文玉楼刊刻。

清道光四年甲申（1824）刻本，内附参校姓氏，有“世讲陈作舟（潮阳）”等名。

郑昌时《韩江闻见录》卷五《辟谷翁》评语：“旁门悉杜，众妙洞开，铸一字以千金，握片言于三宝。得吾儒守约之旨，自无难发彼教通玄之关矣。先生之邃于理，无往不彻如此。世侄陈作舟谨识。”

同卷《脱水火灾数事》评语：“此卷类皆仙鬼变怪、可惊可愕之事，而语语归合正宗，所谓以震世者觉世也。经心史才，并为妙论。世侄陈作舟识。”

道光四年甲申（1824）

是年，敏捷选为岁贡。

陈昌齐《梅林陈公墓志铭》：“次敏捷，甲申岁贡，分发训导。”

光绪《潮阳县志》卷十五《选举·五贡·国朝·道光》：“陈敏捷，蕃子，岁贡，署乐昌训导。”

《豪山陈氏纂修旧谱补订·十七世》：“邑廪生，甲申（道光四年）岁贡。”

道光五年乙酉（1825）

五月二十八日，梅林葬于叠石山房。

陈昌齐《梅林陈公墓志铭》：“以乙酉年五月二十八日卯时葬于叠石山房志道堂之右，坐丁向癸，兼未丑、庚午、庚子分金，盖己巳年君所自营生圹也。择葬地者，潮阳学司训廖君承维，电白县人，例得附书。铭曰：学戒欺伪，士戒迂拘。忠信笃实，是为真儒。惟兄梅林，其学粹如。著书训士，吸奥饫腴。绥江成教，叠石遂初。堂名志道，斋曰咸虚。乃营生圹，室西南隅。生肆其业，殁藏其躯。遗彼精舍，作此墓庐。孙绳祖武，子读父书。世泽长流，宰树不枯。视吾铭碣，过者必趋。”

《豪山陈氏纂修旧谱补订·十六世·东溪公之子》：“乙酉五月合葬于叠石山房，癸卯八月重迁安葬于右旁。穴坐丁向癸。子三：艾（觞）、苗、董。”

道光七年壬辰（1827）

秋，陈作舟题刻“葫芦坑”三大字，字径近二尺。

葫芦坑石刻：“葫芦坑。道光壬辰秋陈作舟书。”

道光八年戊子（1828）

四月十八日，应昴卒，年二十六岁。

《豪山陈氏纂修旧谱补订·十八世》：“（应昴）卒道光戊子四月十八日，年二十六岁。是年五月葬于本里阜头园穴，坐乙向辛。嗣以子运，貤赠修职郎。娶郑氏，号存诚，生清嘉庆甲子九月十五日。素性端庄，自失志后，闺门不出，奉事舅姑，尽能妇道。……嗣以子运，貤封太孺人。同治甲戌蒙县主樊（希元）为朝廷报节孝，是年奉旨准行旌表，崇祀芳祠，于光绪甲申县主周恒重修入邑志，至于丁亥县主王□议设禄位，进入节孝祠祀享。子一，以伯璧之次子运为后。”

应昴有遗作《悔游记》《〈哭听涛轩〉序（残）》入录《叠石山房志》。

详见《叠石山房志》（手抄残稿）。

九月末，梅林次子敏捷邀友人郑昌时三日后来游叠石山房。

郑昌时《得游叠石山房记》：“陈君逊斋，予畏友也，自厥祖伯石泉先生构咸虚斋其上，以演《易》，刻河图石壁间，系以赞，君大父及尊人踵之，多结庐焉。西印仙踪，东穿虎穴，北沸泉眼，南激松涛。凡入是境者，神夺于景，景移其神，一日游作累日想矣。戊子九月之杪，逊斋招予来，行往游矣，又迟予以三日约，若将蓄予之兴，而后郁乎一发。”

按：后三日即十月初一。

十月朔日，郑昌时来游，敏捷属其季弟履道及次子廷槐偕同，昌时以得游为幸，因撰《得游叠石山房记》。

郑昌时《得游叠石山房记》：“十月朔日，遂厥游，命乃弟吉堂世兄并次男庭槐与予偕。予得二君力，羽翼轻予身，翱翔泉石，繁琐山海祟深间，耳之，目之，手之，足之，心焉饫之，于是得快乎予游。得所已得，不忘乎未得，幸矣夫，艰矣夫！冠平生游，殆所谓得未尝有者乎？是为记。”

道光九年己丑（1829）

春夏间，敏捷授乐昌县学教谕。

《豪山陈氏纂修旧谱补订·十七世》：“己丑授乐昌县学教谕。”

按：陈敏捷于道光九年授乐昌县教谕，而其下世亦在当年六月，则其授职当在春夏之间。

六月初二日，敏捷卒，享年六十岁。

《豪山陈氏纂修旧谱补订·十七世》：“（敏捷）卒道光己丑六月初二日，享年六十岁。前葬于葫芦坑山，不好，后迁葬于本里青金脚骑龙，穴坐乙向辛。……子二：长揖，次槐。”

敏捷能诗，传世有《潮州竹枝词》（两首）、《雨中过篷辣滩》。

光绪《潮阳县志》卷二十二录陈敏捷《潮州竹枝词》（两首），《潮州诗萃》乙编卷十九录陈敏捷《雨中过篷辣滩》。（详见《补纂叠石山房志》卷七《文苑·别录》）

是时，作舟需次广州府城已匝月，将就选人，即丁外艰，海阳友人吕玉璜来访，作舟示以诗作《游海珠寺》，玉璜有诗相赠。

吕玉璜《笠渔需次羊城已匝月矣相见之下不能无诗》：“秋水雄雌剑，何期意外遭。故人方干济，苍鬓各萧骚。官冷肠还热，情深话转豪。海珠潮正涌，合与涤吟毫（时以《游海珠寺》诗见示）。　十载不相见，幽忧阻宦迟（笠渔将就选人，即丁外艰）。海邦畴我与，风雅共君持。客邸怜鸥住，乡心逐雁驰（余时拟请假）。抽帆枫落后，又作一番离。”（《潮州诗萃》乙编卷十八）

按：作舟《游海珠寺》诗未见。据玉璜诗题及诗中自注，知作舟“需次羊城”，亦即“将就选人”时，“即丁外艰”，亦即其父敏捷去世之时，故系于此。

吕玉璜，字小伊，广东海阳县（今潮州市）人。家丰于赀，天性慷慨，乐施与，捐款赈饥，民赖以苏。小伊与弟玑璜（佩仙）俱有声庠序，性耽吟咏。道光间选授曲江训导，履任数月，解组归，图书满室，以风雅自娱。为知府黄安涛、知县徐一麟所器重，公馀辄邀唱和。又与黄广文兆荣、廖茂才日昌诸名士骚坛角逐，称盛一时。黄钊（香铁）称其诗冲和闲适，一如其素履。著有《刻烛吟馆诗抄》。（光绪《海阳县志》卷四十）

作舟需次广州时，尝游白云山蒲涧寺，有诗。

陈昙《师友集》卷十四陈作舟《游白云山蒲涧寺有作》："需次闲无奈，寻山作胜游。山花如笑我，故里山更幽。图远劳何益，争名得亦浮。载瞻高岭上，千古白云留。　　蒲涧仙人宅，千林匝晚烟。几通朝阙路，聊纪养生篇。身贱饶清福，官卑逊力田。思量消热念，一饮涧中泉。"

按：其一有句"需次闲无奈"，则其需次广州时作也。诗中并称及"故里山更幽"，当指濠浦叠石山诸山也。

道光十三年癸巳（1833）

秋，陈作舟在省城，尝游珠江海珠石，有诗《癸巳秋海珠记游六首》。

陈昙《师友集》卷十四陈作舟《癸巳秋海珠记游六首》。（详见《补纂叠石山房志》卷七《文苑・别录》）

按：作舟另有诗作《游海珠寺》，尝出示该诗于吕玉璜，该诗已佚。详见"道光九年己丑（1829）"条。

冬，作舟于异地对月思乡，有诗《对月》，并忆及叠石山房。

陈昙《师友集》卷十四陈作舟《对月》："不辞风露冷，月自故乡来。枕席流光满，轩窗彻夜开。鬓苍应莫照，衣薄正须回。定及山房里（家有叠石山房，详郡、邑志），黄昏□倚梅。"

按：该诗撰写时间未详，以诗中有"风露冷""倚梅"，则诗当作于冬季，其时身处异乡，且似于需次之时，故暂系于此。

作舟有诗《读苏诗戏作》，或作于居省城时。

陈昙《师友集》卷十四有陈作舟《读苏诗戏作》。（详见《补纂叠石山房志》卷七《文苑・别录》）

按：以其诗入录于《师友集》者，大都作于省城，故暂系于此。

在省城，作舟另有诗《和吕小伊羊城相见之作》，时吕玉璜得超委。

《潮州诗萃》乙编卷十九有陈作舟《和吕小伊羊城相见之作》："岂知萍梗泛，珠海得相遭。语夏言尤雅，纫秋佩并骚。鳌看今吕钓（小伊时得超委），楼笑昔陈豪。却为同声应，催予染秃毫。　　久恋园林乐，闲云出岫迟。绮窗吟烛伴，花坞啧壶持。来合敷文去，归偏给假驰。应怜闺里月，对影怅轻离。"

按：该诗作于省城，故暂系于此。吕玉璜得超委，未详所任何职，待考。

道光十四年甲午（1834）

约年初，陈作舟有诗赠缪艮所编《中外群英会录》，海阳人郑昌时有《群英会序》及赠诗二首。

缪艮编《中外群英会录》上卷《题词》："陈作舟《题〈中外群英会录〉》。"（详见《补纂叠石山房志》卷七《文苑·别录》）

缪艮编《中外群英会录》上卷《会序》："诗言志也，而志在四方；诗缘情也，而情重千古。此群英之所以联为胜会，而中外之诗所以都为一集也。莲仙先生契予以诗，自戊子阅今七稔，而先生吟兴老而愈豪，向在湖山，和予句云：'一年行步惟春好，千里来游奈老何。'今见其豪乃忘其老，声气所通，薄海内外，万里而遥，何有湖山？则越南使所云：'会将笼却百粤山水去，归卧西湖第一峰者。'殆又恢之广而反之约欤？是先生之乡心，是先生之仙心也；是先生四方之志，是先生千古之情也。中外诸君，英才簇簇，又佳篇具在，有目共赏，兹不赘陈，聊书数语于简，亦见予固多情人而幸有同志。今且老矣，少先生三岁，行年六十有六。日耽吟咏，乡试来省，其弗敢坠青云之志者，正在抱此永贯金石之情。凡我同志情人，当披帙相视而笑云。是为序。道光年题于羊城旅寓，潮郡海阳郑重晖平阶氏拜撰。"

缪艮编《中外群英会录》上卷《题词》录有海阳郑重晖平阶诗："寰区此积情，中外萃群英。好句交持赠，新秋更送迎。使星晖具阙，仙客老羊城。满卷缠绵意，相看海月生。"又："越裳星使爱诗人，高会华筵珠海滨。花对月当辞藻丽，团成中外一家春。"①

按：该诗作于道光十四年（1834）《中外群英会录》付梓时。由网友西亭君示知。

是年，陈作舟署三水县训导。

陈作舟《自题墓碣》："道光甲午权三水县训导。"

作舟尝以竹烟筒赠三水县令，并附之以五绝一首。

《潮州诗萃》乙编卷十九录陈作舟《以竹烟筒赠三水令附之以诗》："冷暖节长在，操持心本虚。当教通气味，不用费吹嘘。"

吕玉璜约于今年授曲江训导，尝舟过三水县晚泊，有诗怀作舟。

《潮州诗萃》乙编卷十八录吕玉璜《晚泊三水有怀笠渔》："三十六江楼，楼前一叶舟。山城沉树暝，海月落帆秋。有客工吟咏，相思作鹭鸥。能来今夕梦，亦足抵淹留。"

按：吕玉璜约于道光十四年授曲江训导，查光绪《曲江县志》卷二《职官》，未见记载，然有道光十五年（1835）海阳人、廪贡林觐标道光十五年任曲江训导之记载，则吕玉璜任曲江训导而数月卸篆当在道光十五年前，故暂系于此。

陈作舟尝舟过石龙，江面时多夜劫。有诗。

陈昙《师友集》卷十四陈作舟《舟过石龙》："夹水皆墟市，迢迢数里长。窑烟通岸

---

① 转自王伟勇：《诗词越界研究》附录《中外群英会录集》，台北：里仁书局，2009年，第450－452页。

白，崦日满船黄。小泊缘沽酒，宵征恃薄装（江面时多夜劫）。江湖豪客辈，应不觊诗囊。”

按：该诗撰写时间不详，暂系于此。

道光十五年乙未（1835）

是年或翌年，陈作舟有诗《题小伊刻烛吟馆诗抄》。

《潮州诗萃》乙编卷十九录陈作舟《题小伊刻烛吟馆诗抄》：“一管江郎笔，天生绝点尘。妙参无碍法，闲属自由身。镂月玲珑影，胎花富贵春。年来桃李树，培植盼芳辰（小伊卸曲江训篆，今未出山）。　　排日敞吟馆，联吟欢友朋。吻花齐刻烛，心镜独传灯。瀛海波澜大，骚坛壁垒增。久甘居压倒，搁笔记吾曾。”

按：吕玉璜逝于道光十七年（1837）六月初五，其诗友颜药孙（崇衡）翌日亦相继委化，吕、颜卒日可征之黄香铁诗《闻吕小伊学博之讣寄挽》（《读白华草堂诗·苜蓿集》卷一），而玉璜“卸曲江训篆”在道光十四年（1834）前后（详见“吕玉璜约于今年授曲江训导，尝舟过三水县晚泊，有诗怀作舟”条）。此诗当作于玉璜卒前，故暂系于此。黄钊《〈刻烛吟馆诗钞〉序》作于道光二十年庚子（1840），该集或刻于是年。

道光十七年丁酉（1837）

是年，黄钊来任潮阳县教谕，陈作舟造访，握手言欢。

《读白华草堂诗二集》卷首载陈作舟《〈读白华草堂诗二集〉序》：“溯韩江五百里而上梅州之镇平，有黄君香铁，予弱冠即耳其诗名，咸称为才子。比香铁以副贡留京师，公卿争欲以科第罗致之，香铁夷然不屑也。己卯举京兆，嗣以充国史馆缮书，将次铨令，辞就教职。品既高，名益噪。郑邸者，今之河间也，读香铁诗，大叹赏，谓乾嘉之际，惟洪稚存庶几颉颃，欲延之课世子诗。时惠邸亦属程春海侍郎聘一记室，程致书愿为曹丘生，劝香铁往。香铁皆辞焉。予闻益慕之，神交且万里也。道光丁酉司铎吾棉，闻其来，始而喜，既而疑，意近今名士多难向迩，乃刺投，蒙倒屣迎，胸腑洞然，握手欢甚。长予二岁，遂兄事之，晨夕过从，得遍读所著《赋抄》《经馂》《史眴》《铁庵丛笔》诸书，宏通博洽，匪特诗也，觉向所闻犹未足尽香铁也。而予之交香铁则仍以诗，得一句必走商，易一字长屡质，香铁不以予为烦；间敲香铁诗一二，香铁不以予为妄。莫逆于心，相视而笑。”

按：黄钊，号香铁，镇平人，粤东七才子之一。嘉庆廿四年己卯科举人。与张维屏、黄培芳等结社都门相唱和，见赏于郑亲王，闽浙制府颜伯焘尤推重之。道光十七年由举人授潮阳教谕，一时名宿多贽其门。邑令杨砥柱鱼肉士民，以罢市告，将罗织。钊抗言曰：“民何罪？士又何罪？独谓某无尺寸柄可为一邑请命耶！”鸣之上台，事白。道光二十三年，邑中诸生受居乡族属株连计二十馀名，赖钊分剖，得不坐。是年除授翰林待诏，至明年冬始卸任。后于郡筑雁红馆自娱。所著有《经馂》《史眴》《诗纫》《赋抄》《铁庵丛笔》《读白华草堂集》，邑诗人陈作舟为之序。（光绪《潮阳县志》卷十六）

道光十八年戊戌（1838）

黄钊协助知县吴均督办和平开渠之役，作舟有诗以颂，黄钊赋诗奉答。

《和平开渠之役，陈笠渔学博作舟以诗来颂，赋此奉答》：“缝掖章甫冠，岂能躬耒耜。贤侯戒星驾，邀我看疆理。……《月令》笥箧中，《豳风》画图里。周视近原野，隔别远城市。浃辰返学舍，君诗置我几。蔿敖芍陂歌，朱邑桐乡祀。神明宰无惭，我佛恐遭毁（笠渔来诗有‘谁把《豳风》图绘，貌君如佛宰如神’之句）。贪天功敢争，因人事堪耻。勉修治事□，或以报知己。”（详见《补纂叠石山房志》卷七《文苑·别录》）

光绪《潮阳县志》卷四《水利》：“东溪坛：在县西南三十五里黄陇都，道光十八年，知县吴均倡建。先是坛内数十乡禾稼多受海患，乃筑闸五间，以时蓄泄。又自东溪桥起至和平新寨桥止，别开水道，引上游之水以资灌溉，至今蒙利。时乡绅马飞雄、刘云锦、诸生郑思永与有力焉。”

按：作舟贺诗仅剩摘句“谁把《豳风》图绩绘，貌君如佛宰如神”之句。

作舟尝游棉城东岩卓锡泉，有七律《饮卓锡泉忆大颠》。

光绪《潮阳县志》卷二十二《艺文（下）》：“陈作舟《饮卓锡泉忆大颠》。”（详见《补纂叠石山房志》卷七《文苑·别录》）

作舟另有《潮阳竹枝词》九首，咏潮阳风俗，风雅士率抄诵之。

光绪《潮阳县志》卷十七《文苑列传》：“有《潮阳竹枝词》九首（详《艺文》），仿自刘梦得沅湘之作，风雅士率抄诵之。”

光绪《潮阳县志》卷二十二《艺文（下）》：“陈作舟《潮阳竹枝词》。”（详见《补纂叠石山房志》卷七《文苑·别录》）

道光十九年己亥（1839）

春，陈作舟署广州府教授，黄钊属以《读白华草堂诗》十二卷校付手民，复以《二集》属序。

《读白华草堂诗二集》卷首载陈作舟《〈读白华草堂诗二集〉序》：“己亥春，予权广州郡博，属以《一集》诗十二卷校付手民，重命为《二集》序。夫以舟好香铁诗之笃，因校雠之役，快读十数遍，幸矣。学浅识陋，乌能序其诗哉？且香铁诗自有定评矣。端木鹤田中翰谓香铁诗精英在外，质实在内，尤有志于古烈隐迹，发挥其事，使生气在目，乃诗家龙门。潘四农解元谓香铁诗一气旁魄，五光陆离，由炼入工，以豪得健，大氐风华得之牧之、义山，爽直取之子瞻、鲁直两君，并深于诗，不轻许人者。其交推香铁诗如此。舟固毋庸赞一词也。校刊斯集毕，爰略叙其生平，并舟得订交之故于简端，顾生长隔五百里，神交且万里，迨为我邑师，始得相过从，迭唱和。盖两人春秋俱五十馀矣。潮阳笠渔弟陈作舟。”

于署广州教授任间，张维屏有诗《酬陈笠渔广文作舟》。

张维屏《张南山全集》第二册《松心诗集》壬集《花地集》卷三《酬陈笠渔广文作舟》："离乱君为客，萍蓬少定居。军声惊唳鹤，乡梦冷鳏鱼（君方悼亡）。赖有吟篇富，能将郁抱舒。扶衰无别物，我亦藉诗书。"

广东学政戴熙出吟稿推敲，首肯之，为陈作舟写画帧四轴以馈。

光绪《潮阳县志》卷十七《文苑列传》："署广州府教授，督学戴文节公熙出吟稿推敲，戴首肯之。文节画名海内，为写画帧四轴以馈。"

道光二十二年壬寅（1842）

春，陈作舟应黄玉阶之请，为《明贤诗社图卷》题七绝一首；为《文文水画检书图》题跋一则，钤印"五世罗浮客"。

方浚颐《梦园书画录》卷十五陈作舟《应蓉石先生属题〈明贤诗社图卷〉》："东南画角吹，百尔防正夷。展卷增长喟，宽闲彼一时。（道光壬寅春月书，应蓉石先生属题即正，笠渔陈作舟）"

按：据西泠印社2015年秋季拍卖会拍品介绍，陈作舟有《题〈文文水画检书图〉》："遂废书不观，何以称曰士……蓉石先生属题，即请教正，壬寅春月，笠渔陈作舟。钤印：五世罗浮客（白）。"

《文文水画检书图》作者为文嘉（1501—1583），字休承，号文水，江苏长洲（今江苏苏州）人，文征明次子。官和州学正。擅画山水，兼能花卉，好作诗。该画为黄玉阶（1803—1844）所藏。玉阶字季升，号蓉石，广东番禺人，道光十六年（1836）进士，官刑部主事。著有《韵陀山房诗文集》《黄蓉石先生诗集》。此则为陈镇清君示知。

道光二十三年癸卯（1843）

八月，重迁梅林墓，改葬于叠石山房右旁。

陈昌齐《梅林陈公墓志铭》："以乙酉年五月二十八日卯时葬于叠石山房志道堂之右，坐丁向癸，兼未丑、庚午、庚子分金，盖己巳年君所自营生圹也。择葬地者，潮阳学司训廖君承维，电白县人，例得附书。"

《豪山陈氏纂修旧谱补订·十六世》："（梅林）乙酉五月合葬于叠石山房，癸卯八月重迁安葬于右旁。穴坐丁向癸。"

九月初二日，知县张深往捕械斗魁首郑端吉，遇害。其后绅民于白牛岩侧建有张公祠，黄钊撰《东岩丹徒张公祠记》，陈作舟亦撰有祠联。

光绪《潮阳县志》卷十六《宦绩列传·国朝》："张深，号茶农，丹徒解元。道光二十三年任潮阳知县。甫数月，亲捕梅花乡郑端吉，为所贼害。"

光绪《潮阳县志》卷七《坛庙》："陈作舟撰张公祠联：'谶起梅花，此日偏遭名士劫；情耽菊酒，他生莫作宰官身。'张公祠在棉城白牛岩侧，为国朝知县张深建。"

光绪《潮阳县志》卷二十一《艺文中·记·附》："《东岩丹徒张公祠记》，国朝教谕黄钊撰。存。上二记摩崖犹存，但为苔藓侵蚀，未窥全豹，俟后之好古者物色之，以补缺略。"

道光二十四年甲辰（1844）

陈作舟于河浦龙角墓山自营生圹，勒衔竖碑。

陈作舟《自题墓碣》："甲辰卜斯宅兆，遂勒衔竖碑焉。"

按：陈作舟墓位于河浦龙角墓山。该墓照片及碑文、对联由友人陈镇清君提供。其墓碑文为："祖墓。考教授笠渔陈公；妣孺人有成郑氏。公名作舟，字永济，任广州府教授。为於潜尹东溪公曾孙，四会博梅林公嫡孙，乐昌训逊斋公长子。穴内坐酉兼庚，平分己酉，分金昴四度。外坐辛兼戌，地盘癸酉，分金娄八度。妣葬石鼓园，坐午向子。"

陈作舟自撰墓联，题于墓侧。定穴山人萧上青及前潮阳县教谕黄钊亦为撰墓联。陈作舟自撰墓联："百年转瞬终归土，万事开怀早乐天。道光甲辰秋月，笠渔自题。"其外柱内联："无疆厚德留抔土，有记名山待福人。笠渔郡博寿藏，定穴山人萧上青题。"其外柱外联："辟开福地彩云洞，留护诗仙明月身。笠渔郡博寿域，翰林待诏前教谕黄钊题。"

萧上青，据署款为该墓选穴之堪舆家，乡籍事迹不详。

秋，作舟有《自题彩云洞墓》七绝二首，刻于墓侧巨石上。

彩云洞墓侧石刻有陈作舟《自题彩云洞墓》（二首）："（其一）自营窀穸甲辰年，岁遇龙蛇且听天。春问桃花秋访菊，此间行乐及生前。（其二）彩云洞口几徘徊，醉倚山屏海作杯。纵到百年幽室闭，蓬莱清浅我还来。（大清道光二十四年岁次甲辰秋月，笠渔陈作舟题并书）"

作舟尝与邑友刘璧庵（顺良）、欧秋岩、张光栋（国瑛）诸子游翠峰岩，作舟有七律一首，欧秋岩、张光栋、刘璧庵步韵唱和。

陈新杰《潮阳金溪〈刘氏家谱〉录存诗作》[①]载：

"谱中辑存诗文多篇，皆评事所未见者，兹录之如下：

依旧群峰错犬牙，寻幽闲趁夕阳斜。青岩石屋仙姨庙，绿野烟林客子家。尽日登攀人似蚁，一秋祈祷雨如麻。还应觅句邀神助，五色笺披谷口霞。——陈笠渔诗

丹井清泉漱齿牙，登攀至止日初斜。仙岩米饭供多口，石屋油灯照满家。常步慈云敷涧谷，频施法雨荫桑麻。重游景地殊增胜，万丈豪光映紫霞。——欧秋岩和诗

五十年来未建牙，游屐偶趁夕阳斜。佛龛雾重龙归壑，仙洞春深犬守家。峰上晓风鸣竹柏，井边清水荫桑麻。朱朱鬟翠髻分明在，惆怅妆楼驻暮霞。——张光栋和诗

石踞峰头露齿牙，山回路转径尤斜。松涛远听奔千壑，佛火高悬照万家。偶汲清泉烹雪茗，如探仙果得胡麻。登临此日成佳趣，涧畔细留五色霞。——刘璧庵和诗"

---

① 见潮州地方志办主编《潮州》，2013年。

按：据陈文考证，欧秋岩，生平里籍未详，疑为潮阳华西里人氏。张光栋，疑即张国瑛，潮阳贵屿人，副贡，吏部拣选知县，借用儒学正堂，道光六年（1826）任阳江县教谕。刘璧庵（1814—1876），名顺良，书名广德，字立和，号璧庵，潮阳人。

道光二十五年乙巳（1845）

陈作舟奉旨加州同衔。

陈作舟《自题墓碣》："旋于乙巳奉旨加州同衔。"

道光二十六年丙午（1846）

是年，梅林玄孙陈士标生。

叠石山陈士标墓碑文："祖考修职郎上如陈公、妣太孺人德孝卢氏、妣太孺人德基郑氏墓。"左右夹碑为："二十世名士标，道光丙午上巳生，庚子岁荐，就职训导。光绪己亥筑穴，宣统己酉竖碑，坐丁向癸兼未丑分金。"

道光二十七年丁未（1847）

陈作舟奉旨钦加五品衔。

陈作舟《自题墓碣》："丁未奉旨钦加五品衔。"

道光二十八年戊申（1848）

陈作舟选授罗定州训导。

陈作舟《自题墓碣》："戊申选授罗定州训导，三者皆议叙也。"

秋，陈作舟河浦龙角墓山生圹侧勒石自题墓碣。

陈作舟《自题墓碣》："道光甲午权三水县训导，己亥权广州府教授，甲辰卜斯宅兆，遂勒衔竖碑焉。旋于乙巳奉旨加州同衔，丁未奉旨钦加五品衔，戊申选授罗定州训导，三者皆议叙也。戊申秋笠渔陈作舟自记并书。时年六十。"

按：陈作舟墓在河浦龙角墓山，该墓碣题于其墓侧石上。题为补纂者所拟。

是时，谢锡勋有《潮阳荔枝词百首》，其中一首言及陈作舟《潮阳竹枝词》，并称其官罗定训导。

《潮州诗萃》乙编卷三十三录谢锡勋《潮阳荔枝词百首》（选一）："卤地人家卤汁咸，沿河随处晒冰盐。秀才饶有黄齑味，摘得荔枝当菜腌。（陈作舟，字笠渔，国朝潮阳人。官罗定训导。其《潮阳竹枝词》云：'卤地人家造卤宜，较将耕敛易农时。河东河西好晴日，晒得冰盐渍荔枝。'）"

道光二十九年己酉（1849）

六月廿一日，陈作舟后卒于任所，享年六十一岁。

光绪《潮阳县志》卷十七《文苑列传》：“追补罗定州训导，卒于任所。”

《豪山陈氏纂修旧谱补订·十八世》：“讳楫，名作舟，号笠渔，生清乾隆己酉十二月初一日，为东溪公曾孙，梅林公嫡孙，逊斋公长子。邑廪贡元，特授罗定州儒学，前权三水县学，又权广州府学，诗文经济，尤有名誉。卒道光己酉六月廿一日，享年六十一岁，葬于南面彩凤洞内土名龙角望，穴坐酉、庚向卯、甲。娶郑氏孺人，号有成，生清乾隆丁未十一月十七日，卒道光辛巳十月初五日，年三十四岁，别葬于南面石鼓山，穴坐午向子。子一：念祖。侧室姚氏孺人，号佩训，生清嘉庆戊午七月二十日，卒道光癸巳七月念六日，年三十六岁，葬于北面和尚垄，穴坐辛向乙。子一：光祖。又侧室郑氏孺人，号佩香，生清嘉庆庚辰三月初二日，卒光绪庚寅七月廿九日，享年七十一岁。无子，螟周姓为己子，名诏，敕封太安人，葬于龙角望，在公墓之右畔。”

陈作舟研炼六朝风格，而咀嚼三唐音节，邑自乾、嘉以后，论诗推为领袖。

光绪《潮阳县志》卷十七《文苑列传》：“作舟研炼六朝之风格，而咀嚼于三唐之音节，邑自乾嘉以后，论诗推为领袖。”

陈作舟著有《叠石山房诗草》《罗浮篇》《羊城杂咏》《同声集》，未梓。

陈昙《师友集》卷十四：“陈作舟，字笠渔，潮阳人，候选训导。著有《叠石山房诗草》。”

光绪《潮阳县志》卷十七《文苑列传》：“存有《罗浮篇》《羊城杂咏》《同声集》，未梓。”

咸丰二年壬子（1852）

七月二十日，梅林次子履道卒，享年七十四岁。

《豪山陈氏纂修旧谱补订·十七世·梅林公之子》：“讳蕫，名履道，字绍通，号吉堂。生清乾隆己亥五月念六日……梅林公次子。例授贡生。公孝友性成，即好学与好施，亦皆出之真诚，生平惟读惟耕，遵行祖先之明训，克勤克俭，广创基业而成家。当时人多仰慕，后伐亦无不追念而悬思。此所谓没世而不能忘者也。卒咸丰壬子七月二十日，享年七十四岁。葬同治甲子十一月，安于过溪蟹脚岛穴坐寅向申。娶峡山都西港赵氏孺人，号玉珂，生清乾隆己亥十月初十日。性质俭朴，和睦妯娌。卒道光癸巳九月初二日，享年五十五岁。丙申八月葬于松仔山，穴坐乾向巽。子五：璧、昴、轸、角、娄（殇）。”

光绪十六年庚寅（1890）

陈应昴之子运，率其子士标暨侄士仁、宗主论勋等继梅林之志修建祖祠。

《豪山陈氏纂修旧谱补订·十九世》：“讳运，字焕文，号尧峰。生清道光丁亥四月廿五日，为梅林公曾孙，吉堂公亲孙，嗜星公嗣子。素性动直，存心忠厚，善承家业，守而勿替。弱冠应童子试，年三十恨未进泮，遂捐职县丞，貤赠考妣，尤念十六世梅林公志存建祠未就，光绪庚寅年，慨然兴起，率子暨侄士标、士仁、士国、士钧、士钊，宗主论勋等，克成祖宇。日夜勤劳，间有阻扼艰辛之处，无不卑己委曲周旋，是年祠成，皆公之力，信列祖之有德，亦后人之大有幸也。卒光绪癸巳四月念二日，享年六十七岁。是年腊月葬于叠石山房之左，坐□向□。娶萧氏孺人，号闺肃……子五：士标、士恭、士祥、士彦、士洁。继娶魏氏孺人，号闺静……光绪壬寅年十二月十七日，葬于叠石山埔仔尾，与公合穴。子一，士淑。"

光绪二十五年己亥（1899）

是年，陈士标在叠石山"古松鹤舞"石左前下方卜筑生圹。

陈士标墓碑文："祖考修职郎上如陈公、妣太孺人德孝卢氏、妣太孺人德基郑氏墓。"左右夹碑为："二十世名士标，道光丙午上巳生，庚子岁荐，就职训导；光绪已亥筑穴，宣统已酉竖碑，坐丁向癸兼未丑分金。"

内柱联："地怜雪月风花室，穴近高曾祖考茔。"

外柱内侧联："莫嫌老眼簪花格，且认当头卓笔锋。庚子科副贡元世愚弟刘家驹拜赠。"

外柱外侧联："重山拱卫开文案，列岫回环障画屏。吴川县训导姚廷林拜赠。"

右墓碑刻在"古松鹤舞"石左前下方，墓碑凡直列三行廿六字，径近二寸。左右夹碑各直列三行，各为廿一字，径可寸许。柱联各为七字，径可二寸半，外柱内外侧联落款各为十四字、十字，径近一寸。

按：刘家驹，光绪二十六年（1900）庚子科副贡元。疑为邑人，事迹不详。

姚廷林，吴川县训导。疑为邑人，事迹不详。

光绪二十六年庚子（1900）

是年，梅林玄孙士标选岁贡，后就职训导。

陈士标墓左右夹碑为："二十世名士标，道光丙午上巳生，庚子岁荐，就职训导；光绪已亥筑穴，宣统已酉竖碑，坐丁向癸兼未丑分金。"

宣统元年己酉（1909）

是年，饶锷尝至潮阳，与东溪后人交游，询以《潜州信谳录》及叠石先生易学，匆匆未及借览。

《潮州艺文志》卷八《子部·法家类》饶锷《潜州信谳录》按语："忆宣统初元，余至潮阳，曾与大令后人游，询以此书及叠石先生易学，云《信谳录》家有写本，当时匆匆未及借览，今沧桑屡易，又不知其稿尚存否?"

同年，陈士标为其生圹竖碑，吴川县训导姚廷林、庚子科副贡元刘家驹为题墓柱联。

详见“光绪二十五年己亥（1899）”条。

民国四年乙卯（1915）

陈士标于龙凤石上方右侧摩崖题刻“幽涧泉”。

“幽涧泉”石刻一则：“幽涧泉。乙卯，上如。”

题刻在龙凤石上方右侧摩崖，西向。“幽涧泉”三字径可尺许，正书横列。左右侧各有印章落款，右为“乙卯”，左为“上如”，篆书直行，字大二寸许。

同年，复在“幽涧泉”石正前方石上题刻“古松鹤舞”。

“古松鹤舞”石刻一则：“古松鹤舞。乙卯，上如。”

题刻在“幽涧泉”石正前方石上，西向。四字径可尺六，行书横列。落款右“乙卯”，左“上如”，行楷直书，字大近寸。

民国五年丙辰（1916）

陈士标复于“幽涧泉”石左侧巨石背面摩崖绘刻冯敏昌题赠梅林“寿”字及落款。

“寿”石刻一则：“寿。预祝梅林年大兄期颐。鱼山冯敏昌敬书，元孙士标绘，时岁次丙辰，年七十加一。”

题刻在“幽涧泉”石左侧巨石背面摩崖。“寿”字行楷，径二尺八，落款四行，字大寸半。有两印，模糊不详。

参考文献

[1]（明）林大春：《井丹林先生文集》，民国二十四年乙亥冬月潮阳郭氏双百鹿斋刻本影印本，《潮州文献丛刊》之三，香港：香港潮州会馆董事会，1980 年。

[2]（清）陈蕃：《经史析疑》，清嘉庆七年志道堂刻本影印本，《四库未收书辑刊》第 9 辑第 10 册，北京：北京出版社，1997 年。

[3]（清）陈蕃等：《叠石山房志》（不分卷），手抄影印本（残本），《和潮文献丛书》第一辑，香港：博士苑出版社，2013 年。

[4]（清）陈英猷：《演周易》，民国手抄本，《和潮文献丛书》第一辑，香港：博士苑出版社，2013 年。

[5]（清）陈昙：《师友集》，影印本，《广州大典》第 57 辑《集部 · 总集类》第 5 册，广州：广州出版社，2015 年。

[6]（清）陈志喆等修，吴大猷纂：光绪《四会县志》，影印本，《中国方志丛刊》第 58 册，台北：成文出版社，1967 年。

[7]（清）方浚颐：《梦园书画录》，影印本，《续修四库全书 · 子部 · 艺术类》，第 1085、1086 册，上海：上海古籍出版社，2002 年。

[8]（清）冯敏昌：《小罗浮草堂诗集》，《清代诗文集汇编》第 418 册，上海：上海古籍出版社，2010 年。

[9]（清）何尔彬纂修：康熙《於潜县志》，乾隆三十一年陈泰年重刻本，《北京大学图书馆藏稀见方志丛刊》124 册，北京：国家图书馆出版社，2013 年。

[10]（清）鸿宝斋主人：《赋海大观》，清光绪二十年上海鸿宝斋石印袖珍本放大影印本，北京：国家图书馆出版社，2007 年。

[11]（清）黄钊：《读白华草堂诗》，《清代诗文集汇编》第 555 册，上海：上海古籍出版社，2010 年。

[12]（清）蒋光弼等纂修：光绪《於潜县志》，影印本，《中国地方志集成 · 浙江府县志辑》第 10 册，上海书店、巴蜀书社、江苏古籍出版社，1993 年。

[13]（清）李书吉等纂修：嘉庆《澄海县志》，影印本，《中国地方志集成 · 广东府县志辑》第 26 册，上海书店、巴蜀书社、江苏古籍出版社，1992 年。

[14]（清）阮元修，陈昌齐等纂：道光《广东通志》，影印本，《续修四库全书 · 史部 · 地理类》第 669－675 册，上海：上海古籍出版社，2002 年。

[15]（清）唐文藻纂修：嘉庆《潮阳县志》，影印本，《广东历代方志集成　潮州府部》第 14 册，广州：岭南美术出版社，2009 年。

[16]（清）郑昌时著，吴二持校注：《韩江闻见录》，《潮汕文库·潮汕历史文献丛编》，上海：上海古籍出版社，1995 年。

[17]（清）张维屏著，陈宪猷标点：《张南山全集》，广州：广东教育出版社，1995 年。

[18]（清）周恒重修，张其翻纂：光绪《潮阳县志》，影印本，《中国地方志集成·广东府县志辑》第 28 册，上海书店、巴蜀书社、江苏古籍出版社，1992 年。

[19]（清）钟声和：《岭海菁华记》，清同治三年刻本影印本，《广州大典》第 34 辑《史部·地理类》第 9 册，广州：广州出版社，2015 年。

[20]（清）周硕勋纂修：（乾隆）《潮州府志》，影印本，潮州：潮州市地方志办公室、潮州市档案馆，2001 年。

[21]（清）（光绪）《豪山陈氏纂修旧谱补订》，抄本复印本，潮汕历史文化研究中心资料库藏。

[22]（民国）温廷敬辑，吴二持、蔡起贤校点：《潮州诗萃》，《潮汕文库》，汕头：汕头大学出版社，2001 年。

[23]（民国）《豪山陈氏族谱》，铅印本复印件，潮汕历史文化研究中心资料库藏。

[24]（民国）《（洋汾）陈氏族谱》，抄本，洋汾陈乡藏。

[25]（民国）饶锷、饶宗颐：《潮州艺文志》，上海：上海古籍出版社，1994 年。

[26] 饶宗颐：《潮州志》第六册《艺文志》，《古瀛志乘丛编》，潮州：潮州市地方志办公室，2004 年。

[27] 秦国经、唐益年、叶秀云编：《清代官员履历档案全编》，影印本，上海：华东师范大学出版社，1997 年。

[28] 王伟勇：《诗词越界研究》，台北：里仁书局，2009 年。

[29] 陈新杰：《潮阳金溪〈刘氏家谱〉录存诗作》，《潮州》，潮州：潮州市地方志办公室，2013 年。

后　记

余有志补纂《叠石山房志》，始于数年前于汕头市图书馆得阅陈廷文先生所赠该志手抄残稿复印本，该稿前后已残，书名亦佚，后人于封面题以“东溪先生文集”“叠石山房记”及“《演周易》序文集”三书名，乃题签者未见原署，仅据残稿而自拟者也，盖误矣。细阅残稿，前缺四页，页七有“梅林居士识”，审视残文，知为《叠石山房志》之设凡起例也。梅林居士即河浦人、四会教谕陈蕃。叠石山乃河浦乡境中一培塿尔，以乡人陈石泉先生英猷隐居兹山，构咸虚斋，即叠石山房也，演《易》课徒，终老其身；其弟於潜令陈东溪先生泰年复构志道堂，侄梅林（蕃）叠加经营，后先济美，声名鹊起，石泉传与叠石山俱为呈录乾隆府志中，誉望益著。

稿中石泉门人有周华锦者，即玉峡河尾十五世涯西叔祖，梅林之岳翁也。尝读民国抄本《（玉峡桥头）周氏族谱》，有署名“华锦”所撰《大理寺卿高祖耿西公传》，遍翻宗乘而不得其详，今据兹稿及光绪县志，知其即涯西叔祖，另名宗夔，为余十五世卓庵祖之弟，卓庵祖尝请业于石泉，涯西叔祖复严事之，且联秦晋之好。惜俱英年早逝，才不及施。而妯娌双节，流芳邑志。

余手残稿复印本，既伤兹稿之阙失，复伤书名之湮灭，不禁唏嘘，且三致意焉。今考其名而审其实，藉使兹山因该志残本而益彰，且将摭拾兹山之残迹、史事而有所增补于志，衍为《补纂叠石山房志》，庶几芳躅继美、山灵增辉云尔。

余虽有志补纂，然迁延有年，潮汕历史文化研究中心及“潮汕文库”丛书编委会有意影刊《叠石山房志》（手抄残稿），嘱余整理，因勉力编纂，前刊原稿为残抄影印本，后继以补辑排印本。初，该志书名，余据梅林《凡例》而拟为“叠石山志”，复得匿名专家赐正，更为“叠石山房志”，虽未言何由，实与梅林《凡例》所称“山房”相符，匡吾不逮，至为感佩！该稿得以付梓，中心领导陈荆淮先生和出版办公室曾旭波兄、黄晓丹女士、林志达兄及杨焕钿兄等审稿专家诸多支持赐教；濠浦街道陈镇清君及其同好豪山陈君等屡将叠石山石刻拓片分享网上；镇清君提供该族先贤有关珍贵史料，校正冠尖岩石刻释读文字及提供尺寸多处；敝馆同事陈业臻兄绍介陈镇熙兄共攀岩崖，复数次寻觅冠尖岩石刻多处并拍照赐示，其后更为增补有关石刻尺寸；吾友黄刚兄联系汕头和潮文化交流中心提供《叠石山房志》（手抄残稿）扫描件；新杰兄亦乐为提供陈梅林佚文一篇；暨南大学出版社冯琳编辑、黄佳娜编辑悉心审编，并提出多条中肯修改意见，匡吾不逮。俱铭感在心，谨致谢忱！书稿既成，镇清君复告陈东溪尝于乾隆三十一年重刊（康熙）《於潜县志》，吾意或有东溪序跋，时小女濯缨负笈省城，特叩省图查询，喜得东溪《重刊〈於潜县志〉跋》，即为移录稿中，其喜何如也。年初吾病腰初愈，为抄录石刻而攀叠石山，内人偕行照应，余公馀得以从容埋首书案，实亦内助之功，自不待言矣。

稿成之时，回思四五年前，与黄刚兄贤伉俪、曾旭波、刘崇毅及林志达诸兄联袂冲寒，攀叠石山以寻幽访古，以其荒烟寒径，凄风冷叶，不免感慨系之，故有诗《与杏园诸子登叠石山访石泉先生演易图》以志：

石跃峰头叠，图摩削壁昂。海云冷荆棘，羊径叩苍凉。想见天机运，忍归玄秘藏？长风万木啸，惆怅陟崇冈。

兹《演周易》抄本已由和潮文化交流中心影刊传世，《补纂叠石山房志》稿本终以告成，行将付梓，亦可谓了却夙愿，而《演周易》及叠石山人文之深入研究，则尚待学者多所阐扬，于此实有厚望也。

本志补纂之例，颇属新创，是否妥当，实感忐忑。稿中各门虽研讨稽考，未敢疏忽，然不免有缺漏讹舛，尚祈博学广见君子有以匡正之！

周修东

二〇一七年六月二十二日

《潮汕文库》大型丛书第一辑书目

系列名	书名	作者
潮汕文库·研究系列（第一辑）	潮汕史简编	黄挺著
	潮汕方言歌谣研究	林朝虹、林伦伦著
	潮汕华侨史	李宏新著
	选堂诗词集通注	饶宗颐著，梅大圣注
	饶宗颐辞赋骈文笺注	饶宗颐著，陈伟注
	饶宗颐绝句选注	饶宗颐著，陈伟注
	汕头影踪	陈嘉顺著
	汕头埠老报馆	曾旭波著
	潮人旧书	黄树雄著
潮汕文库·文献系列（第一辑）	潮州耆旧集	（清）冯奉初辑，吴二持点校
	郭子章涉潮诗文辑录	（明）郭子章撰，周修东辑校
	潮汕女性口述历史：潮州歌册	刘文菊、陈俊华、李坚诚、吴榕青、刘秋梅编著
	人隐庐集	（清）吴汝霖、吴沛霖撰，吴晓峰辑校
	做“缶”与卖“缶”：近现代枫溪潮州窑陶瓷业访谈录	韩山师范学院图书馆、颐陶轩潮州窑博物馆主编，李炳炎、陈俊华、陈秀娜编
	瞻六堂集	（明）罗万杰撰，黄树雄、王缨缨、林小山整理
	四如堂诗集	（清）陈锦汉著，陈伟导读
	醉经楼集	（明）唐伯元撰，黄树雄、王缨缨、陈佳瑜整理
	百怀诗集　龙泉岩游集	（清）陈龙庆撰，陈琳藩整理
	重刻灵山正宏集	（清）释本果撰，郭思恩、陈琳藩整理
	立雪山房文集	（清）黄蟾桂撰，陈景熙、陈孝彻整理
	汕头福音医院年度报告编译（1866—1948）	（英）吴威凛（William Gauld）等著，朱文平编译